니체는 틀렸다

「이 도서의 국립중앙도서관 출판예정도서목록(CIP)은 서지정보유통지원시스템 홈페이지(http://seoji. nl.go.kr)와 국가자료공동목록시스템(http://www.nl.go.kr/kolisnet)에서 이용하실 수 있습니다.(CIP 제어번호: CIP2017023045)」

니체는 틀렸다

ⓒ박홍규 2017

초판 1쇄   2017년 9월 20일

지 은 이   박홍규
펴 낸 이   이정원
편집책임   선우미정
편   집   이동하
디 자 인   김정호
마 케 팅   나다연 · 이광호
경영지원   김은주 · 박소희
제   작   송세언
관   리   구법모 · 엄철용

펴 낸 곳   도서출판 들녘
등록일자   1987년 12월 12일
등록번호   10-156
주   소   경기도 파주시 회동길 198번지
전   화   편집부 031-955-7385 마케팅 031-955-7378
팩시밀리   031-955-7393
홈페이지   www.ddd21.co.kr
페이스북   www.facebook.com/bluefield198
I S B N   979-11-5925-282-2 (04160)

값은 뒤표지에 있습니다. 파본은 구입하신 곳에서 바꿔드립니다.

푸른들녘은 도서출판 들녘의 청년 브랜드입니다.

박홍규의
호모 ——
크리티쿠스

니체는 틀렸다

박홍규 지음

푸른들녘

인용에 대한 일러두기 ──

니체의 저서로부터의 인용은 우리나라에서 출판된 『니체전집』(책세상)을 기준으로 하지만 출처 표시는 나
의 『반민주적인, 너무나 반민주적인』(필맥, 2008)에서 인용한 경우에는 생략하고, 이 책에서 새롭게 인용
하는 경우에만 인용 출처를 밝혔다. 니체가 아닌 다른 사람의 저작에서 인용할 때에도 마찬가지로 했다.

사이코패스 슈퍼맨 니체?

〈쓰릴 미(Thrill me)〉라는 기묘한 제목의 뮤지컬이 있다. 내가 엄청난 쓰릴을 느끼게 만들어 달라는 뜻일까? 1924년에 일어난 끔찍한 사이코패스 아동유괴살인 사건을 소재로 만든 이 뮤지컬은 2003년 오프브로드웨이에서 처음 공연되었는데, 그 몇 년 뒤부터 공연된 한국에서는 지금까지도 미국에서보다 더 엄청난 인기를 끌고 있다. 남에게 해를 가하는 데 전혀 양심의 거리낌이 없는 사이코패스 슈퍼맨 철학자와 살인범들이 함께 난무하는 이 희한한 뮤지컬이 존재하는 것조차 이상한데, 그것이 한국에서 최고의 인기를 누린다니 도대체 어떻게 된 일인가?

처음부터 끝까지 하버드 출신의 사이코패스 유괴살인범을 연기하는 금발의 최고 '얼짱' 남자 배우 두 명의 인기가 우리 관객을 미국 관객보다 더욱 쓰릴 있게 만들어준 것일까? 아니면 그들이 니체 때문에 범죄를 저지른다고 하는 하버드다운 고도의 '철학적' 내용 탓일까? 사이코패스도 좋다, 하버드만 가라는 세계 최고의 공부병 때문일까? 어느 에로틱 교수는 예쁜 여자가 공부도 잘한다고 하더니, 이제는 멋진 남자가 머리도 좋아 범죄도 철학적으로 심오하게 한다는 것일까? 외모지상주의, 공부지상주의, 학력지상주의, 철학지상주의 등등이 사이코패스 범죄마저 쓰릴 만점의 인기 사이코패스 뮤지컬로 만든 것일까?

뮤지컬에 철학이 등장하는 것은 이 세상에 〈쓰릴 미〉뿐이다. 〈쓰릴 미〉에서는 아예 '신은 죽었다'고 외치고 '초인'을 창조한 니체를 믿으며 살인을 한다. 철학자로 유일하게 니체만 등장할 뿐만 아니라, 사람 이름으로도 유일하게 니체가 등장한다. 주인공들도 '나'와 '너'일 뿐이고 이름이 없기 때문이다. 마치 무명의 살인범 둘과 이름을 가진 유일한 인간 '니체의 뮤지컬'인 것처럼 말이다. 이름 없는 살인범들이 니체의 책을 들고 사이코패스 범죄를 결심하는 노래를 들어보자.

> 우린 뛰어나, 우린 슈퍼맨, 자, 니체가 말하고 있어,
>
> 우린 슈퍼맨, 절대 안 잡혀, 신경 끄고 다음 생각해, 더 멋진 일,
>
> 우린 둘 다 뛰어난 인간, 봐, 슈퍼맨은 모든 사회를 초월해,
>
> 우린 뭐든 할 수가 있어. 잊지 마, 우린 최고의 한 팀,
>
> 니체가 여기 몇 장에 불 지르라고 했는데?
>
> 야, 그거 참 대단한 사람이야.

슈퍼맨이란 철학자들이 초인(超人)이라고 번역하는 것인데 요즘 젊은이들에게는 초인보다 슈퍼맨이 익숙해서, 또는 더 멋져 보여서 그 말을 사용하는지 모른다. 니체의 신봉자로 사이코패스 범죄에 탐닉하는 동급생인 '그'를 사랑하는 슈퍼맨 '나'는 같은 슈퍼맨인 '그'와 함께 어린아이를 유괴하여 살해한다는 것이 위 뮤지컬의 줄거리다. 그야말로 슈퍼맨 사

이코패스 드라마다. '나'는 2년 만에 고등학교를 졸업하고 하버드를 거쳐 시카고로스쿨에 다니는 슈퍼맨이고 '그'도 마찬가지 슈퍼맨이지만, 낮에는 법을 배우고 밤에는 법을 극단적으로 위배하는 점에서 더 위대한 사이코패스 슈퍼맨이다. 그리고 그런 극단의 모순을 가능하게 하는 것이 사이코패스 슈퍼맨 철학자 니체다.

슈퍼맨은 미국 문화의 상징이지만 사이코패스 슈퍼맨은 사랑 받지 못한다. 1930년대에 만화 주인공으로 등장한 이래 끊임없이 만화나 영화나 드라마로 다루어진 그런 슈퍼맨이 무찌르는 사이코패스 범죄자들이 역설적으로 슈퍼맨 운운하는 것이 미국인들이 견딜 수 없어서 그 뮤지컬이 크게 히트하지 못하는 것인지도 모른다. 미국인들만이 아니라 세계 어느 나라 사람들도 정의의 사도 슈퍼맨을 좋아하지 그 반대인 사이코패스 슈퍼맨을 좋아할 리 없다. 정상적인 사람이라면 좋아할 리 없지 않은가?

그 비슷한 이야기는 도스토옙스키의 『죄와 벌』 정도뿐이다. 주인공 라스콜리니코프도 니체의 초인사상 같은 것에 기울어 비상한 지성과 강인한 감성을 가진 인물은 악인을 처단할 수 있는 권리를 가진다는 신념으로 전당포 노파를 살해한다. 『죄와 벌』은 니체가 초인을 말하기 전에 나온 소설이지만 19세기에는 그런 초인 사상을 가졌던 사람이 많았던 것 같다. 니체가 초인의 대표라고 본 나폴레옹의 세기였기 때문이기도 했다.

그래도 19세기는 낭만의 시대였고 나폴레옹도 낭만의 영웅이었지만, 20세기의 초인 슈퍼맨이라는 히틀러는 수백만 명을 학살한 악마의 영웅이었다. 그야말로 사이코패스 슈퍼맨이었다. 미국에서 니체의 제자들은 1924년 아동유괴살인의 주범이었지만, 그 10년 전에 터진 세계 제1차대전은 '유럽 니체주의자들의 전쟁'이라고 불린 만큼 니체주의자들이 그 주범이었다. 당시 영국의 소설가 토마스 하디(Thomas Hardy, 1840~1928)는 "어떤 나라가 단 한 명의 저자에 의해 그토록 도덕적으로 타락했던 예는 유사 이래 없다"라고 했다. 초인이 처음 등장하는 『차라투스트라는 이렇게 말했다』는 제1차대전 기간 중 15만 부나 전선의 독일군에게 배포되었고, 그 전선에서 돌아와 10년 뒤 독일에서 집권한 히틀러는 인류 대량 살인의 주범이 되었다. 흔히들 히틀러는 니체를 오독했다고 하지만 그가 니체를 숭배하고 자신의 살인을 니체로 합리화했던 것은 분명한 사실이다. 히틀러의 『나의 투쟁』은 제2차대전이 끝날 때까지 독일에서 1,000만 부나 보급되었다. 심지어 병사나 신혼부부에게는 무료였다. 양차대전은 독일이 일으킨 전쟁답게 책이 만든 전쟁, 니체와 히틀러의 책이 만든 전쟁이었다.

박정희는 나폴레옹과 히틀러를 존경했다. 하지만 니체를 좋아했다는 이야기를 들은 적은 없다. 니체를 알았는지도 모르겠다. 박정희의 철학자로 유신시대에 국민교육헌장을 만들었던 박종홍이라는 서울대 교수는 일제강점기에 니체를 히틀러 파시즘 사상가라고 소개했다. 국민교육헌장을 니체의 영향이라고 누구도 말한 적이 없지만, 박정희의 파시즘이나 히틀러의 파시즘이나 니체와 무관하다고 할 수 없다. 2016년 어느 고위 공직자가 국민들을 개돼지 취급하는 발언을 했을 때 나는 그가 니체에 열광했는지도 모른다고 생각했다. 그런 말을 처음 했다는 영화 〈내부자들〉 속의 언론사 주필도 니체 광신자였는지 모른다. 박정희도 그런 생각을 했을지 모른다. 전두환도, 노태우도, 박근혜도 마찬가지였을지 모른다.

그런데도 일제강점기의 박종홍을 비롯하여 우리나라 철학자들이나 그 추종 세력들은 그런 니체를 '망치를 들고' 신을 비롯한 모든 우상을 파괴하고 '고통뿐인 삶'과 대결하여 위대한 초인이 되라고 가르친 반항의 아이콘으로 철저하게 세탁하여 〈쓰릴 미〉를 바라는 청춘을 유혹한다. 자신은 보통사람과 다르다는 자의식 과잉에 젖게 마련인 사춘기에 사이코패스 슈퍼맨 니체는 강렬한 아이덴티티를 제공하기 때문이다. 소설이나 뮤지컬처럼 비현실 속에서 나오는 살인광이나 전쟁광을 제외해도, 그런 생각은 자신이 다른 사람들과 잘 화합할 수 없다고 하는, 지극히 고독한 성격의 소유자라는 것을 숨겨주는 방편이 된다.

사이코패스 슈퍼맨 니체 찬양가는 니체가 전쟁은 커녕 범죄를 부추긴 적이 없고 도리어 위대한 인간인 초인이 되라고 말했다고 주장한다. 그러나 그 초인이 바로 범죄광이고 전쟁광일 수 있다. 19세기 말 몰락해가는 보수 세력이 그들의 권력을 지키기 위해 전투적인 행동대원을 확보하고자 인간의 모든 악과 야수성을 풀어놓아야 했을 때 니체는 본능의 완전한 해방을 주장하여 악과 야수성을 정당화했다. 니체의 이 같은 사상은 20세기 초 하버드 출신 부르주아들의 사이코패스 유괴살인을 비롯한 엘리트들의 범죄를 추동했다. 세계대전을 일으킨 히틀러 또한 니체적인 엘리트주의자이다. 그렇게 사이코패스를 엘리트로 만든 니체가 이제 대한민국에서 인기를 끌고 있다. 이유는 마찬가지다. 보수의 배타적인 권력유지 욕망 때문이다.

그래서 니체의 인기는 미국은 물론 세계 어느 나라보다 한국에서 드높다. 니체 전집이 세 번이나 다르게 번역되어 출판된 것을 보아도 알 수 있다. 그 밖에 어떤 외국 철학자의 전집이 단 한 번이라도 제대로 나온 적이 있었던가? 뿐만 아니라 석·박사학위 논문을 비롯하여 수많은 논저와 정기간행물이 쏟아져 나오고 있다. 역시 다른 어떤 국내외 철학자들의 경우와도 비교할 수 없을 정도다. 내가 아는 어느 독일 신부는 30여 년 한국에 살면서 무엇보다도 독일에서보다 훨씬 강력한 니체 열기에 놀랐다고 말한 적이 있다. 독일에서는 아직까지도 히틀러 트라우마 때문에 니체를 조심스럽게 다루는데 한국에서는 마치 새로운 신처럼 숭배한다는 것이었다. 특히 청소년들이나 군인들 중에서 그렇다고 했다. '신은 죽었다'라는 니체의 말을 누구보다도 싫어했을 신부의 말이니 믿어도 좋을 것이다.

한편 미국에 사는 어떤 한국인 철학자에 의하면 신이 벌써 죽은 서양에서 한국 목사들이 서양 교회를 점령하여 신을 부활시키고자 노력하지만 그들을 따르는 사람들은 한국인을 비롯한 동양인뿐이라고 한다. 그러니 적어도 한국인에게만은 '신은 죽었다'는 말이 사실이 아니지 않느냐 했더니 한국인은 신이 아니라 목사를 니체가 말한 전지전능의 '초인'으로 믿는다는 답이 돌아왔다. 그리고 니체도 신을 죽이고 목사 아버지를 신으로 세웠다고 했다. 목사만이 아니라 한국인에게 신은 아버지이고 남편이고 독재자이고 교수이고 직장 상사이고 심지어 죽은 조상이라고 그는 말했다.

이러한 사이코패스 슈퍼맨 니체는 누구나 겪어야 하는 사춘기처럼 우리의 청춘을 지배한다. 나도 마찬가지였다. 중학교에 들어가자마자 읽은 그에게 반한 나는 초인이 되어야겠다고 결심했다. 그래서 중고교 시절 내내 니체처럼 살고자 했다. 그가 어린 시절, 별안간 소나기가 내려도 절대로 뛰어가지 않았음을 알고 그대로 따라 해서 항상 비에 젖었다. 한국의 어느 시인이 바이런을 너무 좋아해 그처럼 다리를 절룩이며 몇 리를 걸었다는 것처럼. 하지만 니체가 내게 준 가장 큰 영향은 무엇보다, '인생은 허무하다'는 논리였다. 나는 입시공부 따위는 허무하니 아예 죽는 것이 좋다고 자살을 시도했다. 그렇게 내 생애 가장 아름답고 찬란했어야 할 그 청춘은 정말 허무하게, 허무하게 지나갔다.

니체가 틀렸다는 것을 알기에는 꽤 긴 시간이 필요하다. 나도 그랬다. 인생에 대해 고뇌하기 시작하는 청춘에게 운명을 적극적으로 받아들이라고 하는 운명애 사상으로 살아갈 용기를 주고 살아갈 의욕을 북돋워준다는 것이 모든 사람에게 해당될 수 있는 치유의 철학으로 받아들여지는 풍조는 지금도 여전하지만 그는 누구나 그렇게 살아갈 수 있다고 하지 않았다. 도리어 반대로 특별히 선택된 자만이 그럴 수 있다고 그는 말했다. 그는 치열한 경쟁에서 승리한 자다. 니체식으로 표현하자면 힘에의 의지만을 탐닉해야 경쟁에서 승리한다. 노예나 믿는 도덕은 그런 현실을 숨기기 위한 것이니 버려야 한다. 동정심, 이타심, 이웃사랑, 평등, 여성성 같은 것은 모두 버려야 한다.

니체를 제대로 안 뒤에 여러 가지로 후회했다. 무엇보다도 니체는 그 한 사람으로 충분하고, 그 영향도 나 한 사람으로 충분하다고 생각했다. 그러나 니체가 원숭이라고 부른 그의 추종자들이 너무 많고 특히 청춘을 과거의 나처럼 니체 읽는 '쓰릴'로 허송하는 젊은이들이 너무 많다. 왜 그럴까? 우리 사회가 너무 경쟁적이어서 그런 '쓰릴'로라도 이겨나가거나 위로받아야 겨우 살아갈 수 있기 때문일까?

남보다 앞서기를, 남을 이기기를 바라는 우리 사회에서는 모두들 니체의 초인이 되고자 한다. 그러나 정작 니체 자신은 초인은 지극히 특수한, 지극히 예외적인 천재들뿐이라고 했다. 그럼에도 우리는 모두들 천재라고 착각한다. 어려서부터 그렇게 착각하고 살아간다. 그러나 우리 대부분은 천재가 아니다. 초인이 아니다. 우리 모두 천재도 초인도 될 수 없고, 될 필요도 없다. 물론 이는 니체를 제대로 이해하는 것만으로 해결될 수 있는 문제가 아니다. 천재나 초인이 아니어도 충분히 인간답게, 인간으로 존중받는 사회를 만드는 것이 급선무다. 초인이기커녕, 대학을 나오지 않는 사람도 열심히 일하면 대학 나온 사람과 같이 인간 대접을 받는 사회를 만들어야 니체 열광은 사라질 것이다.

대부분의 사람에게는 불가능한 비범한 천재나 초인이 아니라, 평범한 인간, 남을 이기는 엄청난 힘을 갖는 초인이 아니라, 남을 돕고 남과 함께 사는 착한 범인, 인간은 모두 자유롭고 평등하다는 민주주의 원리를 믿는 시민이 많아지기를 바라 이 책을 쓴다. 나는 9년 전 같은 취지에서 『비민주적인, 너무나 비민주적인』이라는 니체 비판서를 썼다. 그 뒤 니체가 왜 비민주주자인가인지를 설명하는 책도 나왔지만 여전히 니체를 민주주의자로 보는 사람들이 많고, 그런 문제와 무관하게 여전히 니체에 무조건 열광하는 청춘들이 너무 많아 나는 다시 이 책을 앞의 책의 속편이자 보급판으로 낸다. 특히 니체에 열광하여 사이코패스가 되거나 전쟁을 찬양하는 미치광이가 나타날까 우려하여 이 책을 낸다.

이 책에서는 앞의 책과 달리 2장에서 니체가 한국에서 어떻게 오독

되어왔는지 살펴보고, 3장에서 칸트(Immanuel Kant, 1724~1804)를 비롯하여 니체의 선배들인 독일철학자들에 대해 설명하면서 그들 모두가 니체에게 영향을 주었음은 물론 히틀러에게도 영향을 주었다는 점을 강조하고, 아울러 7장에서는 니체가 히틀러 시대의 어용철학자들과 히틀러에게도 엄청난 영향을 끼쳤음을 강조하고자 한다. 그래서 우리에게는 이성과 영구평화를 주장한 철학자로 알려진 칸트조차 독일의 군국주의 내지 반유대주의를 믿은 사람임을 폭로한다. 니체의 후배들인 셸러(Max Scheler, 1874~1928) 등도 마찬가지이다. 셸러는 우리나라에서 인간학의 대가로 알려져 있지만 그 역시 전체주의자였다. 하이데거(Martin Heidegger, 1889~1976)는 두 말할 필요도 없다. 심지어 아렌트나 요나스, 마르쿠제 등에게도 니체의 영향이 있다고 나는 주장한다.

니체의 반민주주의를 그 생애에 따라 설명하고 요약하는 나머지 5개 장은 앞의 책 내용을 보완 수정한 것이다. 니체에 대한 나의 생각이 전혀 변하지 않았기 때문에 앞의 책과 중복되는 부분이 있는 점에 대해 독자들에게 미리 양해를 구한다. 니체가 말하듯이 '망치를 들고' 니체라는 우상을 파괴하는 데 조금이라도 도움이 되면 정말 다행이다. 이 책의 니체는 '쓰릴 미'가 아니라 '쓰로우 미(Throw me)'라고 외친다. 이제 니체를 버릴 때가 되었다. 쓰로우 니체! 니체를 버리자! 초인, 슈퍼맨이 아니라 인간이 되자!

2017. 9. 박홍규

차 례

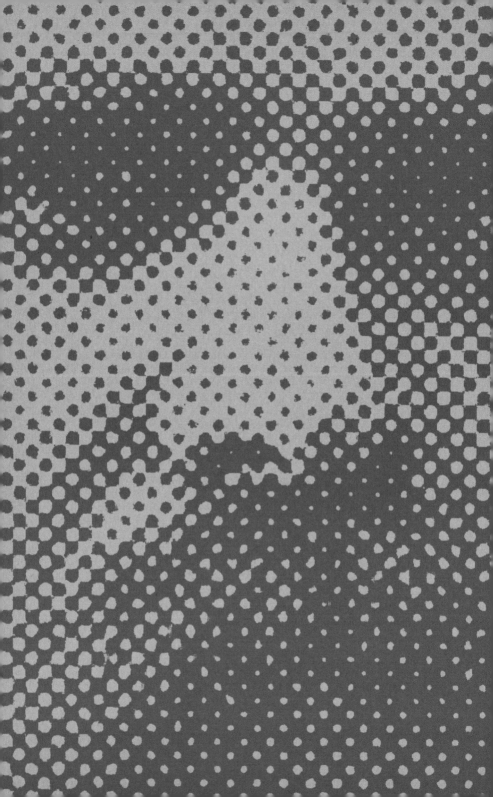

1.

니체의
반민주주의

니체, 황금의 야수

이 책의 머리말에서 인용한 〈쓰릴 미〉에서 사이코패스 슈퍼맨 주인공들이 찾아보는 니체(Friedrich Wilhelm Nietzsche, 1844~1900)의 글은 다음을 말하는 것이 아닐까?

그들은 아마도 소름끼치는 일련의 살인, 방화, 능욕, 고문에서 의기양양하게 정신적 안정을 지닌 채 돌아오는 즐거움에 찬 괴물로서 맹수적 양심의 순진함으로 되돌아간다. 그것은 마치 학생들의 장난을 방불케 하는 것이며, 그들은 시인들이 오랜만에 노래를 부르고 기릴 수 있는 것을 가졌다고 확신한다. 이러한 모든 고귀한 종족의 근저에서 맹수, 즉 먹잇감과 승리를 갈구하며 방황하는 화려한 금발의 야수를 오해해서는 안 된다. 이러한 숨겨진 근저는 때때로 발산될 필요가 있다. 짐승은 다시 풀려나 황야로 돌아가야만 한다. 로마, 아라비아, 독일, 일본의 귀족, 호메로스의 영웅들, 스칸디나비아의 해적들—이러한 욕망을 지니고 있는 점에서 그들은 모두 같다. … 미친 것처럼 부조리하게 돌변하는 것처럼 보이는 고귀한 종족의 이러한 '대담한 용기', 무슨 일을 저지를지 모르는 그들 모험의 예측할 수 없음 … 안전, 육체, 생명, 쾌적함에 대한 그들의 무관심과 경시, 모든 파괴에서, 승리와 잔인함에 탐닉하는 것에서 보여지는 그들의 놀랄 만한 명랑함과 쾌감의 깊이—이 모든 것은 그것 때문에 고통 받은 사람들에게는 '야만인', '사악한 적대자', '코트인', '반달인'의 모습으로 파악되었다. 독일인이 권력을 장악하자, 그들이 일으키는 저 깊고도 얼음처럼 차가운 불신은 오늘날 역시 그렇지만, 몇 세기 동안이나 유럽이 금발의 게르만 야수의 광포함을 보아왔던 지울 수 없는 공포의 여운인 것이다.

니체 스스로 말한 대로 그야말로 '소름끼치는' 사이코패스 슈퍼맨 금발의 야수에 대한 묘사다. "일련의 살인, 방화, 능욕, 고문에서 의기양양하게 정신적 안정을 지닌 채 돌아오는 즐거움에 찬 괴물로서 맹수적 양심의 순진함으로 되돌아간다"고 하니 말이다. 사이코패스 슈퍼맨인 살인범, 방화범, 강간범, 고문범이 살인, 방화, 강간, 고문을 한 뒤에 즐겁게 돌아온다는 것이다. 게다가 그것을 두고 "학생들의 장난을 방불케 하는 것"이고 "시인들이 오랜만에 노래를 부르고 기릴 수 있는 것"이라고 하니, 도대체 이런 사이코패스 슈퍼맨 니체의 말을 어떻게 이해해야 하는가? 게다가 그것을 두고 '대담한 용기'니 '명랑함과 쾌감'이라고 찬양하니…….

그래서 학생들에게 살인, 방화, 능욕, 고문을 일삼도록 사이코패스 슈퍼맨 니체를 장난처럼 읽혀야 하고, 시인들은 무조건 그를 찬양해야 하는 것인가? 사이코패스 슈퍼맨 니체는 바로 그런 범죄자들을 찬양하고 심지어는 형법 폐지를 주장하기도 했다. 그러나 니체 자신은 그런 짓을 한 적이 없다. 우리의 니체 숭배자들도 마찬가지이리라. 그럼에도 사이코패스 슈퍼맨답게 니체는 그런 사이코패스들을 "오해해서는 안 된다"라고 하니 더욱 가관이다. 그런데 우리에게 더욱 중요한 것은, 그런 사이코패스 슈퍼맨들이 로마, 독일, 그리고 일본의 귀족이라는 점이다. 그러니 같은 동양 종족이라도 침략자인 일본의 귀족은 영광의 야수이고, 그들에게 잡아먹힌 우리 한민족은 열등하고 퇴보에 해당되는 치욕의 종족이 된다.

사이코패스 슈퍼맨 니체를 대단히 고상하고 위대한 철학자로 보는 니체주의자들은 니체가 말한 금발의 야수는 '백수의 왕인 사자'를 지칭한 것이지 독일민족을 말한 것이 아니라는 기가 막히는 주장을 하지만, 도대체 어디에 그런 사자 이야기가 나온단 말인가? 그 대단히 고상하고 위대한 철학자인 니체가 기어 다니는 어린아이들을 위해 무슨 아프리카 밀림에 관한 동화책이나 동물원 그림책, 아니 동물우화라도 썼다는 말인가?

니체는 명명백백하고 위풍당당한 사이코패스 슈퍼맨이다. 위에서 보았듯이 금발의 야수는 명백히 독일 아리아족이나 일본귀족을 말하는 것이다. 그런데도 국내외 니체 전문가들은 니체가 독일을 경멸했고 아리아족 순종주의를 주장한 나치스 히틀러와는 전혀 무관하다고 하나같이 주장한다. 그러면서 니체를 현대사회를 비판한 반자본주의자, 포스트모더니스트, 페미니스트, 소수자를 옹호한 정치학자, 건강철학자, 심지어는 불교

〈사진 1〉 대학생이었던 1867년(23세)의 니체

재해석자 등으로 화려하게, 애매하게, 그리고 지극히 현학적으로 재해석한다. 마치 일반인은 비밀을 알아서는 안 된다는 듯이, 무슨 소리인지 도저히 알 수 없는 암호 같은 문자를 사용하면서……

그들이 강조하는 니체 이미지는 바로 대부분의 책에 유일무이하게 실리는 〈사진 2〉의 니체다. 그래서 마치 니체는 평생 이런 얼굴 하나만 갖고 있었던 듯이 고착됐다. 이와 달리 위의 '황금의 야수' 니체에 맞는 모습은, 기마 야전포병이었던 23~24세(1867~68년) 무렵에 군복을 입고 칼을 든 모습으로 찍은 〈사진 1〉이다. 니체는 1873년 가을에 "나의 출발점은 프로이센의 병사이다 : 여기에 진정한 관습이 있다. 또한 여기에 형식과 관련된 강압, 진지함, 훈육이 있다"고 썼던 만큼 이 모습은 니체 사상의 본질을 보여준다. 140년 전의 흑백사진이어서 그의 모습을 완전히 재현하지는 못하지만, 당대에 그를 본 사람들은 모두 니체의 머리카락, 눈썹, 콧수염, 눈동자, 피부가 온통 황금색이었다고 말한 것을 보면 니체가 '황금의 야수(die blonde Bestie)'를 찬양한 것도 이런 자신의 모습과 무관하지 않았을 것임을 알 수 있다.

'황금의 야수' 니체는 어려서부터 '남달랐다.' 그는 어려서부터 친구들이 관심을 갖는 사소한 일에 대해 무관심했고 노는 일에는 아무런 특기도 보여주지 않는 독불장군이었다. 그런 그의 성격은 평생 변하지 않았고, 나이를 먹을수록 더 강해졌다. 교수로서는 자기 이익을 취하기도 했다. 시민적 도덕의 위선을 벗겨내려고 했지만, 한편으로 타이틀을 좋아하

■ * 니체전집5, 354~355.

〈사진 2〉 1882년(38세)의 니체

고, 귀족의 칭호를 가진 무리들과의 교제를 중시했다. 니체는 귀족을 칭송했고, 귀족제를 최상의 정치체제로 보았으며, 귀족도 아니면서 귀족 출신을 자처했다.

니체는 뭐라고 했나?

그러나 니체는 그런 정도로 비난받아야 할 사람이 아니다. 니체는 이 세상의 가치 대부분을 부정한 사람이므로 상식적으로는 도저히 용납할 수 없는 사이코패스 슈퍼맨 야수다. 생각해보라. 지금 누가 20년째 혼자 미친 듯이 "신은 죽었다", "예수는 죽었다", "기독교는 노예종교다", "당신들은 모두 노예다", "남의 노예가 되지 말고 주인이 되라", "내가 예수를 대신하는 새로운 신이니 내 말을 들어라", "민주주의는 사기다", "나 같은 초인이 다스리는 귀족제로 돌아가라", "교수나 학자도 사기꾼이다. 목사나 의사나 전문가를 절대로 믿지 말라"라고 끝없이 떠든다면 우리는 어떻게 할 것인가?

　우선 그의 말이 모두 거짓이라고 할 수 없다. 정말로 신이 있는 것인지 의심할 수도 있다. 우리의 정치 꼴을 보면 차라리 옛날 박정희, 전두환 시절이 좋지 않았느냐고 생각하는 사람이 있을 수 있다. 학자 중에는 사기꾼이나 바보도 있다. 말로는 "원수를 사랑하라", "이웃을 사랑하라"고 하면서 원수는커녕 이웃도 나 몰라라 하고 제 잇속만 차리는 이기적인 종교인이 우리 주변에 너무 많다. 말로는 정의니 진리니 하면서도 이기적이고 속물적인 학자, 교수, 법률가, 의사, 전문가도 얼마나 많은가?

특히 "남의 노예가 되지 말고 주인이 되라"는 니체의 말은 옳은 말 아닌가? 물론 니체는 인류의 대다수가 노예가 돼야 한다는 말도 했으니 정신을 차리고 그의 말을 들어야 하겠지만, 사람이면 누구나 자신만은 남의 노예가 아닌 주인이 되겠다고 생각하지 않겠는가? 니체의 최대 매력은 바로 이 '주인', 즉 '초인', '지배자'라는 말에 있다. 그는 우리 모두에게 너는 초인이 될 수 있고 돼야 한다고 소리친다. 그래서 누구나 자신이 그렇게 될 수 있다고 믿게 된다. 니체 책을 열심히 읽다 보면 누구나 초인이 될 것 같기도 하다. 그러나 니체는 인류의 대부분이 노예인 세상을 꿈꾸었다는 점에서 그의 초인주의, 다시 말해 모두가 노력하면 초인이 될 수 있다는 그의 말은 사실 그의 진의가 아니다. 그럼에도 니체를 그렇게 말했다고 보는 사람들이 너무 많다.

니체는 무엇보다 '노예'를 싫어했다. 타인의 사상을 추종하는 정신적 노예는 물론이고 육체적 노예, 정치적 노예, 경제적 노예, 사회적 노예, 문화적 노예도 다 싫어했다. 그러니 니체에 사로잡히는 사람도 니체에게는 '노예'일 뿐이다. '노예'를 싫어한 '주인' 니체는 나에게 완강한 군인 같은 이미지로 계속 떠오른다. 그는 절대복종하는 졸자들을 거느린 군인이다. 그러나 장군 같은 군인은 아니다. 오합지졸을 부하로 둔 하사 정도의 군인이다(실제로 하사 출신이었다). 그럼에도 그는 수염을 달고, 안경을 쓰고, 칼을 찬 '황금의 야수'로 언제나 큰 소리를 쳐댄다.

'민주주의를 거부한 인종주의자', '우리를 모욕하는 황금의 야수', '노동자를 멸시한 반민주주의자'인 니체는 앞의 사진에 담긴 '완강한 군인 니체'의 이미지와 일치한다. 니체는 인류의 과거는 물론 현재까지도 모두다 죄로 보고 깡그리 처형하려고 했다. 그가 처형한 인류의 죄 가운데 일부는 처형될 만했지만, 그는 너무 나갔고 너무 설쳤다. 사이코패스 슈퍼맨 니체나 그 추종자들이 철없이 인류의 모든 것을 다 처형하도록 놔둬서는 안 된다. 인류의 잘못된 '위선'은 니체와 함께 가차 없이 처형해야 마땅하지만, 인류의 참으로 '선'한 부분까지 처형하는 잘못을 저질러서는 안 된다. 특히 인류에게 '위선'이 많다고 해서 사이코패스 슈퍼맨 니체처럼 '선악'의 구별 자체를 부정해서는 안 된다. 인류의 '도덕'에 '위선'이 많다고 해서 '도덕' 자체를 부정해서는 안 된다. 우리가 진리라고 부르는 것에 대해서도 같은 말을 할 수 있다. 진선미라고 하는 것에 대해서도 그렇다.

나는 니체가 '위선'을 거부한 것에 대해서는 당연히 찬성할 수 있지만, 그가 더 나아가 '선악'을 구별하는 '도덕'을 없애려고 한 것에 대해서는 도저히 찬성할 수 없다. 우리는 '선악'을 구별하는 '도덕' 없이는 단 하루도 함께 살 수 없기 때문이다. 마찬가지로 '거짓 진리'나 '거짓 미'는 거부해 마땅하지만 우리의 '진선미'가 모두 거짓이라고 말할 수는 없다.

니체가 '천민'이라고 부른 우리는 민주주의를 믿으면서 함께 살아가야 한다. '사형집행인' 니체는 상상 속에 갇힌 '자기 만족자'(이 말도 니체가 나 같은 '천민'을 부를 때 쓴 말인데 나는 이것도 고스란히 그에게 돌려준다)에 그쳤다. 물론 나중에 히틀러니 무솔리니니 하는 자들이 니체를 제멋대로 모방하며 진짜 칼잡이로 나서서 수많은 사람들을 살육했다. 니체가 그들을 직접 사주한 것은 아니지만 그들이 니체를 신으로 받든 니체의 노예였다는 점은 부정할 수 없다.

니체와 한국인

아마도 한반도에 대해서는 전혀 몰랐을, 적어도 자기가 쓴 책에서 한 번도 한반도에 대해서는 언급한 적이 없는 19세기 독일 사람인 니체의 책이나 그에 대한 책이 우리나라의 도서관에는 물론이고 서점에도 '너무나' 많다. 우리의 니체 수용의 역사도 벌써 백 년이나 되었고, 특히 최근에는 니체 바람이 서쪽에서 날아오는 황사마냥 우리에게 엄청나게 불어닥치고 있다. 아니, 그 바람은 황사의 발원지보다 훨씬 더 먼 곳인 서양, 그것도 이미 오래된 19세기를 발원지로 한 '금발귀신 바람'이다.

다른 나라의 철학자 치고는 그야말로 예외적으로 그의 전집이 이미 세 차례나 국내에서 번역됐고, 그 가운데 가장 최근의 전집은 지금까지 한국에서 발간된 어느 개인의 전집보다 덩치가 커서 600쪽 전후의 책이 무려 21권에 이른다. 모두 1만 쪽도 넘을 것 같다. 뿐만 아니다. 그가 쓴 책 가운데서 가장 위대한 책이라는 『차라투스트라는 이렇게 말했다』는 20회 이상 한글로 번역됐고, 다른 책들도 여러 번씩 번역됐다. 니체에 대한 연구서나 석박사 학위 논문을 비롯한 논문도 '너무나' 많고, 그 가운데는 비슷비슷한 것들이 '너무나' 많다. 왜 이렇게들 야단법석인가? 도대체 니체가 우리와 무슨 상관이 있는가? 21권에 이르는 방대한 니체 전집을 아무리 샅샅이 뒤져봐도 그 내용에서 우리와 직접 관련된다고 생각되는 부분은 우리의 '검은 머리카락'에 대한 언급뿐이다. 그래도 그렇게라도 한 마디 읊어주었으니 우리는 저 위대한 '황금의 야수 아리아족' 니체에게 고마워해야 할까?

그가 언급한 부분은 이렇다. 우선 니체는 '위대한 서양학자'답게 '어원학'이 '올바른 길을 제시'해준다(이런 것이 바로 학자들이 그렇게도 예찬하는 니체의 '계보학'이라는 것이다!)고 전제하고, 그런 전제 아래 라틴어 malus('나쁘다'라는 뜻)라는 말 옆에 melas('검다' 또는 '어둡다'라는 뜻)라는 말을 놓고 '싶다'고 하고는(니체는 단지 철자가 비슷하다는 이유만으로 그렇게 하고 '싶다'고 한다! 이게 학자로서 취할 태도인가?), 평민은 "어두운 피부를 가진 사람들, 특히 검은색 머리카락을 가진 사람들로 … 특징지을 수 있다"고 너무나도 쉽게 간단히 단정한 뒤에 그런 평민은 "지배자가 된 금발의, 즉 아리아계의 정복종족과는 피부색으로 가장 분명하게 구별된다"고 하고서 다음과 같이 주장한다.

현대의 민주주의가, 훨씬 더 현대적인 아나키즘이, 그리고 오늘날 유럽의 모든 사회주의자에 공통적인, 이른바 '공동체'와 원시적 사회형태로의 경향이 대체로 엄청난 선조복원을 의미하는 것이 아닐까 라고, 그리고 정복종족이고 지배종족인 아리아 종족이 생리학적으로도 열등한 위치에 있지 않다고 우리 가운데 누가 보증할 수 있단 말인가?

이 대목은 니체 사상의 핵심을 보여준다. 그 뒷부분, 즉 "정복종족이고 지배종족인 아리아 종족이 생리학적으로도 열등한 위치에 있지 않다고 우리 가운데 누가 보증할 수 있단 말인가?"는 니체 자신을 포함한 아리아족이 열등하다고 주장한 게 결코 아니고, 도리어 반대로 아리아족이 원래는 우등한 종족이었는데 지금은 열등하게 됐다고 개탄하는 반문임에 주의할 필요가 있다. 그리고 그 앞부분은 민주주의-아나키즘-사회주의(이 셋을 내가 연결시키는 것은 이 셋이 서로 같다는 의미가 아니라 오로지 이 셋이 다 니체에게는 공통의 적이었다는 이유에서다)가 열등한 종족의 것인데 그것이 본래 우등한 종족인 아리아족을 지배하고 있으니 너무도 부당하다는 뜻이다. 그래서 본래 우등한 종족이 갖고 있는 본래의 우월성을 회복하자는 것이 니체 사상의 전부다. 그런 우월성의 회복을 위해 '권력의지'를 지닌 '초인'이 되어 '영원회귀'를 하도록 되어 있다는 것이 니체 사상의 전부다.

다시 말해 니체의 주장은 인간의 종족은 피부색에 의해 천민(또는 노예, 종말인, 평민, 대중, 약자 등)과 지배자(또는 주인, 초인, 귀인, 강자 등)로 구별되며 과거에는 금발의 아리아족이 지배자였는데 현대의 민주주의-아나키즘-사회주의에 의해 흑발의 천민이 금발의 주인을 지배하게 된 것은 너무나도 부당하니 그런 상태를 뿌리부터 뽑아(이것이 바로 니체의 '계보학'이다!) 바로잡자는 것(이것이 바로 니체가 말하는 '가치의 전도(顚倒)'다!), 즉 우수한 인종인 아리아족의 귀족주의를 회복하자는 것이다. 니체에게는 그리스(스파르타)-로마-르네상스-아리아가 그러한 귀족주의의 원형이고, 민주주의-아나키즘-사회주의는 그러한 귀족주의의 적으로 그리스(소크라테스)-기독교-계몽주의-비(非)아리아에서 비롯된 것이다. 니체에게는 세계사에서 가치가 있는 정통이자 아군은 그리스(스파르타)-로마-르네상스-아리아뿐이고, 이런 아군을 제외한 나머지 모든 것, 특히 그리스(소크라테스)-기독교-계몽주의-비(非)아리아는 무가치한 비정통이자 적군이다.

따라서 니체는 부시처럼 십자군전쟁을 주장한 것이라기보다는 아킬레우스가 지휘했던 트로이전쟁을 다시 벌이자고 주장한 셈이다. 그러나 십자군전쟁이나 트로이전쟁이나 백인 중심의 제국주의 전쟁인 것은 마찬가지이고, 결국은 둘 다 백인들끼리 뭉쳐 비백인을 죽이는 침략전쟁에 불과하다. 니체는 그 전장의 으뜸가는 전사다. 아마도 그는 자신을 아킬레우스라고 생각했는지도 모른다. 그리스 신화에 열광한 그는 특히 포도주의 신인 디오니소스를 좋아했다고 하지만, 내가 보기에 그의 모습은 아킬레우스에 더 가깝다. 물론 칼을 든 무적의 전사가 아니라 펜을 든 병약한 문사에 불과했지만.

단적으로 말해 니체 사상의 핵심은 반민주주의다. 니체는 세상에는 머리카락과 피부색이 어두운 노예=평민과 그것이 황금색인 주인=지배자가 있는데 유대인-기독교도-종교개혁-민주주의는 전자, 그리스-로마-게르만-르네상스-귀족제는 후자에 해당하며, 19세기의 유럽은 전자의 세상이지만 이는 부당하니 유럽을 후자의 세상으로 바꾸어야 한다고 주장했다.

따라서 니체가 말한 '금발의 야수'는 니체 찬양자가 오해하는 단순한 시적인 과장이 아니라 그가 보는 인간의 본질적인 모습이고, 실제 그 자신의 모습이다. 그가 끝없이 찬양하는 '힘'도 무엇보다 몸의 힘을 말한다. 그리고 힘이 있는 몸 중에서도 최상의 것은 야수, 즉 초인의 몸이라는 것이다. 그가 말하는 야수는 귀족이나 영웅을 은유한 표현이 아니라 귀족이나 영웅의 모범이자 그 기원이다.

인간의 야수적 본능과 동물성을 옹호하고, 도덕을 거부하고, 문화를 비판한 니체의 태도는 "인간을 자연에 되돌려 번역"하려는 이론적 반(反)휴머니즘이다. "사람은 극복되어야 할 그 무엇"이라고 보는 니체의 태도, 즉 인간을 그 자체로 하나의 가치라고 보기를 거부하고 그 극복만을 주장하는 그의 태도는 실천적 반휴머니즘이다. 이와 같은 이론적, 실천적 반휴머니즘으로 무장한 야수 니체는 인간의 모든 가치를 부정하고 전복시키고 초토화해서 인간의 대지를 황폐한 사막으로 만들어버린다.

니체는 무엇보다 먼저 기독교를 적으로 삼는다. 왜냐하면 그는 기독교가 모든 자연적 가치를 탈자연화했다고 보기 때문이다. 반면에 그는 야수의 무도덕적 자발성을 회복시키고자 한다. 그래서 니체는 "이웃에게 온정을 베풀라"는 성서의 계율을 "이웃에게 온정을 베풀지 말라"로 뒤집었고 "도둑질하지 말라", "살인하지 말라"는 계율조차 부정했다.

인종주의자 니체

니체는 인종주의에 반대했지만 나치가 인종주의에 니체의 이름을 도용했고, 니체는 한 번도 특정한 주인종족에 대해 말한 적이 없으며, 현존하는 종족들 가운데 가장 우월한 종족에 대해 생각해본 적도 결코 없다고 니체주의자는 주장하지만, 이는 앞에서 인용한 니체의 문장도 제대로 안 읽고 하는 소리다. 나치는 니체의 인종주의를 정확하게 이해했고, 그를 '도용'한 게 아니라 '선용'했다.

인종주의와 반민주주의가 니체 사상의 핵심이자 전부다. 니체는 천민의 민주주의를 초인의 귀족주의로 바꾸어야 한다고 주장했다. 니체는 그 이상도, 그 이하도 아니다. 니체는 민주주의와 관련된 모든 것을 철저히 부정했다. 그에 의하면 기독교란 민주주의 천민을 위한 것이기에 그 신은 죽어야 한다. 기독교의 기원인 유대교도 민주주의 천민종교이기에 유대인은 저주받아야 한다. 같은 이유로 소크라테스의 철학을 비롯한 모든 철학도 없어져야 한다. 대신 프랑스의 나폴레옹(Napoleon Bonaparte, 1769~1821), 독일의 히틀러(Adolf Hitler, 1889~1945) 같은 초인이 지배해야 한다. 이를 한국식으로 바꿔 말하면 '영명한 대왕의 지배', 현대식으로는 '박정희나 김일성 같은 영웅의 지배'라고 할 수 있을 것이다. 그들의 지배를 받아야 하는 천민들에 대해 니체는 다음과 같이 말했다.

> 이들 억압적이고 보복을 갈구하는 본능을 소유한 자들, 유럽적이고 비유럽적인 모든 노예의 후손들—그들은 인류의 퇴보를 나타낸다! 이러한 '문화의 도구'는 인류의 치욕이며, 오히려 '문화' 일반에 대한 회의이며 반론인 것이다!

여기서 니체가 '문화의 도구'라는 말을 사용한 것은 '문화적'인 가치를 찬양하기 위해서가 아니라 오히려 그 반대라는 데 주의해야 한다. 니체가 사용하는 문화라는 말은 물론이고 그가 사용하는 진리, 가치, 선악, 도덕 등의 말도 그 뜻이 우리의 상식과는 크게 다르다. 여기서 '평민'도 아니고 아예 '노예'라는 말을 들이대는 니체는 그야말로 철저한 인종주의자, 아니 아리아인종 우월주의자로서 우리를 포함한 그 밖의 다른 모든 인종을 멸시한 자이니 비난받아 마땅하다.

니체에게 대단히 고상한 것의 하나로 어원학이니 계보학이니 하는 것이 있음을 앞에서 보았다. 또한 니체에 의해 단지 서양의 '어원학' 때문에, 그것도 오로지 라틴어의 어원 찾기에 의해, 그리고 '어두운 피부'와

'검은색 머리카락'을 갖고 있다는 이유만으로 우리가 '노예의 후손'이 되고 '인류의 퇴보'이자 '인류의 치욕'이 된 것도 앞에서 보았다. 이런 치욕적인 취급을 당하고도 우리가 니체를 읽어야 하는가? 나를 보고 인류의 퇴보이자 치욕이라고 욕하는 자가 쓴 책을 내가 굳이 읽어야 하는가? 퇴보나 치욕에서 벗어나기 위해? 아니면 내가 퇴보나 치욕임을 스스로 덮어쓰기 위해?

더욱 이상한 것은, 나치가 전장에 나가 죽을 소년들의 배낭에 니체의 책을 집어넣어 그들로 하여금 읽게 한 것과 비슷하게 니체의 책을 '세계의 고전'이니 '인류의 명저'니 '논술대비 필독서'니 하며 우리 아이들에게 거의 강제로 읽히고 있는 현실이다. 과연 그렇게 해야 하는가? 이 지점에서 아마도 니체주의자들은 내가 니체의 책에서 몇 구절만 보고 흥분하고 있다고 욕하리라! 그러나 더 읽어보라. 다 그 모양의 헛소리다. 그것도 대단히 화려하고 독일식 현학으로 비비꼬인 문장이어서 무슨 뜻인지도 잘 모르겠고, 특히 욕설에 가까운 문장도 많으며, 대부분이 상식 이하다.

귀족주의자 니체

니체에 의하면 귀족제는 "선택된 종류의 인간존재를 좀 더 차원이 높은 과제로 이끌고, 대체로 보다 높은 존재로 고양시킬 수 있는 토대나 발판"이다. 따라서 귀족제는 "그 스스로를 위해" 선택'되지 못한 인간, 즉 '불완전한 인간이나 노예, 도구로까지 억압당하고 약해져야만 하는 무수히 많은 인간'의 희생을 양심의 가책 없이 받아들인다고 한다. 우리는 여기서 마키아벨리즘을 넘어 히틀러의 600만 유대인 살해를 정당화할 수도 있는 처형자 니체의 우렁찬 목소리를 듣는다. 선택된 소수 강자의 고귀함만이 중요하고 나머지 대다수 약자들은 아무런 문제도 되지 않는다는 것이다.

인간에게 가장 커다란 위험은 병자이다. 악인이나 '맹수'가 아니다. 처음부터 실패자, 패배자, 좌절한 자—가장 약한 자들인 이들은 대부분 인간의 삶의 토대를 허물어버리고, 삶이나 인간이나 우리 자신에 대한 우리의 신뢰에 가장 위험하게 독을 타서 그것을 의심하게 만드는 자들이다.

니체는 그런 병자나 약자들이 '원한'(이 말을 니체가 프랑스어로 '르상티망(Ressentiment)'이라고 했다고 해서 그 말을 그대로 사용해야 한다는 학자들도 계신다. 이와 비슷하게 니체의 '초인'을 '슈퍼맨'으로 오해해서는 안 된다는 이유로 독일어 발음 그대로 '위버멘쉬(Übermensch)'라고 '번역'해야 한다고 심오하게 주장하는 분들도 계신다)에 사무쳐 '승리한 인간'을 끝없이 증오한다고 비난한다. 그리고 "최소한 정의, 사랑, 지혜, 우월감을 나타내는 것—이것이 이러한 '최하층 인간', 이러한 병자의 야심"이라면서 그들을 '사형집행인', '자기만족자'라고 부르고 "특히 병든 여자는 지배하고 억압하고 폭력을 행하는 정묘함에서 그 누구도 능가할 수 없는 탐욕스러운 이기주의자"라고 비난한다. 그러면서 "영원히 양자('위에 있는 자'와 '밑에 있는 자')의 임무를 마땅히 분리시켜야 한다"고 주장한다.

니체는 이러한 분리의 포기, 즉 이러한 분리 위에 섰던 귀족체제가 "혁명 초기의 프랑스처럼 숭고한 구토와 함께 그 특권을 던져버리고, 스스로를 그 과도한 도덕적 감정의 희생양으로 바친"것을 '부패'라고 비판한다. 즉 그는 본능의 내부가 무정부상태가 되도록 위협받으며, '생명'이라 불리는 정동(情動)의 기초가 흔들리는 것이 부패라면서 프랑스혁명을 그 예로 든 것이다. 그렇다면 우리의 4·19혁명은 물론이고 모든 민주혁명이, 심지어는 양반체제의 타도도 '원한'에 사무친 사람들이 '생명'을 파괴한 '부패'가 된다. 니체의 이른바 생명사상, 삶의 철학, 긍정의 철학, 몸철학, 건강의 철학, 생철학이란 바로 이런 것이다.

또한 니체는 "침해, 폭력, 착취를 서로 억제하고 자신의 의지를 다른 사람의 의지와 동일시하는 것"이 귀족제의 경우에는 타당하지만 그것이 '사회의 근본원리'가 되면 "삶을 부정하는 의지", "해체와 타락의 원리"가 된다고 한다. 다시 말해 도덕은 귀족끼리는 통하지만 그것이 일반원리가 되면 삶을 부정하게 된다는 것이다. 왜 그런지에 대해 니체는 다음과 같이 설명한다.

> 생명 그 자체는 본질적으로 이질적인 것과 좀 더 약한 것을 자신의 것으로 만드는 것이며, 침해하고 제압하고 억압하는 것이며 냉혹한 것이고, 자기 자신의 형식을 강요하며 동화시키는 것이며, 가장 부드럽게 말한다 해도 적어도 착취다.

이처럼 니체는 착취를 인간의 본능으로 보고 적극 수긍한다. 다시 말해 착취는 "유기체의 근본기능으로 살아 있는 것의 본질"이고 "생명의지

이기도 한 본래의 힘에의 의지의 결과"라는 것이다. 여기서 그의 유명한 '힘에의 의지'가 나온다. 그 대표적인 것이 앞에서 본 야수의 본능적 의지다. 이를 토대로 하여 니체는 '주인의 도덕과 노예의 도덕론'으로 나아간다.

니체의 '주인 도덕'과 '노예 도덕'

니체의 반민주주의를 단적으로 보여주는 것이 바로 '주인의 도덕'과 '노예의 도덕'이라는 유명한 구별이다. 여기서 주인의 도덕은 지배자인 그리스와 로마 귀족의 도덕인 '귀족도덕', 노예의 도덕은 유대교나 기독교의 민주주의적 '천민도덕'을 가리킨다. '주인의 도덕'은 '탁월하고 계급이 높은 주인이 좋다고 하는 것'이자 '주인이 노예와 자신을 구별하여 노예를 경멸하는 것'을 지칭한다. 여기서 니체가 말하는 '좋음'과 '나쁨'의 대립은 '고귀한 것'과 '경멸할 만한 것'의 대립으로서 '선'과 '악'의 대립과 구별된다.

니체에게는 공포를 야기하는 주인은 무조건 '선인'이고, 주인이 경멸하는 노예는 '악인'이다. 이처럼 니체에게는 처음부터 주인과 노예가 각각 선인과 악인이 된다. 이는 전제자나 독재자들이 전통적으로 주장해온 것과 같다. 언제나 지배자는 자신이 선인이고 피지배자는 악인이라는 전제 아래서 자신의 지배를 정당화하고 자신에게 반항하는 피지배자를 악인이라는 딱지를 붙여 처형해왔다. 전제자와 독재자의 이런 자기정당화와 니체의 말은 얼마나 다른 것일까? 니체는 '좋음'이란 주인, 즉 강자의 특성이라고 하고는 '원한을 지닌' 노예들이 이에 반대하는 것에 대해 다음과 같이 소리 높여 꾸짖는다.

> 강한 것에게 강한 것으로 나타나지 않기를 요구하고, 그것이 압박욕, 제압욕, 지배욕, 적대욕, 저항욕, 승리욕이 아니기를 요구하는 것은 바로 약한 것에게 강한 것으로 나타나기를 요구하는 것만큼 불합리하다.

니체는 나폴레옹이나 르네상스 시대의 전제군주로 마키아벨리즘의 전형인 체사레 보르자(Cesare Borgia, 1475~1507)와 같은 '맹수 같은 인간'들을 주인이나 초인에 가까운 존재로 찬양한다. 이와 관련해 어떤 니체주의자들은 니체가 살아 있을 당시에는 유럽에서 나폴레옹이 도리어 자유주의자로 비난받았다고 주장하고, 니체가 보르자를 이야기한 것은 바그너의 악극 〈파르지팔〉에 나오는 파르지팔이라는 인물, 즉 성배를 찾는 '성스러운 바보'를 반어적으로 혹평하기 위한 것이었다고 강조한다. 그러나 설령 그렇다고 해도 니체가 나폴레옹이나 보르자를 찬양하지 않은 것은 아니라는 점에 유의해야 한다.

니체는 세상이 언제나 소수의 명령하는 자와 대다수의 복종하는 자로 구성돼왔다는 점을 고려하면 인간은 명령하거나 복종하려는 욕구를 갖고 있는 존재로 볼 수 있다고 주장했고, 명령하는 자가 국민의 공복이니 뭐니 하며 대의정치를 내세우는 것은 도덕적 위선이라고 비판했으며, 나폴레옹과 같은 절대적 명령자를 다음과 같이 찬양했다.

무리동물 같은 유럽인에게 절대적인 명령자의 출현은 이 모든 것에도 불구하고 견딜 수 없는 압박에서 구제되는 것이며 은혜다. 이에 대해 나폴레옹의 출현이 끼친 영향은 최후의 위대한 증거를 제시했던 것이다. 나폴레옹이 끼친 영향의 역사야말로 거의 이 세기 전체가 가장 귀중한 인간과 순간에 이른 더욱 높은 행복의 역사이다.

이 구절은 유럽인과 나폴레옹을 각각 한국인과 박정희(또는 전두환)로 바꿔놓고 보면 더 쉽게 이해된다.

무리동물 같은 한국인에게 절대적인 명령자의 출현은 이 모든 것에도 불구하고 견딜 수 없는 압박에서 구제되는 것이며 은혜다. 이에 대해 박정희(또는 전두환)의 출현이 끼친 영향은 최후의 위대한 증거를 제시했던 것이다. 박정희가(또는 전두환이) 끼친 영향의 역사야말로 거의 이 세기 전체가 가장 귀중한 인간과 순간에 이른 더욱 높은 행복의 역사이다.

바꿔놓고 보니 '니체 작(作) 박정희(또는 전두환) 용비어천가'로 손색이 없다. 니체는 나폴레옹과 함께 수단과 방법을 가리지 않은 전제군주 보르자를 초인에 가까운 존재로 찬양한 반면에 민주주의를 주장한 루소(Jean Jacques Rousseau, 1712~1778)를 "비열한 자"라고 부르면서 형편없는 존재로 격하시켰다. 이는 노예가 무력감에 기인한 복수심에서 '선한 존재'가 되고자 하는 것은 자기기만에 불과하다는 그의 또 다른 주장과 통한다. 즉 노예인 민주주의자가 자신을 선하다고 주장하는 것은 자기기만에 불과하다는 이야기다. 바로 우리가 그렇다는 것이다.

니체가 이기주의를 찬양한 것도 같은 맥락으로 볼 수 있다. 니체는 이기주의에 대해 "고귀한 영혼의 본질에 속하는 것"이라면서 "자신에 대해 다른 존재는 자연히 종속되지 않으면 안 되고 희생되어야 한다는 확고한 신념"이라고 한다. 니체는 고귀한 사람은 "동등한 인간이나 동등한 권리를 가진 사람들 사이에서 움직이게" 된다면서 사람은 자신보다 열등한 자나 이방인에 대해서는 멋대로 선악을 넘어 행동해도 된다고 주장한다. 따라서 열등한 여자나 노동자나 외국인을 선악과 무관하게 착취해도 좋다는 것이다. 니체가 말한 '선악의 저편'이라는 것은 바로 이런 것이다.

또한 "'은혜'라는 개념은 동등한 사람들 사이에서는 어떤 의미도 향기도 갖지 못한다"고 니체는 주장한다. 그에게 '은혜'란 경멸해야 할 노예의 도덕이기 때문이다. 이와 같은 주인의 도덕과 노예의 도덕을 주로 강조한 『선악의 저편』은 특히 나치스의 입맛에 맞았다. 그래서 어떤 니체주의자는 니체의 작품 가운데 『차라투스트라는 이렇게 말했다』, 『선악의 저편』, 『도덕의 계보』, 『유고』는 무시하고 『즐거운 학문』, 『아침놀』 같은 초기작품만 읽으라고 권한다. 그렇게 하면 니체가 즐거운 우상파괴자, 실증주의자, 현실주의자, 합리주의자로 나타난다는 것이다. 그러나 앞의 네 권도 분명히 니체의 저서이고, 뒤의 두 권에도 문제가 있는 말이 적지 않게 들어 있다.

여기서 중요한 점은, 니체의 귀족주의를 덧칠해 오로지 정신적인 것으로 만들려고 해서는 안 된다는 것이다. 귀족정치에 대한 옹호는 니체의 논리에서 '불가피한 것'이고, "니체가 제시한 귀족정치의 모습은 현실적으로 존재하는 것이 아님이 분명"하기 때문에 "니체에게는 안 됐지만, 이 논리의 비현실성 역시 불가피하다"고 인정한 홀링데일은 그나마 니체 연구의 태두답게 솔직한 태도를 보였다고 할 수 있다.

그러나 그런 귀족주의가 현실에 갖가지 독재의 형태로 존재한다는 점을 주의해야 한다. 정치적으로만이 아니라 경제적, 사회적, 문화적으로도 그런 귀족주의는 분명히 존재한다. 특히 한국에서 그렇다. 정치, 경제, 사회, 문화를 극소수의 귀족이 지배하고 있다시피 하는 한국에서 특히 그렇다. 따라서 진정한 니체주의자라면 그런 한국의 현실을 축복해야 한다. 한국의 현실을 니체가 한 말씀의 필연적인 현실화로 평가하고 축하해야 한다. 그래서인지 니체가 한국에서 그렇게도 성행하는 것인지도 모른다. 그러나 이런 현상을 더 이상 용납해서는 안 된다. 그래서는 우리가 민주주의를 한다고 말할 수 없기 때문이다.

니체의 노동자 멸시

위에서 본 19세기 인물 니체의 인종주의 타령이나 귀족 타령이야 시대착오적인 궤변으로 보고 용서한다고 해도, 또는 그 모든 것을 19세기의 서양 악령이 니체의 입을 통해 한 말이라고 보고 백보 양보한다고 해도 니체의 다음 글만은 나로서는 절대 용납할 수 없다.

근본적으로는 본능의 타락이자 오늘날의 모든 우매의 원인인 우매함은 노동문제가 존재한다는 데 있다. 특정한 것들에 대해서는 문제제기를 하지 않는다는 것, 이것이 본능의 첫 번째 명령인데 말이다. 유럽 노동자를 하나의 문제로 만들어놓고 난 후 사람들이 그것을 가지고 무엇을 하려는 지를 나는 전혀 예측하지 못하겠다. 유럽 노동자는 단번에 더 많이, 더 뻔뻔스럽게 문제제기를 하기에는 너무나도 좋은 상태에 있다. 그는 결국 대다수를 자기편으로 한다. 여기서 겸양하며 자족하는 종류의 인간, 중국인 유형이 하나의 계층으로 형성될 희망은 완전히 물 건너갔다. … 노동자를 계층으로 만드는, 독자적이게 만드는 본능을 가장 무책임한 무분별함이 철저히 파괴해버렸다. 노동자를 군인처럼 용감하게 만들고, 그들에게 단결권과 정치적 참정권을 부여했다. 노동자가 오늘날 자신의 존재를 이미 위기(도덕적으로 표현하면 정의롭지 않다고나 할까)라고 느낀다 해도 그것이 뭐 이상한 일이겠는가? 그런데 다시 한 번 물어보자. 사람들이 원하는 것이 무엇이란 말인가? 목표를 원하면 수단도 원하지 않으면 안 된다. 노예를 원하면서 노예를 주인으로 교육한다면 바보가 아닐 수 없다.

이게 도대체 무슨 헛소리인가! 이게 "현대철학과 현대문화 전반의 고전적 인물!"이라고 찬양되는, 그렇게도 위대한 철학자의 말씀이란 말인가? 이 구절은 니체가 '검은 머리카락 선조의 복원'이라면서 저주한 민주주의-아나키즘-사회주의에 대해서는 물론이고 노동자에 대해서도 극도의 혐오감을 내뱉은 말이다. 요컨대 임금인상이나 노동시간 단축 등을 요구하는 노동자는 뻔뻔스럽고 정의롭지 못한 존재이니 노동자를 본래대로 노예로 되돌려야 한다는 것이다. 먼저 임금인상에 반대하는 니체의 주장을 들어보자.

노동자들은 군인처럼 느끼기를 배워야 한다. 사례나 봉급이지 임금의 지불이 아니다! 행한 일에 대한 분할지불이라는 관계가 아니다! 오히려 개인들을 그들 나름의 방식대로 자신의 영역 안에서 최상의 것을 행할 수 있게끔 한다.

번역문이 좀 모호하지만, 이 구절의 뜻은 노동자란 자기가 한 일에 대한 정당한 대가를 받는 존재가 아니라 자신이 최상의 것을 행할 수 있게끔 해준 주인에게서 사례를 받는 존재일 뿐이라는 것이다. 이 구절은 니체가 '주인'의 말을 대신 해준 것 같다. 여기서 주인이란 군인의 경우에는 국가이고, 노동자의 경우에는 사용자인 기업이나 기업주다. 이렇게 보면 니체의 사상은 국가나 기업, 그것도 대단히 전근대적인 국가나 기업의 사상이 아닐 수 없다.

니체는 당대에 노동시간이 12시간에서 11~10시간으로 줄어드는 것에 대해 완강하게 반대하는 동시에 12세 이상 아동에게 10~11시간의 노동을 시키는 것에 대해 기꺼이 찬성했다. 니체는 24세에 바젤대학 교수가 된 직후 바젤에서 국제노동자협회(International Workingmen's Association; 제1인터내셔널) 대회가 열리자 사회문제를 노동자의 관점에서 해결하려고 하는 것은 문화에 대한 극도의 위협이라고 비판하면서 노동시간 단축에 반대했다. 니체는 당시 바젤에서 노동자를 교육시키고 있었던 단체에 대해서도 극구 반대했고, 그 뒤 국제노동자협회가 바이로이트에서 바그너의 오페라가 공연되는 것을 방해하기 위해 음모를 꾸미고 있다고 의심하면서 극도로 흥분했다. 그에게는 바그너의 오페라가 노동자의 생존보다 더 중요했던 것이다. 독일이 망해도 바그너의 오페라는 살아남아야 한다는 태도였다.

그러나 바그너가 기독교로 돌아서자 니체는 태도를 바꿔 그를 이 세상에서 가장 나쁜 인간으로 매도했다. 그렇지만 국제노동자협회의 주장이나 노동자의 생존권 요구에 대해서는 죽을 때까지 반대했다. 니체는 노동자가 교육을 받는 것에 대해서도 반대했다. 노동자들, 특히 못 배운 탓에 가난하게 살아야 하는 노동자들은 배움에 대한 욕구가 크다. 그러나 니체는 "너나 할 것 없이 모두가 배워 읽을 수 있게 되면 시간이 흐르면서 쓰는 것은 물론 생각까지 부패하기 마련"이라고 말한다. 그래서 니체는 현대의 교육이 그리스 귀족이 받았던 교육처럼 말하고 쓰는 법을 가르치지도 못하고 그리스어와 같은 고대의 언어를 가르치지도 못한다고 비판한다. 그런데 번역자는 이런 니체의 말씀이 한국의 인문교육에 그대로 적용된다고, 그리고 소위 '인문학의 죽음'에 그대로 들어맞는다고 주장한다.

나도 같은 교수이지만 그런 니체의 말에 감동하게 되기보다는 흑발 인종은 원래부터 노예이고 노동자라는 니체의 지적에 더 신경이 쓰인다. 나 같은 자는 흑발, 노동자, 동양인, 한국인이라는 네 가지 이유만으로 이미 니체에 의해 노예의 낙인이 찍혔으니 니체를 읽을 자격도 없는 것인지도 모른다. 그러나 니체에 의하면 노예의 나라인 한국에서는 누구도 니체처럼 민주주의-아나키즘-사회주의나 노동자의 권리가 선조의 복원이라고 생각하지 않는다. 박정희 시대에도 노동자를 가리켜 사람이 아니라고 하거나 노예라고 하지는 않았다. 그런데 니체는 사람과 노동자를 구별하고, 노동자는 노예이고, 사람들이 노예를 원한다면 노예를 주인으로 교육해서는 안 되고 그대로 노예로 머물게 해야 한다고 주장한다. 이런 니체를 우리가 과연 계속 읽어야 하는가?

니체의 제국주의

19세기의 비인간적인 노동에 대해 마르크스(Karl Heinrich Marx, 1818~1883)를 비롯한 당대의 여러 사상가들이 관심을 갖고 비판했다. 니체 역시 비인간적인 노동에 대한 관심을 드러냈다. 그는 당시의 노동을 두고 "공장 노예제도"라고 했고, "기계의 나사로, 또 말하자면 인간의 발명품에 대한 보완물로 소모되는 것은 치욕"이라고도 했다.

그러나 그는 노동자들에게 "얼마나 많은 내면적인 가치가 그러한 외면적인 목표를 위해 포기되는지에 대한 대차대조표"를 제기할 것을 요구하면서도(여기서 '내면적인 가치' 운운한 부분이 니체를 정신주의자로 섬기는 니체주의자들의 태도를 뒷받침해줄지는 모르겠지만, 그것이 노동자에게 12시간 이상의 장시간 노동을 시켜야 한다고 주장한 니체가 노동자에게 기대한 것이라는 점에서 참으로 웃기는 헛소리다) "정신 나간 희망으로 그대들을 선동하고자 하는 사회주의적인 쥐 잡는 인간들의 피리소리"를 듣지 말라고 주장한다. 대신 그는 노동자들에게 식민지 정복이라는 '신나는 모험과 전쟁'을 적극 권장한다.

세계에 아직 남아 있는 야만적이고 신선한 지역의 주인이 되고 무엇보다도 나 자신의 주인이 되려 하자. … 모험과 전쟁을 회피하지 말고 최악의 경우에는 죽을 각오를 하자. … 유럽의 주민 중 4분의 3만큼이 빠져나가면 좋을 것이다!

니체 자신은 교수이니 유럽에서 철학이나 하고 있을 테니 유럽의 노동자 가운데 4분의 3까지는 식민지로 가야 한다는 주장이다! 이것이 니체식 노동문제 해결방안이다. 이어 니체는 노동자를 내보낸 뒤에 텅 빈 유럽의 공장에는 중국인(동양인이라는 뜻이니 한국인도 포함되겠다)을 데려오자고 하고, 그러면 그들이 "근면한 개미들에 맞는 사고방식과 생활방식을 함께 가져올 것"이니 유럽에도 '중국노동자주의'가 이루어질 것이라고 주장한다. 이 얼마나 끔찍한 제국주의-식민주의-인종주의-전체주의이고 유치하기 짝이 없는 오리엔탈리즘인가?

더욱 가관인 것은, '중국노동자주의'라는 것에 대한 설명으로 니체가 "인간은 기계의 덕으로 무장되어야 한다. 그 자신이 기계처럼 유용하게 일하는 상태가 최고로 가치 있다고 여기는 법을 인간은 배워야만 한다"고 주장한 점이다. 그는 또 "지루함과 단조로움을 견뎌내기를 배우는 것, 그리고 단지 견뎌낼 뿐 아니라 지루함이 더 고차의 매력에 의해 둘러싸여 있다는 식으로 보기를 배우는 것", "우리와 아무런 상관도 없는 것을 배우는 것 그리고 바로 이 일에서, '객관적'으로 활동하는 데에서 자신의 '의무'를 분리하여 평가하는 법"을 배우는 것을 강조한다. 니체는 "기계의 나사로, 또 말하자면 인간의 발명품에 대한 보완물로 소모되는 것"을 귀족주의자인 자신에게는 '치욕'이라고 말하기도 했지만, 결국은 노동자에게 그것을 오히려 '영광'으로 알고 그것에 무조건 복종하라고 말한 것 아닌가? 노동자는 오로지 죽도록 기계처럼 일만 하라는 것 아닌가?

니체는 자기와 같은 문헌학자는 "교육자 그 자체"라면서 "그의 깃발 아래 젊은이들은 '공부벌레'가 되는 것"이 장차 관료, 남편, 사무원, 신문 독자, 군인으로서 "기계적인 의무이행"이라는 성능을 발휘하기 위한 "첫 번째 전제조건"이라고 주장한다. 이어 니체는 그 "철학적 정당화와 미화"를 위해 "유쾌한 느낌은 오류를 범하지 않는 어떤 심의기관에 의해 대체로 저급하다고 폄하되어야" 한다고 주장한다.

이는 곧 문헌학 기계와 같은 자신처럼 되도록 모든 인간을 철저히 훈련하고 사육해야 한다는 말이다. 그런데 가관인 것은, 이런 니체의 제국주의-기계주의-자본주의 찬양을 우리의 니체학자는 놀랍게도 현대 산업문화에 대한 비판이라고 왜곡한다는 점이다! 이는 그와 같은 사람들이 나같은 자를 비난할 때 늘 들이대곤 하는 '오독(誤讀)', 바로 그것이 아닌가?

니체의 또 다른 자본주의 비판이라는 것도 그야말로 가관이다. 가령 니체는 "호텔에서든 사회의 상류층이 사는 어느 곳에서든 현재 사람들이 하는 식사는 엉망"이라면서 "요리는 인상을 주기 위해 만들어질 뿐 영양까지 고려해 조리되지는 않는다"고 한다. 그래서 영국인 부자들에게는 소화불량과 두통을 견디기 위해 기독교가 필요하다고도 하고, "이러한 식사는 무엇을 대표하는가"라고 묻고는 "신분을? 아니 돈이다"라고도 한다. 그러면서 "돈은 힘이고 명성이며 존엄이고 우위이며 영향력"이라고 개탄한다. 요컨대 요리가 영양가 없이, 신분과도 관계없이, 오로지 돈에 의해서만, 겉치레에 치우쳐 만들어지기에 자본주의가 문제라는 것이다.

또한 니체는 "종합적이고 총계화하며 승인하는 인간을 창출하는 운동이 필요하다"면서 "인류의 기계화란 그 자신의 좀 더 높은 존재형식을 그 위에서 고안해낼 수 있게 하는 하부구조로서, 그의 생존을 위한 선제조건이다"라고 주장한다. 그러고는 "총체적 기계장치, 모든 톱니바퀴의 연대성은 인간착취의 극대성을 표현"하는 "귀족주의 형식"이라고 찬양한다.

그런데 이와 같은 영양가 없는 식사에 대한 니체의 비판과 기계적 인간착취 운동이 필요하다는 니체의 주장을 두고 우리의 니체학자는 놀랍게도 현대 자본주의 비판이라고 주장하고, 더 나아가 이를 마르크스의 자본주의 비판과 유사하다고 왜곡한다! 이는 그야말로 엄청난 오독 아닌가?

이런 예는 수없이 더 들 수 있으나 그렇게 하다가는 이 책의 분량이 여러 권이 될 것이니 아예 그만두도록 하자. 니체 연구자나 애호가나 찬양자는 반민주주의자이자 제국주의자이자 기계주의자인 니체를 현대 기계문화에 비판을 가한(사실은 비판이 아니라 찬양인데도!) 철학자로 찬양하며 그의 책을 반드시 읽어야 한다고 꿈속에서도 꿈처럼 주장하겠지만, 나로서는 도저히 이해할 수 없는 찬양이고 주장이다.

니체의 반여성주의와 반평화주의

니체가 나 같은 자를 욕하기만 하는 것은 아니다. 칭찬을 한 점도 있다. 내가 니체에게 인정받는 점을 하나라도 갖고 있다는 게 얼마나 고마운지 모른다. 니체가 칭찬해주는 점은 그래도 나는 남자라는 것이다. 니체는 양반이나 귀족에 대한 노동자의 반발도 싫어했지만 남성에 대한 여성의 반발도 몹시 못마땅해 함으로써 우리 남성의 니체로 우뚝 선다.

니체는 말한다. "남성에게 그리 발달하지 못한 기능으로 자신을 변신시켜 남성의 돈지갑이나 정치, 사교성이 되어주는 여자들"은 "자기보존능력을 최고로 발휘"하지만 "실패하면 그들은 화를 내고 과민해져서 자기 자신을 잡아먹는다." "그들은 먼지 하나도 고통을 줄만큼 부서지기 쉬운 장식품으로 보이게 하기 위해, 약한 모습을 창출해내는 데 탁월한 능력을 발휘한다." 그렇구나, 우리 남자는 여자에게 당했구나! 평소에 그런 의심을 하기는 했지만 이제 현대사상의 대철학자인 니체가 그렇다고 하니, 아, 정말 그런 모양이구나! 그러나 남자라고 해서 다 니체에게 고마워할 것은 아니다. 특히 나처럼 전쟁을 싫어하는 남자는 여자와 마찬가지로 니체에게 멸시를 받기 때문이다.

사내는 전투를 위해, 여인은 전사에게 위안이 될 수 있도록 양육되어야 한다. 그 밖의 모든 일은 어리석은 일이다.

『차라투스트라는 이렇게 말했다』에 나오는 니체의 이 말은 저 끔찍한 징용을 하고 정신대를 강제동원한 일제 총독부나 가부장적 양반들의 구호가 됨직하다. 이 말은 니체가 전쟁광에다 인종주의자였음을 모르면 제대로 이해할 수 없다. 여하튼 니체는 차라투스트라를 통해 다음과 같은 말도 한다.

오늘날은 소인배들이 주인이다. … 여인의 근성을 갖는 자, 하인의 피를 타고난 자, 그리고 누구보다도 천민 잡동사니, 이제 그런 자들이 인간의 온 갖 숙명 위에 군림하려드니, 오, 역겹도다! 역겹도다! 역겹도다!

아, 나는 그나마 여자 아닌 남자로 태어난 덕분에 니체에게 최소한의 인정은 받게 되어 다행이라고 생각했더니 그것도 아니구나. 여자만이 아니라 여자 같은 남자에 대해서도, 그리고 우리 같은 노동자에 대해서도 니체는 "오, 역겹도다! 역겹도다! 역겹도다!"라고 연발하니, 금발의 니체귀신이 제삿날 내게 와서 저주를 퍼부을까 두렵다. 니체의 저주를 받지 않으려면 그가 말한 '더 높은 세계'에 올라가야 하는데, 그렇게 할 수 있으려면 "그렇게 타고나야만 한다." "철학에 대한 권리를 갖는 것은 … 오직 자신의 출신 덕분이며 조상이나 혈통이 여기에서도 결정적인 역할을 한다"는 것이다. 아, 그래서 나는 원천적으로 철학을 할 수 없는 것이구나!

그런데도 니체학자는 니체가 "혈통과 신분, 신분과 지위, 세속적인 성공과 실패, 관습과 세속성 등"에서 해방된 자유정신을 추구했다고 주장한다. 그러나 이는 그 근거로 삼는 구절 속에서 니체는 "혈통과 환경, 신분과 지위 또는 지배적인 시대의 견해를 근거로 그에게서 예상할 수 있는 것과 다르게 사유하는 사람"이라고 했을 뿐이지 혈통 등을 부정한 것은 절대로 아니라는 점을 모르고 하는 소리다.

여하튼 니체에 의하면 우리 흑발 한국인, 그중에서도 특히 나 같은 노동자가 '철학' 운운해서는 절대로 안 된다! 흑발은 철학을 해서는 안 된다면 머리카락을 금발로 바꾸어야 철학을 할 수 있다는 말인가? 요즘은 질 좋은 염색약이 많아 흑발을 금발로 바꾸는 것이야 너무나도 쉬운 일이니 크게 걱정할 일도 아니다. 우리의 니체철학자들도 모두 그렇게 머리카락을 염색하는지는 모르겠지만, 문제는 혈통이다. 피를 염색할 수는 없지 않은가?

니체는 아리아 인종의 독일인이어서 원래부터 금발이었을 뿐 아니라 평생 자신이 폴란드 귀족 출신이라고 거짓말한 것으로도 유명하지만(그래서 폴란드 출신 작곡가 쇼팽도 좋아한다), 여하튼 자신의 조상이나 혈통에 대해 무한한 자부심을 가진 자였다. 그러나 나는 물론이고 우리 시대의 노동자들은 대부분 그런 자부심을 갖기도 어렵지만, 이보다는 오히려 민주주의의 시대에 혈통 따위에는 전혀 연연하지 않는다. 니체가 보기에는 혈통이 없는 우리는 철학을 할 권리를 갖는 것 자체가 불가능하겠지만, 니체 찬양자들은 모두 혈통이 화려하기 때문에 그런 식으로 말하는 니체에 동의하는지도 모르겠다. "오, 역겹도다! 역겹도다! 역겹도다!"

요컨대 니체는 다수자(여성적이고 노동자이고 인종적으로 열등한 사람들)의 민주주의를 철두철미하게 비난한 반면에 소수자(남성적이고 귀족적이며 인종적으로 우월한 사람들)의 귀족주의를 철두철미하게 옹호했다. 니체는 1900년에 죽었는데, 그보다 11년 전인 1889년에 이미 미쳤다. 내가 위에서 인용한 글들은 대개 그가 건강이 상당히 악화된 상태였던 1887년 가을에 쓴 것이지만, 그때만 해도 니체의 의식이 명료했다고 니체 연구자들이 말하니 니체의 사상이라고 보지 않을 수 없다. 니체가 그때 이미 미친 상태였다면 내가 위에서 인용한 그의 말들을 '정상적인 사람'의 말이 아닌 것으로 생각하면 되니 다행이겠는데 그렇지 못하다고 하니 나로서는 유감천만이다.

위에 인용된 니체의 글들은 19세기 말에 쓰여진 것이니 오늘날 노동자나 여성을 바라보는 시각에서 그것들을 판단해서는 안 된다고 주장하는 이들이 있을지도 모른다. 그러나 노동자나 여성의 사회적 지위와 삶의 여건은 지금보다 19세기에 더 열악했음은 주지의 사실이다. 당시의 상황에 비추면 니체의 관점은 오히려 지금 우리가 이해하는 수준 이상으로 대단히 반민주적이고 반노동자적이며 반여성적이었다고 봐야 할 것이다. 이런 점에서 그는 대단히 위험하다.

그러나 니체학자들은 독일의 현대 철학자 하버마스(Jürgen Habermas, 1929~)가 1968년에 "니체는 더 이상 전염될 것이 없다"고 한 말을 소개하며 니체가 위험하지 않다는 품질보증 선언을 한다. 그러나 하버마스는 니체를 철저히 비판한 사람이다. 그가 그렇게 말한 뜻은 니체는 이미 철저하게 비판됐으니 더 이상 문제 될 것이 없다는 것이었다. 학생운동이 거세게 일어나고 니체에 대한 비판이 전개됐던 1968년의 독일에서는 그랬을지도 모른다. 하지만 그 뒤에 네오 나치가 기승을 부리게 된 통일 독일에서도 하버마스가 그렇게 생각하지는 않았으리라고 나는 믿는다. 하물며 지금의 대한민국에서는, 즉 민주주의의 뿌리가 아직 약하고도 약한 대한민국에서는 니체가 여전히 위험하다고 나는 생각한다. 하버마스 얘기가 나온 김에 한마디 덧붙이자면, 언젠가 하버마스가 우리나라에 왔을 때 우리나라의 하버마스 학자들이 그에게 우리나라가 나아가야 할 길을 물었다고 한다. 그야말로 코미디다. 아무리 하버마스라고 해도 그가 잘 모르는 우리나라가 나아가야 할 길을 말할 수 있겠는가.

니체주의자들은 심지어 "니체 철학이 전제권력을 휘두르는 독재자나 노예들을 부려먹으며 안락한 생활을 누린 귀족들을 정당화해준 것처럼 말하는 사람들이 있다. 믿기지 않지만 상당수의 학자들이 그런 말을 자신의 철학적 교양을 뽐내는 양 하고 있다"고 한다. 그들은 그런 엉터리 학자에 나도 당연히 포함된다고 말하겠지만, 나는 오히려 "신은 죽었다", "진리는 죽었다", "선악은 없다", "나는 초인이다" 운운한 니체의 말을 그대로 옮겨 함부로 떠드는 것으로 "자신의 철학적 교양을 뽐내는 양 하고" 있는 학자나 예술가가 우리나라에 더 많고 그들이 더 큰 문제라고 생각한다. 물론 우리나라에는 그런 식의 니체 책만 나와 있고 니체를 비판하는 책은 없기에 그들이 그렇게 '믿을' 수밖에 없는 것인지는 모르겠다.

페미니스트 니체?

『차라투스트라는 이렇게 말했다』에서 니체가 "여인들에게 가려는가? 그러면 채찍을 잊지 말라!"고 한 것을 두고 어떤 니체주의자는 "어찌 보면 여성혐오적인 입장을 드러내고 있는 듯도 보인다"면서도 이를 "한국 속담에 있는 여자와 북은 사흘에 한 번씩 두드려야 한다는 가부장적인 여성비하적 사유의 전형 같이 읽어"온 것은 '오독'이고 '편견'이라고 비판한다. 그러고는 니체의 여성관을 새롭게 해석한 프랑스의 철학자 자크 데리다(Jacques Derrida, 1930~2004)를 따라 니체를 페미니스트로 보는 견해를 밝힌다.

  그러나 내가 읽은 데리다는 적어도 내가 방금 인용한 구절을 가지고 니체를 그렇게 해석하지는 않았고, 다른 한국의 학자들이 데리다 식으로 니체를 해석하는 경우에도 그 구절을 근거로 삼지는 않는다. "여인들에게 가려는가? 그러면 채찍을 잊지 말라!"고 한 니체의 말에 대해 "어찌 보면 여성혐오적인 입장을 드러내고 있는 듯도 보인다"라고 할 것이 아니라 니체가 그렇게 말하기도 했음을 그대로 인정하는 것으로 충분할 것이다.

니체의 여성관을 페미니즘으로 해석하는 사람들이 그런 해석의 주된 근거로 삼는 니체의 말은 "정신적인 임신은 여성적인 성격과 유사한 정관적(靜觀的)인 것의 성격을 생산해낸다", "임신의 표식은 자기 자신에 대한 사랑이다" 등이다. 나로서는 이런 모호하고도 짧은 문장들만을 근거로 해서 니체를 페미니스트로 해석해내는 니체철학자들이 존경스럽기만 하다. 나는 그 문장들을 특별히 달리 해석할 능력도 흥미도 전혀 갖고 있지 않다. 그런데 니체철학자 중에는 "임신의 표식은 자기 자신에 대한 사랑이다"라는 말에서 '임신'이란 "이상적인 자기 자신을 생산하는 예술"을 의미하는데 "인간이란 이러한 의미에서 보면 모두 각자에게 예술가로 열려 있다"면서 니체는 초인을 "각자의 인간에게 열린 가능성으로 설정한다"고 하고서 니체는 '예술가', '성자', '철학자'를 "하나의 인격 속에 구현"하고자 했다고 주장하는 이도 있다.

이런 주장에 의하면, 내가 앞에서 설명한 것처럼 니체를 반민주주의적이라고 진단하는 것은 전적인 '오독'이자 '편견'이 되고, 오히려 니체는 모든 인간이 '예술가', '성자', '철학자'를 하나의 인격 속에 구현한 초인이 될 수 있다고 주장한 것이 된다. 나는 니체가 정말 그렇게 생각하고 주장했다면 참으로 고맙겠다. 그러나 나로서는 니체를 도저히 그렇게 읽을 수 없었다는 사실을 고백하는 것 외에 달리 할 말이 없다. 나로서는 그들의 그런 견해를 '오독'이자 '편견'이라고 주장할 생각도 전혀 없다. 그런 해석이 우리에게 해가 될 리는 없기 때문이다. 그러나 독자들은 내가 니체가 한 말에 대해 느낀 바를 솔직하게 적고 있다고 이해해주리라고 믿는다.

여기서 중요한 문제는, 굳이 니체를 들먹이며 그렇게 해석해야만 페미니즘 이론의 수립이 가능한가다. 이는 근본적인 의문이다. 나는 반드시 그렇지는 않다고 본다. 니체가 없어도 페미니즘 이론을 얼마든지 수립할 수 있다. 그래서 의문이 생기는 것이다. 니체를 그렇게까지 억지춘향이식으로 해석해야만 하는 이유는 무엇인가?

2.

니체와 한국의
빈민주주의

왜 다시 니체인가?

왜 다시 누구인가? 라고 묻는 경우는 대부분 그 누구의 가치를 다시 선양하기 위해서다. 즉 소개하는 사람을 긍정적인 태도로 바라보기 마련이다. 그러나 내가 왜 다시 니체인가 라고 묻는 것은 그 반대다. 다시 니체를 버려야 한다고 생각했기 때문이다. 항상 그런 생각을 했지만 최근에도 수업시간에 그런 일이 생겼다. 니체를 비판적으로 읽어야 한다고 말하자 어떤 여학생이 발끈하며 니체의 위대한 슈퍼맨 책을 읽어보았느냐고 물었다. 그래서 졸지에 나는 니체의 책도 읽어보지 않고 니체의 책을 쓴 몹쓸 인간이 되어버렸다. 그 학생은 수업 시간에 자주 과잉반응을 보이는 학생이었지만, 책에 대해 이렇게 격한 반응을 한 것은 처음이었다. 게다가 평소에 그 학생은 독서를 열심히 하는 학생으로는 전혀 보이지 않았기 때문에 더욱 놀라웠다.

그러나 어디 그 학생뿐일까? 니체는 정말 이상할 정도로 우상화되어 있다는 느낌을 받는 것이 한두 번이 아니었다. 그 학생에게도 니체는 신과 같이 절대적인 존재다. 니체 애독자가 흔히 보이는 니체 절대화다. 그들에게는 니체뿐이다. 니체가 유일신이다. 그런 식으로 쓴 책도 많다. 내가 9년 전 니체를 '반민주적인, 너무나 반민주적인'인 사람이라고 비판하는 책을 썼더니, 놀랍게도, 니체는 민주적인 사람이라고 주장하는 니체 전공자 교수의 책까지 나왔다. 게다가 그는 소위 진보적인 학자였다. 공자나 플라톤(Platon, B.C. 428/347~348/347)의 철인정치를 비민주적이라고 비판하면 그야말로 엄청난 반발이 있는 것에 비하면 약과일지 모르지만, 니체 전집에 나오는 수없이 많은 반민주적인 발언을 400쪽 정도로 정리하고 분석한 나에게는 충격이었다. 나에게는 그 교수나 위의 학생이나 모두 마찬가지로 니체 중독자처럼 보인다.

그래서 다시는 니체에 대해 말하지 말자, 한 권의 책을 쓴 것으로 충분하다고 생각했지만, 지난 9년 동안 왜 이렇게 니체 중독자가 많을까 하는 의문을 머릿속에서 지운 적이 없다. 사실 한국에서는 비판이라는 것이 그다지 환영받지 못한다. 교과서적인 지식이 지배하는 탓이다. 교과서적인 권위를 가져야 읽히는 풍토이다. 그것도 저자가 서울대나 하버드대 정도의 학력이나 직력을 가져야 한다. 그렇지 못한 자들의 책, 특히 그 권위에 도전하는 비판서들은 환영받지 못한다. 독서의 폭이나 깊이가 좁고 얕은 풍토에서 니체든 무엇이든 한 권의 권위 있는 책으로 충분하다는 것이다. 니체 책만이 아니라 모든 책에 그런 유일주의 식의 권위주의가 지배한다. 그 원인은 교과서에 있다. 한국은 교과서가 지배하는 나라다. 교과서 지식이 전부다. 그것도 무조건 암기하는 것이 전부다. 여기에 비판은 처음부터 있을 수 없다.

왜 다시 니체인가? 사람들은 그의 사상이 삶을 고뇌하는 사람에게 용기를 주는 치유, 힐링의 철학이기 때문에 니체를 좋아한다고 한다. 자신의 운명을 적극적으로 받아들여 긍정적으로 살아가라는 운명애(運命愛)와 그런 현세 긍정의 극한인 영원회귀(永遠回歸)의 초인 사상을 특히 좋아한다고 한다. 그리고 이는 불교의 윤회사상과도 통하기에 동양사상과 통한다고들 한다. 그러나 윤회란 불교에서 극복해야 할 부정적인 힌두교적인 것이지 추종해야 할 긍정적인 것이 아니므로 니체의 영원회귀를 불교적이라고 할 수 없다. 우리나라의 대승불교는 다분히 힌두교적인 것이어서 윤회를 긍정하는 모양이지만 이를 불교의 참된 가르침이라고는 할수 없다. 그래도 니체는 불교적이라고 믿는 사람들이 많고 그런 류의 책들까지 나온다.

그런데 니체가 그런 운명애니 영원회귀를 주장한 이유는 불교 때문이 아니라 서양의 오랜 전통이었던 기독교를 거부하기 위해서였다. 기독교는 신이 천지를 창조했는데 인간이 신의 뜻을 거역하는 죄를 지었고 그 죄를 예수가 지고 갔으니 그를 믿고 사랑하면 구제를 받는다고 한다. 니체는 그런 기독교가 모든 인간을 노예로 만들었다고 비판하고 그 신을 죽었다고 하면서 그 전제인 직선적인 시간관을 부정하고 회귀적인 시간관을 주장했다. 그런데 니체는 그런 운명애나 영원회귀가 특별한 사람인 초인, 즉 슈퍼맨에게만 인정된다고 주장했고 자신이 바로 그런 슈퍼맨이라고 했다. 이러한 니체의 생각은 사실 기독교의 그것과 극히 유사하다. 신을 부정하지만 자신을 예수와 같이 어리석은 대중에 의해 십자가에 못박힌 존재로 보기 때문이다. 이를 과대망상이라고 하고 그래서 그는 결국 미쳤다고 볼 수도 있다.

그러나 문제는 그게 아니다. 니체는 반민주주의자로 자유와 평등, 특히 여성과 노동자의 인권, 권력분립과 시민자치를 보장해야 한다고 주장하기는커녕 그 모두를 부정하고 다수의 노예 위에 군림하는 소수의 귀족지배를 주장했기 때문에 문제다. 그동안 국내외에서 나온 니체에 관한 많은 책의 저자들은 니체를 민주주의자로 보지도 않지만 반민주주의자로 보지도 않는 듯하다. 그들은 니체의 사상을 나와는 전혀 다른 관점, 즉 소위 '철학'적이고 '정신'적이며 '예술'적인 관점에서 대단한 가치를 가진 것으로 본다. 그러나 나는 인류의 대다수를 노예로 만들고 극소수의 초인으로 하여금 그들을 지배하게 하자는 니체의 '철학', '정신', '예술'에 찬성할 수가 없다. 따라서 니체를 반민주주의자로 보고 비판하는 이 책은, 내가 보기에 대동소이한 그들의 책과 근본적으로 다르다.

니체는 사상의 불모지였던 한국에서 군사독재가 시작된 1960년대부터 '현대사상'의 총아로 인기를 끌었다. 이어 마르크스와 프로이트도 '현대사상'의 원류라는 권위로 포장된 모습으로 민주주의 비판에 악용되기도 했다. 그와 같은 반민주주의 사상의 열풍 속에서 발전해온 우리의 민주주의는 아직도 허약하고 허구적이며 허위적인 것으로도 보인다. 이제는 우리의 민주주의를 굳건히 다지기 위해 그런 잘못된 '현대사상'을 철저히 비판함으로써 그것이 우리의 '현대'를 규정하는 옳은 '사상'이 될 수 없음을 밝혀야 한다. 현대사상과 현대예술의 반민주주의를 청산해야만 우리의 민주주의가 제대로 설 수 있고, 우리현실에 맞는 참된 민주주의 사상이 수립될 수 있기 때문이다.

니체, 독일, 나치스, 히틀러 소개의 문제점

2004년에 완간된 21권의 한글판 『니체 전집』의 어느 권 해설에도 니체에 대한 비판은 볼 수 없다. 니체와 히틀러나 나치스에 대한 언급도 없다. 우리나라에 소개된 가장 방대한 히틀러 평전(1,400쪽이 넘는다)을 쓴 요하임 페스트는 그 책에서 니체에 대해 언급한 바 없고, 나아가 나치에 대한 수정주의 역사학파의 입장에서 나치의 유대인 학살은 유일무이한 것이 아니라 그런 사건은 동서고금에 많았고 유대인 학살 집행자들은 관료로서 상부 명령을 기계적으로 수행한 것에 불과했다고 주장했다. 니체를 좋아해 『전체주의의 기원』에서 니체에 대해 호의적으로 언급한 아렌트가 말한 '악의 평범성'이라는 것이다. 그런데 이러한 수정주의를 소개하는 한국의 어느 나치 연구서*에는 그런 수정주의가 아무런 논평 없이 언급되어 있어서 더욱 놀랍다. 왜 이를 철저히 비판하지 않는가?

니체에 대한 비판은 더욱더 보기 어렵다. 도리어 니체 열기는 더 심해지고 있다. 니체의 시집에다가 문체에 대한 책**까지 나왔으니 말이다. 심지어 2017년 대선에서 '돼지 발정제' 운운한 후보가 주장한 소위 신보수

■   * 안진태, 『독일 제3제국의 비극』, 까치, 2010, 466쪽.
    ** 하인리히 슐라퍼, 변학수 옮김, 『니체의 문제』, 책세상, 2013.

라는 것에도 니체가 들먹여졌다. 그 전 이명박 박근혜 정권은 신자유주의라는 이름으로 경쟁주의를 더욱 부채질하여 사람들이 1%의 승자와 99%의 패자로 나누어졌고, 그 사이의 갈등은 더욱 커졌다. 니체가 주장했듯이 노예의 것이라는 도덕은 땅에 떨어지고 극소수가 벌이는 온갖 비도덕적 패륜과 독재와 갑질이 나라를 뒤덮었다.

그 극단의 주장이 최근 어느 교육부 고위관료의 "민중은 개돼지"라는 발언이었다. 그는 상층의 엘리트가 국가를 운영해서 나머지 국민을 먹여 살리고 있으므로 모두가 평등할 수 없고 신분제를 공고화시켜야 한다고 주장했다. 이러한 주장은 당시 교육제도가 계층이동과 사회변화의 역동성을 촉진하기커녕 부자에게만 유리하게 작용하여 사회적 신분구조의 고착화에 기여한 점과 일치했다. 따라서 당시의 정부나 지배층은 물론 그런 정부를 지지한 일반 대중의 심리와도 통하는 것이었다. "개가 짖어도 기차는 달린다"고 한 어느 대통령 후보의 개소리도 마찬가지였다.

나아가 이는 한국 사회가 전통적으로 유교문화의 영향으로 육체노동을 경시하고 지적 노동을 우월하게 보며 직업 간의 우열을 나누는 문화권력 구조가 뿌리 깊은 점과도 직결되었다. 전통사회가 해체된 뒤에도 입시위주 교육과 학벌주의로 인해 그런 구조는 더욱 강화되어 왔다. 전통사회의 출세 수단인 과거 합격은 현대 사회의 명문대 진학 및 고시 합격으로 그 이름이 바뀌었을 뿐 엘리트주의의 폐해는 여전하다. 흔히 한국인의 교육열이 세계적으로 높다는 점을 긍정적으로 보지만, 학벌을 능력으로 보는 교육이데올로기를 낳은 점에서는 부정적인 측면이 도리어 강하다. 이러한 우리 사회의 문제점에 대해 니체는 하나의 해결책이기커녕 그것을 더욱 부추기는 것이 아닌가.

그래서 9년 만에 다시 이 책을 쓴다. 최근에 읽은 책 중에서 그런 비판의 유일한 예는 이본 셰라트가 쓴 『히틀러의 철학자들』이다. 독서인으로서 좋은 책을 만날 때면 감격하는 경우가 종종 있는데 이 책도 그런 경우이다. 셰라트는 "그 이전의 독일 철학자들과 마찬가지로 니체는 단순히 군국주의 혹은 반유대주의의 요소들을 드러내 보였을 뿐"이라고 했다. 이런 주장에 대해 한국의 니체주의들이 뭐라고 반론을 할 것으로 기대되었지만 3년이 지난 지금까지 반응이 없다. 무시해도 좋다고 생각한 것일까? 아니면 니체만이 아니라 다른 독일 철학자들도 언급하기에 자신들의 전공인 니체와는 무관하다고 생각한 탓일까? 셰라트는 케임브리지에서 박사학위를 받고 옥스퍼드에서 교수를 지낸 철학자이고 책도 호평받았으니 한국의 니체철학자들이 함부로 무시할 만한 사람이 아니다.

『히틀러의 철학자들』 뒤표지에는 "근대 독일철학은 인류 최악의 독재자를 키워냈다!"는 말이 강조되어 있다. 그 '근대 독일철학'에는 니체만이 아니라 칸트도 포함되어 있다. 칸트를 이렇게 히틀러와 연관시킨 책은 한국에서는 이것이 처음이 아닐까 할 정도로 그동안 칸트에 대한 절대화도 한국에서는 심했다. 한국에서는 무엇이든지 절대화된다고들 하지만, 특히 서양에서 좋다고 하는 것은 무조건 절대화된다고 하지만, 철학이니 하는 학문의 차원에서도 그렇다는 것은 문제가 아닐 수 없다. 학문은 비판 없이 존재할 수 없는 것이기 때문이다. 그러나 학문의 전당이라는 대

■   * 이본 셰라트, 김민수 옮김, 『히틀러의 철학자들』, 여름언덕, 2014, 89쪽.

〈사진 3〉 니체 흉상을 바라보는 히틀러

학에서 비판은 보기 힘들다. 비판적 지성을 키워야 한다는 대학의 사명은 망각되고 대학은 비판과는 담을 쌓아야 하는 취업준비생을 키우는 병아리 공장처럼 변해버렸다. 그 병아리들은 비판이라는 말만 들어도 기겁을 한다.

여하튼 세라트의 책은 무비판의 대한민국의 풍토와는 달리, 니체를 비롯하여 히틀러를 낳은 독일 철학에 대한 비판서이지만 완벽한 비판을 하고 있지는 않다. 가령 니체 이상의 반민주주의자로서 니체에게 절대적인 영향을 미친 부르크하르트(Jacob Burckhardt, 1818~1897)를 세라트는 전혀 언급하지 않는다. 부르크하르트가 미술사학을 중심으로 한 역사학자라는 이유에서일지 모른다. 그렇게만 소개되는 우리나라에서도 그는 반민주주의자로 비판되지 못했다. 그러나 그는 니체와 마찬가지로 그리스 예찬자답게 탁월한 소수의 정신적 천재를 물질적인 다수 대중의 민주주의가 저지한다고 비판하고, 전쟁이 영웅의 덕을 회복시키며 고통과 고난이야말로 카이사르나 나폴레옹 같은 천재의 생명력과 창조성을 야기한다고 주장했으며, 국가의 권력행사도 예술이라고 보았다. 또한 세라트의 책에는 하이데거는 다루어지지만 그 이상으로 나치에게 철학적 영향을 미친 셸러에 대한 언급이 전혀 없다.

여하튼 세라트의 책이 나온 뒤의 3년은 나에게 박근혜 정권의 3년이기도 했다. 그 3년을 히틀러가 "사회민주주의자와 자유주의자, 반동적인 군주제 지지자, 자본주의자, 공산주의자, 유대인에게 공격을 퍼부은"

■   * 같은 책, 38쪽.

세월과 같았다고 하면 박근혜 정권을 싫어한 사람 중에서도 싫어할 사람이 있을지 모르겠다. 그러나 히틀러가 '자유주의자'나 '자본주의자'도 공격했다는 부분에 대해서는 주의할 필요가 있다. 즉 '자유주의자'는 liberalist, 자본주의자는 capitalist의 번역어인데 정확하게는 각각 진보주의자나 혁신주의자 그리고 자본가라고 이해되는 점이 있을 것이다. 게다가 히틀러가 "국민들에게 적국에 대해 눈을 뜨게 해야 하고 오늘날 우리의 진정한 적이 누구인지 거듭 상기시켜야 한다"고 주장했다면 히틀러와 박정희 내지 박근혜 정권의 본질이 유사하다고 생각할 수 있는 것이 아닐까? 물론 히틀러의 주적은 박정희나 박근혜의 경우처럼 민족이나 국민 내부에 있는 것이 아니라 타민족이고 외국이었지만, 좌파니 뭐니 하며 공격한 대상은 마찬가지로 국민 내부에 있었다. 박정희나 박근혜만이 아니라 이명박 정권의 경우도 마찬가지였다. 외국의 역사와는 달리 한반도에서는 노예가 주로 외국인이 아니라 내국인 중에서 나왔다는 전통이 지금도 계속되고 있는 것일까? 한국의 보수라는 것은 기껏 그런 것이다.

니체와 '돼지 발정제'

나는 2015년에 낸 『내 친구 톨스토이』에서 한국의 톨스토이(Lev Nikolaevich Tolstoi, 1828~1910)와 니체의 대결이, 그들의 문명과 국가 및 종교에 대한 비판이 생략된 채 이루어졌다는 점에서 '거세된 식물' 톨스토

■ * 같은 책.

이와 '발정한 동물' 니체의 대결이라고 하면서 톨스토이를 식물원에서 끄집어내 인간으로 만들고자 노력했다.* 이제 나는 이 책에서 '발정한 동물' 니체를 어떻게 해야 할지 고민해야 한다. 마침 이 책을 쓰기 직전에 이루어진 2017년 대선에서 보수의 아이콘이라는 후보가 '돼지발정제'로 유명해졌기 때문에 더욱더 그렇다. 그는 스스로 슈퍼맨이라고 하지는 않지만 그 비슷한 스트롱맨이라고 자처하는 점도 니체와 유사하다**.

한때 탄핵 소추로 인해 직무 정지된 박근혜와 인터뷰를 하여 물의를 빚은 어느 우익 언론인이 2017년 대선에서는 '돼지 발정제' 후보를 신보수라고 하며 니체와 관련시켰다. 그 내용에 문제가 너무 많기 때문에 여기서 논평하기조차 싫었지만 니체와 관련된 부분이 있기 때문에 언급하지 않을 수 없다.

1980년대 이래로 미국에 등장한 신보수(네오콘, neo-conservatism의 약어)의 원조를 니체에서 잡기 때문이다. 니체를 미국 신보수의 원조로 확실하게 모신 사람은 1899년 독일에서 태어난 슈트라우스다. 그는 제1차 세계대전이 끝난 1919년, 20세 때 처음 니체를 접하고 혼란에 빠졌다. 신이 죽었다면 도덕적으로 사는 것이 가능하다고 생각되지 않아서였다. 그래

■　 * 박홍규, 『내 친구 톨스토이』, 들녘, 2015, 310쪽.
　　** '돼지발정제' 이야기가 나오는 홍준표의 자서전 『나 돌아가고 싶다』(행복한집, 2005)에는 니체는 물론 어떤 철학책을 읽었다는 이야기는 전혀 나오지 않는다. 대학시절 "사르트르, 니체를 논하는 자리에서는 늘 소외감을 느낄 수밖에 없었고 법서 외에 내가 읽은 책이 과연 몇 권이나 되는지 자문해 보기 일쑤였다"(129쪽)고 했다. 그런 고백이야말로 우리나라 법조인의 수준, 우리나라 법학교육의 수준을 보여준다. 게다가 사법시험용 법학교과서라고 하는 책들의 천편일률적이고 무비판적인 내용이나 사법시험을 치르기 위한 그 책들만의 암기를 수년간 해야 하는 학습태도는 더욱더 건조한 인간을 만들어낸다. 그런 문제점을 극복하기 위해 법학전문대학원이 생겼지만 그다지 큰 변화는 없다.

서 니체의 제자인 하이데거를 찾아가 그의 제자가 된다. 그러나 유대인이었던 그는 하이데거처럼 나치에 충성하지 못하고 미국으로 가서 니체나 하이데거처럼 대중은 어리석기 때문에 훈련된 철학자들이 정치를 해야한다고 강조한다.

그런데 이런 소리는 이미 2,500여 년 전에 고대 그리스의 플라톤이 한 소리였다. 사실 슈트라우스는 니체보다도 플라톤에 더 가깝다. 플라톤이 '고귀한 거짓말'을 하라고 했듯이 정치는 항상 도덕과 종교를 앞세워야 한다고 주장하기 때문이다. 그래서 네오콘은 부시의 재선 전략 중 하나로 낙태와 동성애를 마치 사회적인 물의인 것처럼 부각시켰다. 물론 그것만으로 재선에 성공한 것은 아니다.

미국의 구보수는 자유무역, 복지축소, 동맹외교를 중시했다. 반면 트럼프의 신보수는 반자유무역, 복지확대, 미국 중심주의이다. 이는 상대적 박탈감이 강한 고졸 이하 백인 남성 집단을 겨냥한 것으로 2017년 트럼프를 미국 대통령으로 만들어주었다. 한국에서는 다행히도 신보수가 실패했지만, 신보수의 뿌리라는 니체는 여전히 건재하다. 도대체 그 뿌리는 언제부터 박혔기에 이렇게도 강인한가?

한국의 니체, 톨스토이, 마르크스

우리에게 니체는 어떻게 소개되었을까? 지금부터 약 100년 전인 1909년 4~5월, 톨스토이와 니체를 이타주의와 이기주의 사상가로 비교하면서 니체가 도덕을 무시하여 야만을 초래하고 톨스토이는 절대적 비전론으로 인류를 약하게 만든다고 비판하는 글이 《서북학회월보》라는 잡지에서 실렸다.

《서북학회월보》는 안창호, 박은식, 이동휘 같은 저명한 분들이 북한 지역 회원 2,500명을 대상으로 낸 것이었다. 요즘 우리나라에서 구독자가 그 정도인 지성지가 많지 않은 것을 생각하면 100년 전 우리 조상들의 지성이 상당한 정도였다고 짐작된다. 비록 1년 뒤 나라가 망할 정도로 엄혹한 세월에 그런 철학 타령을 한 것은 조금은 이상하지만 말이다.

니체와 톨스토이는 19세기 후반을 함께 살았다. 앞에서 말한 잡지의 글이 실린 시점은 톨스토이가 죽기 1년 반 전, 그리고 우리나라가 일제에 의해 강점되기 1년 전이었다. 톨스토이가 니체보다 세계적으로 더 일찍 유명해졌으나, 니체는 톨스토이에 대해 언급한 적이 없는 반면, 톨스토이는 만년인 1901년에 니체에 대해 연구했다.[*] 그러나 이미 『부활』을 쓴 톨스토이가 니체에 호감을 가졌을 리는 없다.

이처럼 톨스토이와 니체를 대립적으로 비교하는 글은 1921년에도 세 편이나 나왔다. 그중 박달성은 톨스토이에 비해 니체가 현실적이고 역사적으로 우위라고 주장한 반면[**], 이돈화는 둘의 조화를 이상적 도덕으로 모색했다[***]. 그러나 1929년 배상하(1906~?)의 글[****]에서는 니체와 비교가 톨

■ [*] Rosamund Bartlett, *Tolstoy-A Russian Life*, Houghton Mifflin Harcourt, 2011, p. 389.
[**] 박달성, 동서 문화 사상에 현하는 고금의 사상을 일별하며, 《개벽》, 9호, 1921. 3. 1.
[***] 이돈화, 현대 윤리사상의 개관, 《개벽》, 16호, 1921. 이돈화는 니체를 자아발현주의자이자 개성 만능주의자, 톨스토이를 애타주의에 입각한 사회주의자로 규정했다. 마찬가지로 톨스토이를 이 타적 박애주의자, 니체를 이기적 개인주의자로 구별한 글은 김억, 근대문예, 개벽, 15~18호, 1921.
[****] 배상하, 「자라투스트라」, 《신흥》, 제1호, 1929. 배상하는 경성제대 법문학부 제1회 졸업생이 었고, 《신흥》은 경성제대 법문학부 출신들 중심으로 만든 잡지였다.

스토이가 아니라 마르크스로 바뀌었다. 배상하는 니체를 개인주의, 마르크스를 대중주의로 규정하여 서로 비교하면서도 두 사람 모두 힘의 철학을 강조했다는 공통점이 있다고 주장했다. 이처럼 1930년대에는 니체를 톨스토이가 아니라 마르크스와 비교하는 쪽으로 변했다. 이는 니체에게 톨스토이가 패배했고, 이제 새로운 적수로 마르크스가 등장했음을 뜻했다. 1930년대에 형성된 이 니체-마르크스 대결구조는 1945년 해방 이후 남북대결로 변해 지금까지 한반도를 지배하고 있다.

니체와 안호상

배상하의 글이 나오기 1년 전인 1928년, 독일 유학 중이던 안호상(1902~1990)은 한국인으로서는 처음으로 바이마르의 니체 문서보관소를 방문했다. 머리말에서도 밝혔듯이 니체의 인기는 이미 1914년에 터진 제1차대전 때 독일에서 폭발적이었으니 안호상이 바이마르로 찾아간 것은 전혀 이상하지 않다. 안호상은 22세였던 1924년 독일에 가서 1925년 5월부터 예나대학*에서 철학과 법학을 공부하고 4년 뒤 1929년 철학박사 학위를 받고 1930년에 귀국했다. 히틀러가 사회민주당에 이어 제2당이 된 것은 1930년 총선에서였으니 안호상이 유학 시절에 히틀러의 영향을 받았다고 보기는 어렵다. 그러나 안호상은 히틀러가 젊어서부터 니체를 좋아했고 수시로 바이마르를 찾았던 사실을 알고 그처럼 그곳을 찾았는지 모른다.

■　　* 예나대학은 헤겔이 교수로 있었던 곳으로 안호상이 유학할 무렵에도 헤겔학파의 중심이었다.

그때 80대가 된 니체의 여동생이 안호상에게 조선에 니체를 소개해줄 것을 부탁하자 그렇게 하겠다고 약속한 안호상은 1935년 〈조선중앙일보〉에 글을 연재해서 그 약속을 지켰다. 이 글에서 안호상은 니체의 문화관을 설명했는데, 그것은 과학의 발전이 아니라 예술적 천재에 의해 문화가 이루어진다는 것이었다. 이를 두고 김정현은 안호상이 간접적으로 당시의 일본의 무력주의를 비판한 것이라고 하나, 아래의 박종홍에 대한 그의 설명처럼 비약이 심한 것이라고 비판하지 않을 수 없다.

히틀러는 1932년 대선과 총선에서 각각 36.8%, 37.3%를 득표했다. 이듬해인 1933년 1월 히틀러 수상 임명 직후부터 보성전문학교 교수를 지낸 안호상은 그해 7월부터 확립된 나치스 일당독재 체제를 철학적 독재체제로 보았을 수 있다. 그리하여 나치스 정치체제는 그에게 해방 후 한국에 가장 필요한 체제로 인식되었을 것으로 짐작된다.[*]

안호상은 1948년 8월부터 1950년 5월까지 초대 문교부장관을 지내면서 좌익세력 척결을 위해 5만여 명에 이르는 교사들의 신상기록을 작성하라고 명하고, 좌익 혐의가 있다 하여 교사를 교직에서 숙청하는 등 반공주의자로 활약했다. 1949년에는 학도호국단을 창설하였는데 나중에 '히틀러의 유겐트'를 만들었다는 비판을 들었다. 당시 안호상은 국시였던 '일민주의'를 따른 것이라고 주장했다. 사실상 일민주의의 창시자였던 그

■　* 강정인과 하상복은 「안호상의 민족주의에 대한 비판적 성찰」(《인간·환경·미래》, 제10호, 2013, 138쪽)안호상이 "조선에 와서 내가 느낀 것은 제1차 세계대전 이후 내가 본 독일과 같은 감을 느끼었다. … 오늘의 조선도 해방이 되어 민주주의니 무엇이니 하지만 나치스 같은 정치체제가 아니면 도저히 구해낼 길이 없다"고 말했다고 하면서 연정은의 논문(「안호상의 정치·교육활동」, 《역사연구》, 제12호, 2003, 20쪽)을 인용하지만 연정은의 논문에는 이범석의 말로 나온다. 그런데 이범석은 제1차 세계대전 이후 독일에 간 적이 없다.

는 『일민주의의 본바탕』(1950)에서 "하나의 민족에는 하나의 사상만이 존재한다"고 하면서 민주주의와 공산주의는 "우리 민족의 지도원리가 되기에는 천박하다"며 "민족 전체가 하나로 뭉쳐 이승만 대통령의 영도에 따라 움직여야 한다"라고 강조했다.

1967년 안호상은 박정희의 특사로 국제사회를 순방했다. 1969년에는 재건국민운동 중앙회 회장을 지내는 등 정권 측의 경력을 화려하게 쌓았다. 안호상은 국민교육헌장을 기초할 때도 참여했다. 그가 젊어서부터 단군신화에 젖어 혈통에 근거한 민족주의인 일민주의를 주장하고 개인보다 국가이익을 우선한 것은 유명하다. 이러한 그의 경력과 사상이 니체와 무관하다고 할 수 없다.

> 마르크스주의의 잘못된 이론 때문에 양립할 수 없는 의견들이 생겼고, 그 때문에 독일이 여러 집단으로 분열되었습니다. 다시 말해서 공동체적 삶의 토대가 파괴됐습니다.*

위의 글은 히틀러가 1933년 3월 23일 국회에서 연설한 것이다. 그러나 위 글 중에서 '독일'을 '한국'으로 바꾼다고 뭐가 이상한가? 그리고 '공동체' 앞에 '단군'이란 말을 더한다면 바로 안호상의 말이 되는 것이 아닌가?

■ * 셰라트, 앞의 책, 44쪽.

니체와 박종홍

안호상의 글이 실리기 1년 전 박종홍(1903~1976)은 〈매일신보〉에 연재한 「세계철학의 동향」에서 니체의 초인철학을 파시즘의 원유(原由)로 소개했다. 이 글은 니체만 언급한 것은 아니었다. 박종홍이 최초로 읽은 철학서는 다카야마 쵸규(高山樗牛, 1871~1902)의 『미학 및 미술사』였다. 그는 일본의 저명한 니체주의자이자 일본주의자로서 우승열패론을 주장했다. 특히 니체가 주장한 초인이나 강자에 이끌려 민중을 약자로 보고 무시했고, 사회주의에 대해서도 약자의 사상이라는 이유에서 부정적으로 평가했다.

박종홍의 위 글에 대해 김정현은 박종홍이 "니체철학과 파시즘이 연관되어 있다고 비판"했고 이는 "철학적 우려에서 비롯되었다"고 하지만[**] 박종홍은 그렇게 '비판'한 바도, '우려'한 바도 전혀 없다. 위상복(1949~)도 다음과 같이 말했다.

이 시기 박종홍의 어느 글에도 전체주의에 대한 철학사상적인 비판적 인식은 없으며, 그에 대한 역사철학적인 관심 또한 외면한 채 단순히 '우리의 현실'이 그 자신의 최대의 철학적인 관심 대상이란 것만을 강조하고 있을 뿐이다. 박종홍은 오히려 전체주의의 철학사상을 긍정적이고도 때로는 적극적으로 수용하는 방향으로 나아갔다고 할 수 있다.[***]

■ [*] 〈매일신보〉, 1934. 1. 11. 『박종홍전집』, 증보판, 제1권, 민음사, 1998, 362쪽 이하.
   [**] 김정현, 1930년대 한국지성사에서 니체사상의 수용, 범한철학, 63권, 2011, 175~176쪽.
   [***] 위상복, 『불화 그리고 불온한 시대의 철학』, 길. 2012, 715쪽.

여기서 우리는 〈매일신보〉가 일제 강점기 동안 발행된 조선총독부의 기관지임을 기억할 필요가 있다. 1940년, 매일신보를 제외한 모든 신문은 폐간됐다. 그 6년 전 1934년에는 그 정도는 아니었으나 만주사변이 터진 1931년부터 민족 말살 통치기에 접어들었다. 일제는 중국 대륙 침략을 본격화하며 한반도를 일본의 중국 대륙 진출의 전진기지로 삼았고, 조선 사상범 보호 관찰령 등에 의한 사상 통제와 일선동조론과 같은 역사 날조를 자행했다.

이런 상황에서 박종홍이 '우리의 현실'에 입각한 '우리의 철학' 운운한 것과 니체의 파시즘 철학은 아무런 관련이 없는 것일까? 박종홍은 1944년 7월부터 1945년 6월까지 총독부 학무과의 촉탁을 지내기도 했다. 해방 후에는 미군정의 조선교육심의회에서 활동했고, 안호상 등과 함께 미군정의 국대안'에 찬성하며 서울대 교수가 되어 한국 철학계를 지배한 많은 제자들을 길러냈다.

해방 후 박종홍은 니체 철학을 파시즘과 무관한 실존철학으로 소개하고 그것을 유교철학과 연관 짓기도 했다. 유교철학은 박종홍이 태어난 20세기 초까지의 모든 한국인에게 절대적인 것으로서 박종홍이나 안호상에게도 그 무엇보다 절대적이었다. 1968년 박정희와 박종홍의 주도로 만들어진 국민교육헌장에까지 이어진 정신적 토대였다. "나라의 발전이 나의 발전

---

* 국대안 사건이란 군정기인 1946년 미군정의 국립 서울대학교 설립안 발표에 대하여 1948년까지 해당 학교의 교수, 학생과 전국의 많은 교수, 학생 등이 학원 자치 및 학문의 자유 침해 등을 이유로 격렬히 반대한 사건을 말한다. 반대파는 친일 교수 배격, 경찰의 학원 간섭 정지, 집회 허가제 폐지, 국립대 행정권 일체의 조선인 이양, 미국인 총장의 한국인 대체 등을 요구했다. 국대안 반대운동은 좌우익의 대결로 나아갔는데 박종홍, 이병도, 김두헌, 안호상, 고형곤, 이종우 등 초기의 인문학자들은 모두 국대안에 찬성한 우파에 속했다.

의 근본"이라고 한 그 헌장의 기본사상인 국가중심주의는 유교와 일제 그리고 이승만과 박정희에 이르는 독재체제의 기본사상이었다.

박종홍은 1970년 12월부터 1975년 12월까지 박정희 정권의 교육문화 특별보좌관을 지냈다. 그 5년은 살벌한 유신정권 시대의 전반기였다. 1970년 말의 전태일 분신사건으로 저임금, 장시간 노동으로 대표되는 노동계의 인권운동이 시작되었으나 박종홍은 이에 대해 아무런 관심을 보여주지 않았다. 박정희 정권은 1972년 10월 유신을 선포하여 국회를 해산하고 모든 정치활동을 금지시켰고 전국에 비상계엄령을 선포해 출판, 언론활동을 검열하였고 단체활동도 제한했다.

이런 억압적인 상황 속에서 박정희는 제3공화국 헌법을 폐기하고, 대통령에게 초법적인 권한을 주는 유신헌법을 통과시켜 소위 체육관 선거를 통해 8대 대통령 임기(1972년 12월 27일~1978년 12월 26일)를 시작했다. 그는 9대 대통령 임기 중인 1979년 10월 26일에 살해되었다. 이런 암흑시대에 교육문화 특보라는 지위의 박종홍이 무슨 일을 했는지는 아직 알려진 바 없으나, 그 5년간 박정희를 지지한 것은 분명한 사실이다.

니체의 반민주주의에 대한 한국의 논의

한국에서 나온 니체에 관한 해설서나 연구서 중에서 반민주주의를 니체 사상의 핵심으로 보는 견해는 찾기 어렵다. 도리어 니체주의자들은 니체가 귀족과 지배자를 찬양하거나 노예와 여성과 노동자를 무시한 적이 없다고 주장한다. 심지어는 "니체 철학이 전제 권력을 휘두르는 독재자나 노예들을 부려먹으며 안락한 생활을 누린 귀족들을 정당화해준 것처럼 말하는 사람들이 있다. 믿기지 않지만 상당수의 학자들이 그런 말을 자신의 철학적 교양을 뽐내는 양하고 있다"는 견해까지 있다. 여기서 '상당수의 학자들'이 누구인지, 그들이 구체적으로 뭐라고 했기에 비난받게 됐는지는 알 수 없지만, 이런 견해를 밝힌 이는 지금 이 책을 쓰고 있는 나도 그 '상당수의 학자들'에 속하는 예로 삼을 것 같다.

위의 견해를 가진 이는 "니체의 '귀족과 노예'에 대한 통상적 오해"에 대해서는 "이 한 마디로 충분할 것이다"라고 하고는 그 '한 마디', 즉 니체가 "내가 귀족을 말할 때 그것은 '폰(von)'이 붙거나 귀족명감에 나오는 그런 것이 아니다. 얼간이들을 위해 삽입함"이라고 한 말을 근거로 내세워, 니체를 귀족주의자로 비판하는 나 같은 사람을 니체가 말한 '얼간이'로 모는 듯하다. 그가 말한 '통상적 오해'라는 것이 무엇인지는 정확하게 알 수 없으나, 내가 보기에는 아마도 니체가 말한 '귀족과 노예'를 '현실의 귀족과 노예'로 보는 것을 뜻하는 것 같다.

그러나 니체의 그러한 말 앞에는 "있는 것은 오직 태어나면서부터의 귀족 뿐, 피를 이어받은 귀족뿐"이라는 구절이 있고, 그 뒤에는 "'정신적 귀족'에 관하여 거론될 때 대개 무언가를 덮어 감출 이유가 있기는 하나, 그것은 주지하듯이 명예심이 강한 유대인들 사이에서 행해지고 있는 애용어이다. 즉 정신만으로 귀족적이 되는 것이 아니라 오히려 먼저 필요한 것은 정신을 귀족이 되게 하는 무엇이다. 그것을 위해서는 도대체 무엇이 필요한 것일까? 혈통이다"라는 구절이 있다. 이것을 보면 니체가 말하는

■　* 니체, 강수남 옮김, 『권력에의 의지』 청하, 1988, 550. 번역은 수정됨.

귀족은 '혈통을 가진 귀족'을 가리키는 것이 분명하고, 도리어 오늘의 니체주의자들이 '정신적 귀족' 운운하는 것은 니체가 말하듯이 "명예심이 강한 유대인"처럼 "대개 무언가를 덮어 감출 이유"가 있기에 그러는 것임을 알 수 있다. "덮어 감출" 필요도 없이 니체가 말하는 귀족이란 바로 혈통을 가진 '현실'의 귀족임이 명백하다. 니체는 그런 혈통귀족과 폰(von)귀족이나 명감귀족을 구별했을 뿐이다. 여하튼 위와 같은 견해를 밝힌 이도 분명히 니체는 '토양이나 혈통'을 말했다고는 했다.

니체는 자신이 언제나 주장하는 '더 높은 세계'에 이르기 위해서도 "그렇게 타고나야만 한다"고 주장했다. 니체의 말을 직접 들어보자. "철학에 대한 권리를 갖는 것은 … 오직 자신의 출신 덕분이며, 조상이나 혈통이 여기에서도 결정적인 역할을 한다. 철학자가 태어나기 위해 많은 세대가 미리 기초 작업을 했음이 틀림없다. 철학자의 덕은 모두 … 하나하나 획득되고 보호되고 유전되고 동화된 것임이 틀림없다."

그럼에도 니체가 말하는 귀족은 그런 '현실귀족'이 아니라고 보는 견해는 니체의 강자나 초인이나 주인이나 고귀한 자 등에 대해서도 마찬가지로 현실의 강자나 초인 등이 아니라고 본다. 가령 강자와 지배자를 혼동하여 니체의 철학을 지배자 철학으로 보는 것이 잘못이라는 식이다. 그러나 니체는 약자나 병자나 노동자나 민중이나 대중을 노예라고 부를 때와 마찬가지로, 특히 기독교인이나 유대인을 노예라고 부를 때와 마찬가지로, 그리고 그들의 도덕이나 종교(기독교)나 정치(민주주의)를 노예의 그것이라고 부를 때와 마찬가지로 귀족이라고 말할 때에는 실제의 귀족을 가리킨다. 심지어 니체가 '철학자의 덕'에 대해 말하는 다음과 같은 구절에서도 '지배자적'인 철학자를 가리키고 있음이 분명히 드러난다.

철학자의 덕은 모두, 즉 사상의 대담하고 경쾌하고 부드러운 발걸음과 진행뿐만 아니라 무엇보다도 커다란 책임을 기꺼이 지고자 하는 각오, 지배자적인 눈길과 내려다보는 눈길의 고귀함, 대중과 그들의 의무나 미덕에서 스스로 격리되어 있다는 감정, 신이든 악마든 오해 받고 비방 받는 사람들을 상냥하게 보호하고 변호하는 것, 위대한 정의 속에서 느끼는 즐거움과 그것을 행동에 옮기는 것, 명령하는 기술, 의지의 폭넓음, 좀처럼 찬미하지 않고 우러러보지 않고 사랑하지도 않는 서서히 움직이는 눈 등은 하나하나 획득되고 보호되고 유전되고 동화된 것임이 틀림없다.

나는 이 구절의 내용에 기본적으로 찬성하면서도 왜 철학자가 "지배자적인 눈길과 내려다보는 눈길의 고귀함", "대중과 그들의 의무나 미덕에서 스스로 격리되어 있다는 감정", "명령하는 기술" 등을 덕으로 갖고 있어야 한다고 니체가 주장하는지를 도저히 이해할 수 없다. 니체 자신이 그렇게도 싫어한 플라톤이 말한 철인정치의 나라에 나오는 철학자 왕과 유사하지 않은가? 그러고 보니 니체는 플라톤을 욕하면서도 플라톤을 가장 많이 닮았다.

〈사진 4〉 니체가 머무른 실스마리아의 저택

3.

니체 선배들의
반민주주의

니체가 살았던 나라와 시대

니체 관련 책을 읽어보면 그가 살았던 당대의 독일을 설명한 경우가 거의 없다. 이는 니체 관련 책을 쓴 사람들이 니체의 삶이나 사상을 그가 살았던 시대와는 무관한, 그가 내면에 지녔던 천재성이 발현된 것으로 보기 때문이다. 그러나 니체가 살았던 시대를 그렇게 철저히 외면하는 것은 현실인식에 충실했던 니체에 대한 기본적인 이해가 없음을 보여주는 태도다. 여하튼 니체를 이해하기 위해서는 그가 살았던 당대만이 아니라 그 전후 시대도 살펴볼 필요가 있다.

16세기 루터를 중심으로 한 종교개혁은 독일 통일을 지향한 민족의식과 결부되었지만 정신세계만을 강조하여 통일의 힘을 지역적으로 분산시키고 종교와 군주에 대한 절대적 복종을 강요하여 시민계급이 발전하지 못하게 했고, 루터가 등을 돌린 농민전쟁의 실패로 시민계급은 더욱 위축됐다.

그 뒤 프랑스나 영국과 달리 국민국가를 형성하지 못하고 프로이센을 비롯한 수많은 영지(領地)로 나뉘어 있었던 독일은 1806년 나폴레옹의 침략까지 거의 1천 년간이나 신성로마제국이라는 환상적인 제국으로 존재했다. 그 후 독일은 국민국가로 나아가게 됐으나 독일인들은 나폴레옹을 적대시하며 여전히 신성로마제국을 이을 독일제국 건설을 꿈꾸었다.

칸트를 비롯한 독일 지식인들은 1789년 프랑스대혁명을 열광적으로 받아들였으나, 계몽주의의 토대인 합리적 사고는 대학에 안주했을 뿐 시민계급의 발전으로 나아가지 못했다. 프로이센의 국왕과 귀족과 교회가 프랑스대혁명으로 인해 자신들이 파멸당하지 않을까 걱정하여 시민들을 억압했기 때문이다. 목사의 아들이자 귀족을 자처한 니체도 예외가 아니었다. 그래서 니체는 칸트와 계몽주의를 싫어했다. 그러나 칸트도 프로이센 왕에게 복종하는 신민(臣民)에 불과했다.

괴테(Johann Wolfgang von Goethe, 1749~1832)와 실러(Johann Christoph Friedrich von Schiller, 1759~1805)도 프랑스혁명에 대해 소극적이었다. 괴테는 영속적이고 절제 있는 역사의 발전을 원했기 때문에 구체적으로 발생하는 혁명을 역사에서 배제했다. 또 전반적으로 조화와 중용을 추구하였기 때문에 폭력적 혁명을 환영하지 않았다. 괴테에 비해 실러는 프랑스혁명에 더욱 적대적이었다. 그는 아래로부터의 혁명을 거부하고 위로부터의 혁명을 기대했지만, 그 어느 것도 불가능하다는 것을 깨닫고 역사와 정치로부터 떠나 미학적 교육을 통한 인간해방을 주장했다. 시민의 정치적 자유 대신 개인과 사회의 휴머니즘적 이상을 내세운 실러야말로 실천과 무관한 독일 계몽주의의 전형이다*.

독일은 영국과 프랑스에 비해 매우 늦게 산업화를 시작했다. 1818년에는 공장에서 6세 아동이 11~13시간이나 노동을 해야 할 뿐 아니라, 성인 노동자에 비해 훨씬 낮은 임금만 받는다고 보고됐을 정도로 아동노동의 문제가 심각했다. 그래서 1837년, 9세 이하의 아동 노동을 금지하고 하루 노동시간을 8시간 30분으로 제한하는 법이 제정됐는데 이것이 독일 최초의 노동법이다. 이 법이 제정된 것은 니체가 태어나기 7년 전의 일이었으나, 그 후 30여 년 뒤 자신이 근무하는 대학이 있는 바젤에서 유사한 법이 제정되었을 때에도 니체는 반대했다.

1850년에는 1800년에 비해 인구도 60%나 늘어나 1,200만 명에 이르렀고 노동문제도 더욱 심각해졌으나 정부는 이에 철저하게 반동적인 정책으로 맞섰다. 예를 들어 1854년에는 노동자의 단결을 금지하는 법이 제정됐고, 이와 동시에 경제활동을 규제하는 법들이 대폭 개정되면서 산업화의 급속한 진전을 뒷받침했다. 이러한 정부의 대응을 니체는 바람직한 것으로 보았다.

19세기 후반, 프로이센과 독일은 유럽에서 가장 보수적이었다. 니체가 태어난 1844년, 하이네(Heinrich Heine, 1797~1856)는 오랜 방랑 끝에 독일로 돌아와 「독일, 겨울동화(Deutschland, Ein Wintermärchen)」라는 시를 썼는데,

---

■ * 그 예외는 베토벤이었다. 그의 시민적이고 민주적인 의식은 그로 하여금 궁정의 공기를 기피하게 만들었고 모순적 정치상황에 대한 철학적 합리화를 혐오하게 하는 반면 민중의 힘을 확신하게 했다. 그가 교향곡 3번을 공화주의자인 나폴레옹에게 바쳤다가 그가 황제로 취임했다는 소식에 그 헌정을 취소했다는 것은 널리 알려진 사실이다.

이 시에서 그는 독일을 개혁과 진보에 반대되는 군국주의의 상징으로 그렸다. 마르크스나 엥겔스(Friedrich Engels, 1820~1895)와 같은 사회주의자들이 당시의 독일에 대해 쓴 글에도 독일은 그렇게 그려졌다. 물론 언제 어디에서나 그렇듯이 당시의 독일에서도 그러한 독일의 모습이 바람직하다고 본 사람들이 많이 있었다. 니체는 그 대표적인 사람이었다.

니체가 태어난 1844년 전후는 독일로서는 정신적 쇠퇴기였다. 그 전에 독일에서도 레싱(Gotthold Ephraim Lessing, 1729~1781)에서 하이네에 이르는 수많은 용기 있는 계몽주의 학자와 예술가가 이론과 실천의 진보를 위해 노력했지만, 1848년 혁명 이후로는 그러한 노력 대신 영웅주의적이고 천재주의적으로 무질서를 찬양하고 그것에 탐닉하는 대중문화가 주류를 이루기 시작했다. 니체는 바로 그러한 대중의 동경을 일찍부터 정확하게 파악하고 그것을 철저히 이용했다. 1870년 이후 대중문화가 민주주의라는 이름으로 더욱 일반화되자 그것을 거부하기 시작했다. 니체는 독일인의 마음속에 잠재된 원시 회귀적 동경을 꿰뚫어 보고 그것을 건드리는 철학을 했다. 그런 점에서 그는 대중철학자였다.

니체가 태어나기 4년 전인 1840년부터 1861년까지는 프리드리히 빌헬름 4세(Friedrich Wilhelm IV, 1795~1861)가 프로이센을 통치했다. 철저하게 반동적인 왕으로 독일을 모범적인 기독교 국가로 세우고자 한 경건한 기독교 군주였던 그가 통치한 시기에 성장한 니체도 기독교에 대해 아무 의심도 하지 않았다. 이어 1861년부터 1888년까지는 빌헬름 1세(Wilhelm I, 1797~1888)가 프로이센 왕이 됐고, 1871년부터는 독일의 황제도 겸했다. 그는 니체가 찬양한 종류의 순수한 무인이었고, 비스마르크(Otto von

Bismarck, 1815~1898)를 총리로 삼아 소위 철혈정책을 실시했다. 빌헬름 1세 때 독일은 급속한 공업화를 이루어 유럽 제2의 대국으로 성장했다. 그러나 모든 공업화가 그렇듯이 당시 독일의 공업화 과정에서도 노동자의 투쟁이 격렬하게 일어났다.

니체가 대학을 들어가기 직전인 1861년에 독일의 황제에 취임한 빌헬름 1세를 니체는 환영했다. 그 이듬해인 1862년에 라살레(Ferdinand Lassalle, 1825~1864)가 사회민주주의를 내걸고 노동자정당을 창설하기 위한 활동을 시작해 1863년 5월, 전독일노동자협회를 창설했다. 시인 헤르베크 (Georg Herwegh, 1817~1875)가 축사로 쓴 「동맹가(Bundeslied)」의 마지막 3연을 읽어보자.

노동의 전사여, 깨어 일어나라!
그리고 너의 힘을 깨달아라!
너의 힘센 팔뚝이 원치 않으면
모든 바퀴들은 멈추어 서고 만다.

무거운 짐에 지친 그대가
쟁기를 구석에다 세워 놓고서
이젠 이걸로 그만이다! 라고 외치기만 하면
그대의 압제자들 무리는 하얗게 질려버리고 말리라.

이중의 굴레를 둘로 쪼개버려라!

노예질의 고난을 부수어버려라!

고난의 노예 짓을 부수어버려라!

빵은 곧 자유이고, 자유는 곧 빵이다!'

이 시에서 '노동의 전사'를 '귀족의 초인'으로, '노예'를 '주인'으로, '빵'을 '예술'로 바꾸면 니체의 사상과 진배없다. 이 시에서 노래된 노동자 해방은 1848년 혁명의 귀결이었다. 그러나 1871년 수립된 독일제국은 1848년 혁명에 대한 반동이었고, 동시에 프랑스의 시민혁명에 대한 반동이었다. 독일제국은 시민혁명의 산물이 아니라 노동자에 대항한 국가와 부르주아의 결탁으로 성립됐다. 독일의 시민계급은 1848년 이후 귀족주의에 토대를 둔 보수적인 행정기관, 군사정권과 결탁했다. 그들은 영국과 프랑스의 계몽주의로부터 영향을 받은 독일의 이상주의 철학이나 고전주의와도 무관했다. 따라서 무사상의 풍토가 독일을 지배했다.

그런 무사상의 풍토에서 그래도 사상 비슷한 게 있었다면 경제적인 물질추구와 그것을 고상하게 채색한 교양이었고, 거기에 독일문화의 재생 같은 것이 양념으로 덧칠해져 지금의 한국과 비슷했다. 물론 전통적 기독교는 여전히 강고했으나, 니체가 '신은 죽었다'고 선언하기 전부터 이미 독일에서는 기독교에 대한 회의가 상당한 정도에 이르렀다. 이런 분위기를 배경으로 해서 니체도 기독교 문명의 몰락을 말하고 독일문화의 재생을 추구했다. 니체는 노동자 민주주의가 기독교에서 비롯된 것이라고 비

■   * 볼프강 보이턴 외, 허창운 옮김, 『독일문학사』, 삼영사, 1988, 359쪽에서 재인용.

판하면서 반민주주의적인 귀족적 가치를 내세웠다. 중기 이후의 니체는 독일문화의 재생보다 유럽문화, 아니 인류문화의 재생을 말하기 시작했지만 그 기본 틀은 여전히 독일문화에 있었다.

강력한 독일국가의 수립을 추진한 비스마르크는 1878년 이후에 소위 '사탕과 채찍' 정책의 차원에서 사회보장법과 사회주의진압법을 동시에 제정해 집행했다. 사회주의에 대한 니체의 비판은 이러한 비스마르크의 반동적 정책과 거의 동시에 시작됐다. 니체는 사회주의진압법에는 찬성했지만 사회보장법이 노예인 노동자를 개화시킨다는 이유에서 반대했다. 그런 점에서 니체는 명백히 사회주의-아나키즘-민주주의는 물론 사회민주주의적인 복지국가에도 반대한 것이었다. 니체가 발광한 1890년 이후 그의 책이 독일을 비롯해 유럽에 영향을 미치기 시작했다. 이에 대해서는 뒤에서 다시 살펴보도록 한다.

초인사상의 계보

초인이란 일반적으로 초인간의 준말로 "보통 사람보다 훨씬 뛰어난 능력을 가진 사람"으로 이해된다. 한편 철학적으로는 "기독교적 선악을 부정하고 민중을 지배하는 권력을 가지며 자기의 가능성을 극한까지 실현하는 이상적인 인간"으로 풀이된다. 바로 니체가 말하는 Übermensch의 번역어이다. 그러나 니체를 초인 사상의 창시자로 보아서는 안 된다.

일반적인 의미의 초인이라는 개념은 동서고금에 존재한 보편적인 것이었고, 민주주의 이전에는 그런 사람이 민중을 지배해야 한다는 생각도 역시 보편적이었다. 모든 민족의 신화는 초인들의 신화였다. 특히 그리스 로마 신화가 그러했다. 그 일부를 형성한 호메로스의 산문은 초인들의 초상이었다. 고대사상도 마찬가지였다. 공자나 맹자가 그랬고 소크라테스나 플라톤이나 아리스토텔레스가 그랬다. 니체는 예수와 카이사르, 괴테와 나폴레옹을 초인에 준하는 사람으로 제시하면서 각각 둘을 합친 사람이 초인이라고 보았다고 하는 견해가 있지만 니체는 도리어 예수를 천민의 전형으로 보았다.

서양문명을 흔히 헤브라이즘과 헬레니즘, 즉 그리스-로마문명과 기독교문명의 결합이라고 한다. 니체의 반민주주의는 그리스의 스파르타에서 나온 것이지만, 그는 그리스 예술에 심취했다.

> 그리스 예술은 단순히 그리스의 생활방식과 풍경, 그리스 주민을 형식적으로 재현한 것이 아니다. 그리스 예술은 그리스 정신의 진수를 선언한 것이다.

위의 인용을 히틀러의 말이라고 하면 믿을 사람이 있을까? 예술이 삶의 재현이 아니라 민족정신의 핵심을 보여주는 것이라는 말은 우리에게 너무 익숙한 것이 아닌가? 히틀러가 가장 좋아한 주제는 헤겔과 니체를 비롯한 독일인들의 그리스 사랑이었다.

기독교적 선악을 부정하는 것을 초인의 요소로 본 것은 아마도 니체

■　＊ 정동호(편저), 『니체 철학의 현대적 조명』, 청람, 1984, 245쪽 이하.

가 처음이었을 것이다. 페터 퓌츠(Peter Püz)에 의하면 그런 니체에 가장 가까웠던 선배 철학자는 칸트고, 이어 피히테, 슈타이너, 키에르케고르, 칼라일, 에머슨 등을 꼽았다.[*] 문학작품으로는 괴테의 『파우스트』, 오페라 작품으로는 바그너의 〈로엔그린〉이 역시 니체에 앞서 등장했다.

초인을 주장하지는 않았지만 그 전제가 되는 생존경쟁과 적자생존을 니체처럼 강조하고 기독교적 세계와 결별한 그의 선배로 다윈(Charles Robert Darwin, 1809~1882)과 헤켈(Ernst Häckel, 1834~1919)이 있었다. 지금은 헤켈보다 다윈이 더 유명하지만 그들의 생존 시에는 헤켈의 책이 베스트셀러였다. 독일어권 독자를 위해 다윈의 책을 번역한 헤켈은 아리안 종이 적자생존에 가장 적합하다고 주장하고 아리안 종의 보호를 위해 우생학을 주장했다. 즉 병자, 빈민, 장애인, 걸인, 부랑자, 범죄자에게는 의료나 생식을 허용해서는 안 되고 그들은 대량으로 안락사시켜야 한다고 주장했다. 헤켈은 고대 그리스 군국주의 국가인 스파르타를 이상적인 나라로 보았다. 영화 〈300〉에서 보듯이 어릴 적에 건강한 아이는 살려두고 약한 아이는 죽였기에 강한 스파르타인을 키울 수 있어서 스파르타가 다른 나라보다 강했다는 점을 그는 강조했다. 그런 그가 1866년 환경과 관련된 생물학을 생태학(Ecology)이라고 이름 지었다는 점은 생태에 관심을 갖는 사람들에게 아픈 일일지 모른다.

프랑스의 동양학자이자 인류학자인 고비노(Arthur de Gobineau, 1816~1882)가 『인종불평등론(Essai sur l'inégalité des races humaines)』에서 순수민족만이

■   * Peter Püz, *Friedrich Nietzsche*, 1967, S. 70f; 안진태, 앞의 책, 272쪽 재인용.

육체적으로나 정신적으로 순수성을 유지할 수 있고 문화의 퇴폐나 몰락이 없었다고 주장한 것은 니체의 생각과 크게 다르지 않았다. 이러한 인종주의-반유대주의의 계보는 마르틴 루터(Martin Luther, 1483~1546)에까지 거슬러 올라간다. 루터는 독일인이 가장 존경하는 인물이니 그 영향력은 절대적이다. 그는 "유대인은 보통 도둑보다는 일곱 배나 더 높게 교수대에 매달아야 한다.""우리는 유대인에게 복수를 하고 그들을 죽여야 한다"고 했다. 이러한 루터의 주장은 19세기에 와서 기독교사회노동당 대표인 아돌프 슈퇴커(Adolf Stoecker, 1835~1909)에 의해 널리 퍼졌고 나치에게도 파급되었다.

독일에서는 프로이센-프랑스 전쟁(1870년~1871년) 이후 대공황의 혼란 속으로 빠져들자 그 원인이 유대인에게 있다고 하여 반유대운동이 맹렬히 일어났다. 독일의 역사가 트라이치케(Heinrich von Treitschke, 1834~1896)는 유대인을 독일 일체화의 저해요소로 지적하면서 반유대주의를 역설했다.

칸트와 니체

앞에서 니체에 가장 가까운 선배가 칸트라고 보는 사람이 있다고 했다. 그러나 뒤에서 보듯이 니체는 칸트를 싫어했다. 이 책에서 나는 칸트와 니체의 관계에 대해 상세히 논의할 생각이 없으나, 그 둘이 프로이센 내

■   * Murphy, 1999, p. 9.

지 독일제국에 충성을 바쳤고, 민주주의나 사회주의나 혁명에 대해서는 공통적으로 반대했다는 점을 지적해둔다. 이 점과 관련하여 니체는 삶의 후기에 독일제국을 비판했지만 그 비판은 정신적인 측면에서였지 정치적인 측면에서였다고 볼 수 없다.

칸트는 전형적인 독일 지식인처럼 현실 문제에 대해서는 아무런 관심이 없고 오로지 머릿속으로 생각만 했으며 권력자가 누구이든 그에게 충성을 바쳤다. 프랑스혁명이 터졌을 때 처음에는 환영했으나 민중에 대한 모멸에 젖은 그로서는 결국 혁명에 등을 돌리고 혁명에 반대했다. 그의 철학이 난해한 이유도 그런 태도에서 비롯됐다.

칸트의 철학에 대해 간단하고도 쉽게 살펴보도록 하자. 칸트를 잘 모르는 사람이라도 다음 말은 칸트의 생각을 제대로 전한 것이라고 생각하는 것이 상식적일 것이다.

> 많은 사람들이 이성은 결정적인 요인이 아니라고 말하면서 영향을 정확하게 가늠하기 힘든 다른 요인들을 고려해야 한다고 말합니다. 나는 최후의 수단으로 이성에 바탕을 두지 않은 것은 가치가 없다고 생각합니다.*

그런데 놀라지 마시라. 위의 말은 다른 사람이 아닌, 칸트를 너무나도 좋아한 히틀러가 1936년 3월 16일, 선거 유세에서 한 말이다. 한국의 선거유세에서 그런 말을 들어본 적이 없고, 정치가가 철학에 대해 말하는

■　*　(셰라트47재인용)

〈사진 5〉 러시아 칼리닌그라드의 칸트 동상

것을 평생 들어본 적이 없는 나로서는 대단히 감동적인 연설이다.* 히틀러는 칸트의 역사적 의의를 다음과 같이 강조하기도 했다.

> 칸트는 중세의 가르침과 교회의 교조적 철학을 단호히 거부했다. 그것이
> 칸트가 우리에게 물려준 가장 큰 유산이다.**

이 말이야말로 칸트에 대한 가장 정확한 이야기가 아닌가? 칸트는 그의 주저인 『순수이성비판』에서 종교나 관습만이 아니라 부모와 가족, 친구, 선배, 공동체가 시키는 말에도 따르지 말고 스스로 생각할 줄 알아야 한다고 말했다. 나아가 「계몽이란 무엇인가?」에서 이성이 지배하는 세상에서는 평화와 인류애와 자유가 자동적으로 지배할 것이라고 보았다.

이 지점까지는 히틀러의 칸트 이해에 아무 문제가 없다. 그러나 칸트가 종교 중에서도 유독 유대교를 싫어한 점을 히틀러가 받아들여 유대인을 대량 학살한 것이 큰 문제였다고 셰라트는 말한다. 물론 셰라트는 히틀러가 칸트를 충분히 이해했다고 보지는 않지만, 지금 우리로서는 히틀러의 칸트 이해 수준을 도저히 알 수 없다.

여하튼 칸트는 유대인을 "그 본성이 미신에 사로잡힌 강력한 밀매자이고, 그들의 상업상의 비도덕적이고 불쾌한 행태는 고리대금업 기질이 그들을 사로잡고 있기 때문에 그들이 시민적 덕을 추구할 의사가 전혀 없

■　 * 자신을 철학적 지도자로 여긴 히틀러가 가장 존경한 철학자는 칸트였고, 칸트와 함께 가장
즐겨 인용한 사람은 실러였다. 독일 통일을 독려한 혁명적 애국주의자 실러는 1871년 독일 통
일 이전에 사색적인 괴테보다 더 인기가 많았다.
** (셰라트47재인용)

음을 보여주며, 오로지 그들이 사는 나라의 문화를 기만하는 것으로부터 이익을 얻는 사기꾼"이라고 비판하고 "유대인을 안락사 시키는 것은 그들로 하여금 그들의 종교적 도덕성과 순수성, 오래된 법규들을 포기하게 함으로써 가능하다""고 말했다. 이런 칸트를 진정한 의미의 국제주의자라고 할 수 있는가?

칸트는 이성에 근거하지 않은 유대교를 시대에 역행하는 것으로, 그리고 유대인을 미신적이고 미개하며 비합리적인 민족으로 보았다. 칸트는 「순수한 이성의 한계 안에서의 종교(Die Religion innerhalb der Grenzen der Großen Vernunft)」에서 "유대교는 사실상 종교가 아니라 하나의 부족민들로 이루어진 공동체에 불과하다"고 했고, 나아가 유대교는 도덕률도 아니라고 했다. 유대인은 비이성적이므로 비도덕적이라는 이유에서였다. 그래서 『윤리학』에서는 "유대인은 사업에서뿐만 아니라 일상에서도 거짓말을 일삼는다"고 했고 옛날부터 고리대금업을 했기 때문에 사기꾼이라는 소리를 듣는 그들을 도덕적으로 만들기는 불가능하다고 주장했다.""" 더욱더 무서운 주장은 칸트가 순수한 도덕의 이름으로 '유대교의 안락사'를 추구했다는 점이다.

유대인인 셰라트는 여기까지만 설명하지만 칸트에게는 더 많은 문제점이 있다. 가장 큰 문제는 『영구평화론(Zum ewigen Frieden. Ein philosophischer

■ * John Weiss, Ideology of Death: Why the Holocaust Happened in Germany, Ivan Dee Publishers, 1996, p. 67 재인용.
** 최창모, 『기억과 편견』, 책세상, 2004, 87쪽 재인용. 다른 우리말 번역에서는 "유대교의 안락사는 모든 옛 규정론을 버림으로써 순수한 도덕적 종교가 되는 것"이라고 한다. 임마누엘 칸트, 오진석 옮김, 『학부들의 논쟁』, 도서출판b,.2012, 83쪽.
*** Kant, Anthropologie, in Werke, 12:517ff.

Entwurf)』을 쓴 칸트가 사실은 군사주의자였다는 점이다. 가령 칸트는 『판단력비판(Kritik der Urteilskraft)』에서 다음과 같이 썼다.

> 전쟁조차도, 만약 그 전쟁이 질서 있게 그리고 시민의 권리들을 신성시하면서 수행된다면, 그 자체로 어떤 숭고한 것을 가지는 것이며, 전쟁을 이런 식으로 수행한 국민이 더 많은 위험에 처했고 그 위험 아래서 용기 있게 견뎌낼 수 있었다면, 그 전쟁은 그 국민의 사유방식[성향]을 그만큼 더 숭고하게 만드는 것이다. 그에 반해 오랜 평화는 한낱 상인정신을, 그리고 그와 함께 천박한 이기심과 비겁함과 유약함을 만연시키고 국민의 사유방식[성향]을 저열하게 만들고는 한다.*

다른 논저**에서도 유사한 발언을 한 칸트를 진정한 의미의 평화론자라고 할 수 있을까? 또한 비스마르크나 프리드리히 3세, 헤겔이나 니체, 랑케나 트라이치케, 하이네나 토마스 만, 슈펭글러 등등 수많은 독일인에게서 우리는 군사주의를 찾을 수 있다. 반유대주의는 칸트 이전 마르틴 루터에서부터 비롯되었고, 칸트 이후에도 헤르더, 피히테, 헤겔, 마르크스, 니체로 이어졌다.

헤르더는 칸트와 대응되는 계몽주의 철학자다. 가령 칸트가 인간을 '주인을 필요로 하는 동물'로 본 반면 헤르더는 '주인을 필요로 하는 인

---

* 임마누엘 칸트, 『판단력비판』, 백종현 옮김, 아카넷, 2009. 273면.
** 가령 "따라서 인류가 서있는 문화 단계에서 전쟁은 더 높은 단계로 그것을 가져가는 데에 불가피한 수단이다." Immanuel Kant, *Speculative Beginning of Human History* [1786], In Perpetual Peace and Other Essays, translated by Ted Humphrey(Hackett, 1983), 58/121.

간은 동물'이라고 했다. 그는 모든 형태의 억압과 착취가 없는 이상사회를 꿈꾸었다. 그러나 그마저도 실천철학에 대한 그의 강의로부터 칸트를 인용해 다음과 같이 말했다. "모든 비겁자는 거짓말쟁이다. 가령 유대인은 사업에서만이 아니라 일상생활에서도 그러하다."

피히테, 헤겔, 니체

히틀러의 '아버지 같은 친구' 에카르트(Dietrich Eckart, 1868~1923)는 국가사회주의 철학의 3인방으로 니체와 함께 쇼펜하우어, 피히테를 들었다.

독일철학에 조예가 깊지 않는 사람도 피히테의 〈독일 국민에게 고함〉이라는 애국적 강연에 대해서는 알게 마련이다. 1808년 프로이센이 나폴레옹과 전쟁을 하기 전날 밤 완전 무장을 갖추고 학생들 앞에서 한 강연이었다. 강연에서 그는 독일어의 뿌리가 라틴어가 아닌 튜턴어라며, 독일은 유일무이하고 순수하다고 주장했다. 때문에 도덕적으로 타락한 민족인 유대인에게 시민권을 부여할 이유가 없다고 했다.

칸트와 마찬가지로 피히테도 프랑스혁명이 터졌을 때 열렬히 지지했으나, 혁명이 실패하고 나폴레옹이 황제가 되어 유럽을 지배하려고 하자 그것에 대한 저항을 호소한 것이었다. 그는 학생들에게 군에 가도록 권유했을 뿐 아니라 자신도 종군하고자 했다. 그러나 6년 뒤 피히테는 병으로 죽었다. 피히테는 칸트 철학을 직접적으로 계승했다. 피히테는 독일민

■　* Michael Mack, *German Idealism and the Jew*, University of Chicago Press, 2003, p. 5 재인용.

족의 운명을 인류 전체의 운명과 동일시했다. 독일민족은 일찍이 지상에 출현한 적이 없는 진정한 정의의 국가를 세워야 한다는 것이다. 피히테는 그 국가의 건국자가 전제자여도 상관없다고 주장했다.

피히테가 죽고 15년 뒤 역시 병사하고 피히테의 무덤 옆에 묻힌 헤겔 (Georg Wilhelm Hegel, 1770~1831)도 히틀러는 좋아했다. 헤겔도 프랑스혁명에 열광했다. 1808년, 헤겔이 교수로 있는 예나에 나폴레옹이 들어오자, 조국을 짓밟은 나폴레옹을 가리키며 '세계정신'이라고 불렀다. 이처럼 그는 군주국을 신봉했다. 그에 의하면 국가는 독자적인 권력의 근원이고 개인은 그것에 복종해야 하는 신성한 제도다. 그리고 그 현실 국가는 프로이센으로서, 그것은 세계사 과정에서 자유를 가장 높은 단계로 실현한 게르만 세계다. 따라서 게르만 정신은 자유라는 절대적 진리의 실현을 목표로 한 새로운 세계정신이다. 여기서 그의 역사철학은 프로이센 국가정신을 대변하는 보수적 정치사상으로 넘어간다.

헤겔은 칸트가 이론으로 주장한 이성 중심주의를 역사적으로 성취할 것이라고 주장했다. 즉 서양은 더욱 이성적이고 도덕적으로 발전한다고 보았다. 그런데 헤겔은 유대인에 대한 편견을 칸트로부터 그대로 계승했다. 위대한 역사의 종착에서, 유대인을 열등한 존재로 전락할 것이라 말했다. 그는 강력한 국가를 옹호하면서 역사적 진보는 국가 간의 물리적 충돌로 이루어지고, 전쟁이 도덕적이고 윤리적이며 영적 세계의 기능을 한다고 주장했다.

쇼펜하우어와 니체

니체의 직계 스승이라고 할 만한 쇼펜하우어(Arthur Schopenhauer, 1788~1860)는 염세주의자의 대명사로 통한다. 그는 세계 속 존재는 불가피하게 고통을 겪을 수밖에 없고 그 고통을 끝내기 위해서는 오직 체념하며 살아야 한다고 주장했다. 17살 때, 쇼펜하우어 스스로에 의하면, 자신은 석가처럼 생로병사의 고통을 깨달았다고 한다. 『의지와 표상으로서의 세계』는 쇼펜하우어의 염세주의를 담아낸 책이다. 이 책은 1819년 출판되어 200권 정도 밖에 팔리지 않았다. 덕분에 쇼펜하우어는 더욱더 염세적인 성향을 띠었다.

1820년, 쇼펜하우어는 대학교수가 되려고 무보수 강사로 강의를 시작했다. 하지만 그의 강의를 듣는 학생은 겨우 5명뿐이었고, 염세는 더욱 심각해졌다. 반면 옆 강의실에서는 정교수가 된 헤겔이 300명의 학생들을 앞에 놓고 강의를 했다. 쇼펜하우어는 헤겔 철학이 "공허하기 짝이 없는 내용"이고 "돌대가리들의 말을 이치에 맞지 않게 뒤죽박죽 나열한 것"이며 "표현은 더없이 충동적이고 횡설수설 엉터리여서 떠버리 광인을 떠올리게 한다"고 비판했다. 이러한 쇼펜하우어의 말버릇이 젊은 니체에게 영향을 미쳐, 니체가 평생 지독한 매도의 글을 쓰게 했는지도 모른다.

쇼펜하우어는 교수가 되기를 포기하고 재야 철학자가 됐다. 일반 기독교신자의 신앙이 교황의 신앙보다 뒤쳐지지 않듯이, 보통사람의 철학도 철학교수의 철학 못지않다고 말하면서! 니체 역시 교수는 물론 모든 학자를 비판했다. 그러나 자신도 10년간 교수를 지냈고 24세에 교수가 된 것에 대한 자부심이 대단했다.

그런데 학문 차원의 염세를 제외하면 쇼펜하우어는 그야말로 낙천적이었다. 상인이었던 아버지에게서 유산을 물려받아 평생 부유하게 살았다. 별로 하는 일도 없이 연애나 하면서 빈둥거리며 지냈고, 푸들 몇 마리와 함께 아파트에서 세월을 보냈다. 나이 쉰이 넘어 인도의 철학과 불교에 심취해 암 푸들 한 마리에게 '우주의 근본원리인 브라만과 통하는 개인의 영혼'이라는 뜻인 '아트마'라는 이름을 붙여주었고, 자신의 이력서에 '1850년, 아트마 죽음' 식으로 개의 죽음을 숭고하게 기록했다. 심지어 쇼펜하우어는 하녀에게 불상의 먼지를 털면 해고하겠다고 위협했을 정도로 불교에 심취했다. 쇼펜하우어가 그 밖에 한 일은 낮잠을 늘어지게 자는 것뿐이었다. 그는 몽테뉴와 데카르트(Rene Descartes, 1596~1650)도 잠을 많이 잤다면서 자신의 낮잠 취미를 정당화했다. 개 때문에 아파트 주인과 싸우다가 이사를 가면서 '전 인류에게' 바치는 『의지와 표상으로서의 세계』의 완결판을 냈지만 거의 팔리지 않았다.

그러나 그 이듬해 쇼펜하우어는 훗날 우리나라에서 『쇼펜하우어의 인생론』으로 번역된 에세이집 『부록과 보유(Parerga und Paralopomena)』를 펴내 뜻밖의 베스트셀러 작가가 됐다. 그가 살았던 프랑크푸르트의 시민들은 그에게 푸들도 새로 사주었다. 여성 팬이 늘어나 여성에 대한 그의 태도가 경멸에서 찬양으로 바뀌기도 했다. 1860년, 쇼펜하우어는 결국 독신으로 쓸쓸하게 죽었다. 반면 니체는 여성에 대한 경멸을 평생 버리지 않았으니, 이 점에서는 스승인 쇼펜하우어보다 제자인 니체가 더욱 철저했다고 해야 할까?

쇼펜하우어는 32세에 교수가 되기를 포기했으나, 니체는 그 나이보다

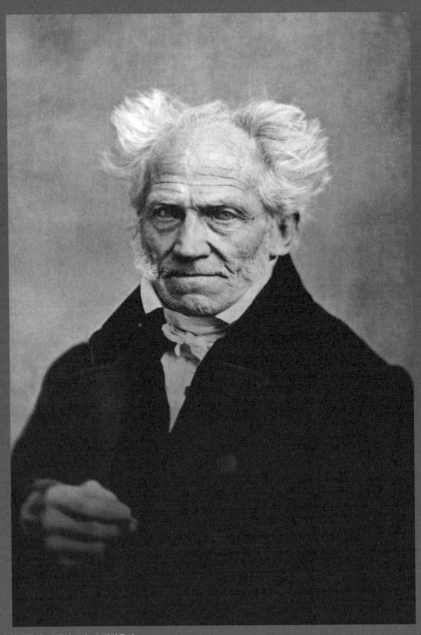

〈사진 6〉 니체의 스승 쇼펜하우어

8년이나 이른 24세에 교수가 됐다. 그러나 1872년, 26세 니체는 『비극의 탄생』을 발표했으나 엄청난 혹평을 받았다. 니체는 31세에 『의지와 표상으로서의 세계』를 발표했다가 혹평을 받은 쇼펜하우어와 비슷한 처지가 됐다. 게다가 니체는 1890년에 미쳐버린 뒤 1900년에 죽기까지 거의 무명에 머물렀고, 쇼펜하우어보다 더 고통스럽게 말년을 보내다가 가난 속에서 죽었다.

그러나 니체는 쇼펜하우어와 달리 삶의 고통을 줄이려고 애쓰는 철학자는 모두 멍청이라고 생각했다. 그런 철학자는 고통을 물리치려고 하다가 오히려 고통을 증폭시킨다고 니체는 생각했다. 쇼펜하우어는 골방에 처박혀 세상을 저주하며 삶의 고통을 회피하고자 한 반면, 니체는 고통이란 선한 무언가를 이루는 과정에서 겪게 되는 자연스럽고 피할 수 없는 단계로 긍정했다. 니체는 쇼펜하우어의 견해 가운데 이 세상에 신은 없고 불멸의 영혼 따위도 없으며 대부분 의미가 없는 고통으로 가득하고 이 세상은 의지라는 비합리적인 힘에 이끌릴 뿐이라는 견해에는 찬성했지만, 이 세상은 '하잘것없는 일부'에 불과하다는 견해에는 반대하고 이 세상이 '전부'라고 주장했다. 나아가 니체는 경멸해 마땅한 이 세상을 등지고 살아야 한다는 쇼펜하우어의 결론을 물리치고 삶을 치열하게 살아야 한다고 주장했다. 삶에 대한 이런 긍정적 인식은 니체 사상의 핵심이 됐다.

니체가 쇼펜하우어와 또 다른 점은 소박하고 자연적인 삶을 추구했다는 것이다. 니체는 35세에 교수를 그만두고 정원사가 되려고도 했다. 그는 건강문제로 인해 정원사가 되려는 생각을 3주 만에 포기했지만, 그런 생각은 정원사가 정원을 돌보듯 자신의 곤경을 돌봐야 한다는 사상으로 이어졌다. 분노, 동정, 호기심, 허무감이라는 감정의 뿌리를 잡초로 여겨 제거하기보다는 그런 것들에서 예술, 미, 사랑이 비롯될 수 있음을 알아야 한다는 것이었다.

예를 들어 그리스의 신전에 대해 미술사학자인 빙켈만(Johann Joachim Winckelmann, 1717~1768)은 "비상하게 신중하고 자제력이 뛰어난 그리스인들의 안온한 삶의 산물"이라고 했지만, 니체는 이런 빙켈만의 견해를 부정하고 오히려 가장 비열한 악마적인 힘들의 본능적 충동이 승화된 것이라고 보았다. 그리스인들은 악과 의심, 그리고 적절한 해방을 받아들였을 뿐이며 그런 것들을 없애려고 하지는 않았다는 것이다. 그러면서 니체는 이빨이 아프다고 해서 무조건 그것을 빼버리려고 하지 말고 그냥 참고 견디라고 말했다. 우리는 추구하는 것을 언젠가는 쟁취할 수 있으리라고 믿어야 한다고 그는 말했다. 어떤 가치 있는 것을 얻는 데 따르는 고통 때문에 그것을 모욕하고 악으로 치부하려는 유혹에 굴복하지 말라는 것이었다. 이런 점에서도 그는 쇼펜하우어와 달랐다. 그러나 히틀러는 니체처럼 쇼펜하우어도 좋아했다.

〈사진 7〉 뭉크가 그린 니체

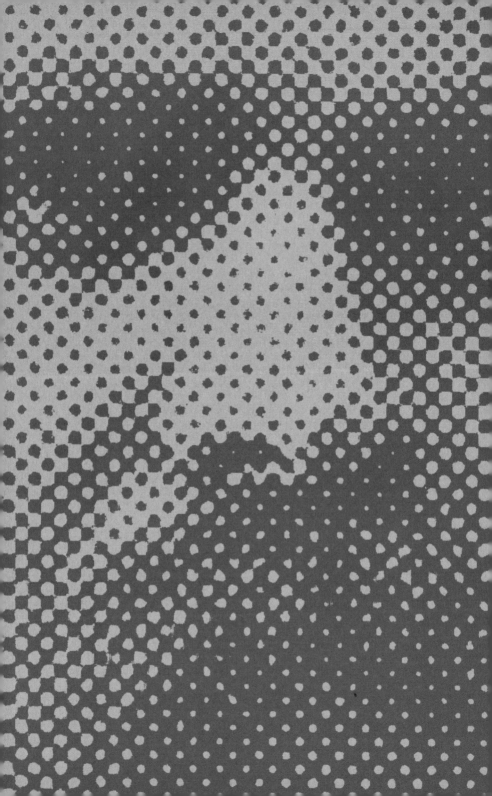

4.

니체 반민주주의의
시작

니체의 성장기

니체는 당시 왕이었던 프리드리히 빌헬름 4세와 같은 날 태어났다. 왕을 끔찍이도 숭배한 니체의 아버지 칼 루트비히 니체(Karl Ludwig Nietzsche, 1813~1849)는 아들의 이름을 '프리드리히 빌헬름'라고 지었다. 그러나 그 일가의 삶은 초라했다. 니체가 태어난 작센(지금은 작센안할트 주) 주의 시골 뢰켄은 당시에도 시골이었지만 지금도 니체의 고향이라는 것 외에는 특별한 의미가 없는 작은 시골일 뿐이다. 지금도 그곳에 남아 있는 그가 태어난 집은 2층의 석조 건물로 독일에서 흔히 보는 전형적인 중산층 저택이다. 니체는 다섯 살에 아버지가 죽자 어머니(1826~1897)와 누이 엘리자베트(Elizabeth Förster-Nietzsche, 1846~1935)와 함께 역시 작은 시골인 나움부르크로 이사 갔다.

그러나 어린 시절부터 니체와 그의 가족은 자신들이 귀족 출신이라고 생각해 농사나 짓는 촌스러운 주위 사람들과는 다르다고 생각했고, 이런 생각은 니체 사상의 토대가 됐다. 니체는 14세 때 쓴 '나의 삶'이라는 짧은 글에서 자신이 4~5세였을 때에 일어난 1848년 민주혁명에 참가한 사람들을 보고 '반역자'라고 생각했다고 썼다. 그 나이에 그런 생각을 했다는 이야기는 믿기 어렵지만, 그게 사실이라면 그것은 아버지의 영향 때문이었을 것이고, 그의 평생을 지배한 민주주의에 대한 반감이 이미 4~5세 때부터 형성되기 시작했다는 것이 된다. 아니면 니체가 그런 글을 쓴 14세에 자신이 민주주의를 싫어한다는 점을 강조하기 위해 이미 4~5세 때부터 그렇게 생각했다는 식으로 과장한 것일 수도 있다. 이 경우에는 아버지의 영향 때문이었다기보다는 당시 그가 다닌 학교에서 반민주주의적인 교육이 이루어졌기 때문이었다고 보는 것이 옳으리라. 그의 생각은 일생동안 많이 변했지만, 반민주주의는 변한 적이 없다.

니체가 어린 시절에 쓴 글에도 평생 일관되게 그의 글에서 나타난 특징이 보인다. 첫째, '나'의 끝없는 반복이다. 역사상 몽테뉴(Michel Eyquem Montaigne, 1533~1592) 외에 그만큼 '나'를 반복한 철학자는 없었다. 둘째, 그지없는 오만함이다. 어린 시절에 "나는 신의 영토 가까이 태어난 하나의 식물"이라고 쓴 것은, 죽기 직전 "나는 왜 이렇게 현명한지" "나는 왜 이렇게 영리한지" "나는 왜 이렇게 좋은 책들을 쓰는지"라는 식으로까지 평생 이어졌다. 셋째, 극심한 과장과 자기과시와 투쟁성이다. 가령 어린 시절에 쓴 "우리는 용감하게 싸웠다. 우리는 지금 나뭇가지 위의 독수리처럼 우리에게 처형당한 시체 위에 앉아 있다"라는 구절과 같은 것이다. 죽을 때까지 쓴 글들이 더욱 그러했음은 물론이다.

14세가 된 1858년 가을에 명문고교인 포르테 김나지움으로 옮긴 니체는 하루 종일 스파르타식으로 가르치는 교육을 6년간 받았다. 중심과목인 그리스어와 라틴어에서는 특별히 우수했으나, 필수과목이었던 프랑스어와 그 밖의 다른 외국어(영어, 이탈리아어, 스페인어, 헤브라이어), 수학, 물리학, 체육, 미술 등에서는 그렇지 못했다. 그런 탓인지 그는 나중에 "우리에게 수학과 물리학이 폭력적으로 강요됨으로써 낭비된 우리의 청춘이여!"라고 개탄했다. 동시에 "그리스인과 로마인, 그리고 그들의 언어에 관한 빈약한 지식이 서투르면서도 고통스럽게 전수되었을 때 낭비된 우리의 청춘이여!"라며 "우리는 거의 항상 고대에 대한 반감을 지녔다"고도 했다. 그리고 "젊음은 불쾌한 것이다. 왜냐하면 젊을 때에는 어떤 의미에서든 생산적일 수 없거나 이성적이지도 못하기 때문이다," "나의 경우 유년기와 청년기만큼 원치 않는 것도 없을 정도다"라고도 했다. 그는 당시의 교육 전체를 불신했고, 특히 고대 그리스 로마에 대한 교육이 충실하지 못했음을 비판했는데 이는 엘리트 교육을 중시한 입장에서 나온 반민주주의적인 태도였다.

당시의 스파르타식 공부는 니체 사상의 형성에 기틀이 됐다. 그는 인구의 대다수인 노예에게 노동을 강요하면서 디오니소스적 예술을 즐기는 소수의 초인적 귀족이 통치하는 스파르타식 인간과 사회, 즉 다수의 노예와 소수의 귀족이 철저하게 분리된 사회를 평생의 이상으로 삼았다. 그 사회는 생활에서는 물론이고 도덕에서도 노예와 귀족이 철저히 구분되고, 정신이나 예술이나 문화는 귀족의 전유물이며, 귀족에게는 디오니

LOUIS HELD, WEIMAR
Hof-Photograph.

〈사진 7〉 1861년의 니체(17세)

소스처럼 살아갈 수 있는 특권이 부여된 계급사회였다. 니체가 말하는 디오니소스, 예술, 정신, 문화 등은 어디까지나 극소수의 귀족에게만 해당되는 것이었다. 그러므로 그러한 귀족사회의 질서를 파괴한다고 생각한 소크라테스나 예수 같은 자들은 니체에게는 도저히 용납될 수 없는 철천지원수였다. 이런 사고방식이 10대의 니체에게 이미 깊게 뿌리 박혔다. 이처럼 소년 시절에 더 이상 돌이킬 수 없을 정도로 강하게 반민주주의-귀족주의로 기울었다.

니체는 17세(1862년)에 종교에 대해 회의하고 역사와 과학을 찬양하기 시작하면서 첫 변환을 겪었다. 이어 그리스 신화에 열중한 횔덜린(Johann Christian Hölderlin, 1770~1844)을 옹호하면서 그가 독일인의 속물근성과 야만성을 비판한 점을 정당화했고, 무법자 영웅을 숭배했다. 게다가 19세 때 졸업논문 주제로 그리스의 반민주주의-귀족주의 시인인 테오그니스(Theognis, ?~?)를 선택했다.

니체의 대학시절

니체는 1864년 가을에 본 대학에 입학했다. 독일의 대학은 모두 학문적 권위를 고르게 나눠 갖고 있었고, 한국식의 대학 간 위계질서는 존재하지 않았다. 당시 본 대학은 고전문헌학 연구의 중심이었다. 지금의 우리에게는 고전문헌학이라는 학문이 그 이름조차 생소하지만, 고대 그리스와 로마를 이상으로 삼았던 19세기에는 고전문헌학이 가장 인기 있는 학문이었다. 니체는 공부에도 열중했지만, 평생을 따라다니며 자신을 괴

롭히게 되는 매독을 얻었고, 민족주의 학생단체에 가입해 결투를 할 정도로 자유분방했다. 이는 자신을 제외하고는 여성들만 사는 집에서 자란 탓으로 형성된 자신의 여성적 경향을 극복하고 남성성을 과시하기 위한 것이기도 했다. 콧수염을 대학입학 때부터 기르기 시작한 것도 같은 이유에서였다. 그가 평생 과장된 글을 쓴 것도 같은 이유에서였다.

본 대학에 입학한 지 1년 뒤 니체는 당대에 가장 유명한 고전문헌학 교수였던 리츨(Friedrich Wilhelm Ritschl, 1806~1876)을 따라 라이프치히 대학으로 옮겼다. 지금도 그렇지만 당시에도 독일의 대학생은 어느 대학에서나 수업을 들을 수 있었다. 그러나 니체는 곧 그에게 실망하고 더 위대한 스승을 찾았다. 바로 쇼펜하우어와 바그너였다. 23세(1865년)에 니체는 대학 부근의 헌책방에 갔다가 우연히 쇼펜하우어의『의지와 표상으로서의 세계(Die Welt als Wille und Vorstellung, 1819)』를 발견하고 매료됐다. 그 책의 "윤리적 분위기, 파우스트적 분위기, 십자가, 죽음, 그리고 무덤 때문"이라고 친구에게 보낸 편지에 썼다. 특히 쇼펜하우어의 '예술을 통한 해탈' 이론으로 음악에 대한 자신의 몰두를 정당화했다. 그러나 니체가 쇼펜하우어에게 매료된 더 중요한 이유는 쇼펜하우어가 현대의 유럽과 독일을 부정하고 고대 그리스와 불교를 동경한 점에 있었다. 니체는 뒤에 "라이프치히의 요리에 의해, 동시에 쇼펜하우어를 처음 공부하면서, 아주 진지하게 나의 '삶에의 의지'를 부인했었다"고 말했다. 염세주의자가 됐다는 것이었다.

그러나 이는 과장이었다. 니체는 '삶에의 의지'를 부인하지 않고 1867년 10월부터 군대생활을 했다.(1장 참고) 그는 황제와 같은 이름을 가진 애국청년답게 프로이센의 수도인 베를린의 황제근위부대에서 근무하고자 희망했으나 여의치 못해 나움부르크에 있는 집 부근의 야전부대에서 근무했고 훈련 중 부상 탓에 병가를 얻어 군대생활의 대부분을 문헌학 연구로 보냈다. 당시 그가 한 연구의 내용이 『니체전집』 제1권에 실려 있으나 전문적인 문헌학 연구여서 그다지 흥미롭지 못하다.

24세였던 1868년 가을, 1년간의 병역을 마치고 라이프치히로 돌아온 니체는 평소에 좋아한 바그너를 처음 만났다. 니체보다 31세나 연상인 바그너는 자기의 작품을 잘 이해해주는 니체를 좋아했다. 그때 바그너는 스위스의 루체른 부근에서 친구의 부인인 코지마와 같이 살고 있었다. 이듬해에 니체는 그곳과 가까운 바젤에 교수로 갔고, 바그너를 더 자주 찾았다. 니체는 무엇보다도 바그너가 쇼펜하우어와 고대 게르만 신화를 좋아해서 그에게 끌렸다.

니체의 교수시절

1869년 4월에 만 24세밖에 안 된 대학생 니체는 스위스 바젤 대학의 비정규 교수로 초빙됐다. 비정규라지만 우리나라의 시간강사 같은 것은 아니었다. 정교수는 아니지만 조교수나 부교수 정도는 되는 지위였다. 당시 바젤 대학에는 그런 관행이 있어서 니체 말고도 젊은 학자가 그렇게 교수로 초빙되는 일이 종종 있었다. 가령 셸링은 23세에 예나 대학의 교수가 됐고 헤겔도 29세에 같은 대학의 교수가 됐다. 그러나 지금도 그렇겠지만 당시에도 24세의 나이에 교수가 된 젊은이라면 예외적으로 '잘나가는 청춘'이었을 것이고, 어쩌면 이것이 그에게 착각을 일으켜 스스로를

〈사진 8〉 교수시절 니체, 1869년

'초인'에 가깝다고 생각하게 했을지도 모른다.

그러나 니체는 그렇게 고전문헌학 교수가 되기 전에 이미 고전문헌학에 대한 회의에 빠졌고, 특히 친구에게 보낸 편지에서 자기를 교수로 추천한 지도교수 리츨을 "잇속만 가득 차고 눈은 멀어 두더지 같은 속물 족속"이라고 불렀고 바젤 사람들도 속물이라고 했다. 니체에게는 모두가 다 속물이었던 것이다. 그것이 편지였기에 망정이지 그 '속물'들이 만약 니체가 자기들 모두를 속물이라고 불렀다는 사실을 알았다면 니체는 과연 어떤 평가를 받고 어떤 신세가 됐을까? 아마도 교수가 되지 못했을지도 모른다.

16년 뒤에 니체는 바젤 대학의 교수가 된 당시의 자신에 대해 "분명하지 않은 신적인 존재에 사로잡힌, 또한 지식인이라고 행세하면서도 마음속으로는 오직 자신과 뜻을 같이 하는 이를 구하거나 그들을 곁길로, 혹은 새로운 유희의 장으로 유혹할 생각만을 하던 청년"이라고 묘사했다. 이 묘사가 얼마나 진술한 고백이었는지는 모르지만, 여하튼 이 묘사에 나오는 '유희'는 그리스 비극, '유혹'은 1870년 초에 자신이 한 두 차례의 강연을 가리킨 말인 것은 분명하다. 이 두 차례의 강연은 그의 첫 저서인 『비극의 탄생』의 토대가 됐다.

바젤대학에서 니체에게 특히 영향을 준 사람은 그보다 나이가 26살이나 위인 부르크하르트였다. 『이탈리아 르네상스 문화(Die Kultur der Renaissance in Italien)』라는 저서로 우리나라에도 널리 알려져 있는 그는. 그리스 문화와 르네상스에 대한 니체의 인식을 수립하는 데 많은 영향을 끼쳤다. 그는 쇼펜하우어의 정신을 구현한 인물이어서 니체에 대한 그의 영향도 쇼펜하우어에 대한 니체의 관심과 자연스럽게 연결됐다.

니체와 부르크하르트는 물론 그들과 같은 시대를 산 독일인들에게 문화는 문명과 구별되는 것으로 '정신적인 문명'을 의미하고, 그들은 프랑스인의 경우 문명은 갖고 있지만 독일인과 같이 문화를 갖고 있지는 못하다고 보았다. 즉 그들에게 문화란 민족의 정신적 창조물을 뜻하는 것으로, 국가라는 정치조직은 문화의 조건이기는 해도 문화의 일부분이 될 수는 없으며, 나아가 문화의 건설을 위해서는 국가가 마땅히 제거돼야 한다고 했다. 부르크하르트는 종교에서 문화가 생겨나긴 했지만 종교가 문화를 장악하는 것은 위험하다고 보았다는 점에서 니체와 생각이 일치했다. 아니, 니체는 더 극단적으로 나아가 종교와 문화를 분리시켰다.

여기서 주의해야 할 점은, 니체가 국가를 멸시한 것은 위와 같은 독특한 문화관에 따른 것이었을 뿐이지 권력으로서의 국가를 부정한 것은 아니라는 것이다. 이러한 니체의 생각은 사실 신성로마제국이 유지되기를 바라는 보수적인 사상에서 나온 것이고, 게르만 민족정신의 구현은 초인과 같은 위대한 인물의 영도에 의해서만 가능하다고 보는 관점과 직결된 것이며, 그리스와 같이 노예제에 토대를 둔 귀족주의 국가를 이상으로 본 니체의 정치이념으로 곧바로 이어지는 것이다.

니체의 철학 혐오

니체는 철학을 공부하고 연구한 사람이 아니라 도리어 철학을 평생 혐오한 사람이었다. 그는 고전문헌학이 싫어져 바젤 대학 철학과로 자리를 옮기려고 한 적도 있었지만 철학과 쪽에서 그를 받아들이기를 거부했다. 만약 니체가 지금 한국에 살아 있어 그렇게 하려고 한다 해도 마찬가지일 것이다. 우선 그에게 철학 학위가 없기 때문이다. 니체가 교수가 되고 난 뒤에 받은 학위인 '독토르(Doktor)'는 흔히 '박사'로 번역되지만, 사실 그것은 지금으로 치면 우리의 학사와 같은 것이었다. 게다가 니체는 겨우 논문 한 편만으로 학위를 받았다. 그 논문은 콩쿠르에 낸 것이었다. 콩쿠르 심사위원인 니체의 지도교수가 니체가 쓰는 논문의 제목을 알고서 처음부터 그 제목으로 논문공모의 논제를 제한한 덕분에 니체의 논문이 당선된 것이었다. 그러나 무엇보다도 니체가 대학에서 전공한 학문이 고전문헌학이었으니 철학과가 그를 교수로 받아줄 리 없었다.

니체가 고전문헌학을 전공해 그리스와 로마의 고전을 연구한 탓에 그가 쓴 책에는 그리스와 로마에 관한 이야기가 끝도 없이 나온다. 그는 그리스와 로마를 이상화하고 모델로 삼았다. 그리스도 로마도 모든 인간이 평등한 민주주의 사회가 아니라 수많은 노예를 거느린 극소수 귀족 중심의 사회였다. 그리스 민주주의를 대표하는 도시였던 아테네조차 불평등 사회였다. 아테네와 쌍벽을 이루었던 스파르타나 로마제국은 완전히 비민주주의적인 사회였다. 니체는 그런 비민주주의적인 그리스, 그것도 아테네가 아닌 스파르타를, 그리고 로마제국을 이상사회로 삼았다.

아테네에서 살면서도 스파르타를 좋아한 플라톤을 니체가 좋아했던 것도 그의 철학에 비추어 당연해 보인다. 플라톤은 아테네의 민주주의가 자기의 스승인 소크라테스를 죽였다는 이유에서 민주주의가 아닌 철인왕국을 꿈꾸게 됐다는 견해도 있지만, 그는 본래부터 민주주의를 싫어했다. 니체가 플라톤에 대해 그가 귀족적이었다는 점에서 훌륭한 인물이라고 본 것이나 귀족인 플라톤이 천민인 소크라테스를 만나게 되어 그의 변증법이라는 민주적 독에 쏘여 불행해졌다고 개탄한 것은 니체다운 판단이었다. 스승을 잘못 만나 불행해졌다는 것이다. 니체와 달리 나는 소크라테스와 플라톤 둘 다 똑같이 반민주주의자였으니 스승을 잘못 만난 것이 아니라 똑같은 사상의 스승과 제자라고 보지만,* 2400여 년 전에 우리와는 아무런 관계도 없었던 그리스에서 살았던 그들에 대해 더 따질 필요는 없다.

니체 반민주주의 사상의 발단

니체는 교수생활도 그답게 시작했고, 처음부터 문제를 일으켰다. 니체가 처음으로 한 학술 강연인 〈그리스의 음악 드라마〉에서 그는 그리스 비극이 디오니소스 축제에서 비롯됐다고 주장했다. 이런 그의 주장은 오늘날 그의 가장 중요한 업적 가운데 하나로 평가되지만, 19세기 당시의 일반적인 견해와 같은 것이어서 당시에도 문제가 되지 않았다. 문제가 된 것은 두 번째 학술 강연인 〈소크라테스와 비극〉에서 소크라테스에 의해 그리스 비극이 몰락하게 됐다고 한 주장이었다. 지금도 그렇지만 당시에 서양 문명의 원조로 존경받고 있었던 소크라테스에 대한 특이한 비판이었다. 이런 니체 특유의 비판은 그 자신이 말했듯이 당연히 '놀라움과 오해'를

■ * 박홍규, 『소크라테스 두 번 죽이기』, 필맥, 2005.

불러일으켰다.

니체에 의하면 그리스 비극을 몰락시킨 원흉은 디오니소스적인 것을 배제하고 합리주의적인 낙관론을 주장한 소크라테스와 그를 따른 에우리피데스(Euripides, B.C.484?~B.C.406?)라는 것이었다. 나아가 니체는 이성의 전능함을 믿는 현대의 학문도 소크라테스를 계승한 것이라고 비판했다. 그리고 "비극의 종말과 함께 고대 그리스인은 자신들의 불멸성을 포기"했고, 그 결과 "노예가 지배하게 된 셈"이라고 하면서 이런 경향을 소크라테스주의라고 부르고 소크라테스를 "음악 드라마의 파괴자"라고 비판했다.

니체가 바그너 부부에게 보낸 강연 초고에 따르면 그는 이 강연을 다음과 같은 말로 마무리하려고 했다. "이러한 오늘날의 소크라테스주의가 의미하는 바는 유대인이 장악한 언론입니다. 더는 말하지 않겠습니다." 니체는 끝을 이렇게 맺어 자기가 한 강연의 현실적 의미를 반유대주의로 부각시키려고 했지만, 그 부분을 삭제하라는 코지마 바그너의 충고에 따랐다. 철두철미한 반유대주의자였던 코지마가 그 부분의 내용에 대해 반대한 것이 아니라, 단지 그 부분이 오해를 불러일으킬 수 있다는 이유에서 그것을 삭제하라고 충고한 것이었다. 삭제된 부분이 밝혀진 지금 우리는 "니체는 반유대주의자가 아니었다"는 니체주의자들의 주장을 더 이상 믿을 수 없다.

그해 여름에 니체는 「디오니소스적인 세계관」에서 상반되는 성격을 가진 아폴론과 디오니소스를 이용해 그리스 비극을 설명했는데, 이는 결코 니체의 독자적인 견해가 아니었다. 그가 쇼펜하우어의 『의지와 표상으로서의 세계』에 따라 디오니소스적인 것을 의지의 세계로, 아폴론적인 것을 표상의 세계로 본 것도 새로운 관점이 아니었다. 그리스 문화를 디오니소스적인 것과 아폴론적인 것의 양극복합체로 파악하는 관점은 부르크하르트가 이미 제시한 것이었다. 따라서 그리스 비극을 디오니소스적인 것(자유분방한 음악이 대표하는 것)과 아폴론적인 것(아름다운 형식과 명확한 구조를 갖는 조각이 대표하는 것)의 균형 잡힌 종합으로 보는 니체의 관점은 부르크하르트의 견해를 비롯한 기존의 견해를 답습한 것이었을 뿐이다. 이런 관점은 아폴론적인 것만을 찬양한 칸트 등에 대한 비판이기는 했으나 결코 니체의 독창적인 견해가 아니었다. 니체는 1870년 6월에 쓴 「비극적 사유의 탄생」에서도 이런 관점을 다시 내세웠다. 그러나 문제가 되는 것은 답습이든 아니든 그런 이론적인 부분이 아니라 그것이 보여주는 니체의 반민주주의적 현실감각이었다.

니체가 이런 강연활동을 한 직후인 1870년 7월에 보불전쟁이 터졌다. 이 전쟁을 디오니소스적 분출로 본 니체(이 점에서 니체는 참으로 '독창적'이었다!)는 간호병으로나마 참전하려고 자원입대했다. 그는 전선으로 가던 도중에 기병대의 행진을 보게 되자 "가장 강하고 고귀한 삶을 향한 의지는 생존싸움이 아니라 권력에의 의지, 즉 전쟁과 지배를 향한 의지에서 발견된다는 것을 나는 처음으로 느꼈다"고 감탄했다. 여기서 우리는 '권력에의 의지' 또는 '힘에의 의지'라는 니체의 개념이 어떻게 생겨났고 그것이 무엇을 의미하는지를 확실하게 알 수 있다. 그것은 바로 전쟁과 지배를 위한 의지였다.

■　＊ 우도 쿨터만, 김수현 옮김, 『미술사의 역사』, 문예출판사, 2002, 247쪽.

니체는 비참한 전장을 "현존재를 치료하는 것"이라고 미화하면서 찬양하고 그렇게 보는 것이 "바로 디오니소스적인 세계관"이라고 했다. 독자들은 아마도 평생 발휘해보지 못했을 놀라운 상상력, 즉 비참한 전장을 아름다운 것으로 보게 해주는 강인한 군인의 상상력을 갖고 있어야만 비로소 니체를 이해할 수 있다. 이러한 니체의 초기 글에 대한 다음과 같은 한국어 번역자의 해설, 즉 "니체는 인간의 행위에 내재하고 있는 야만성이 오직 철학에 의해서만 제어될 수 있다고 주장한다"(전집3, 482)는 해설은 앞에서 내가 한 설명과는 정반대다. 니체는 반민주적이고 권력지향적이며 전쟁을 찬양하는 자신의 사상을 1871년에 쓴 『소크라테스와 그리스 비극』과 1872년에 쓴 『호메로스의 경쟁』에서도 거듭 피력했다.

군인 니체

1871년 니체는 파리코뮌의 실패를 보고 사회주의에 대항해 독일이 일어설 수 있다는 희망에 부풀어 친구에게 다음과 같이 썼다.

우리는 다시 희망을 가져도 돼! 우리 독일인의 사명은 아직 끝나지 않았어! 나는 전에 없이 다시 힘이 더 솟아. 왜냐하면 프랑스-유대인의 천박화와 '우아함' 아래서도 그리고 '오늘'의 야심적 충동 아래서도 아직 모든 것이 다 끝나지 않았기 때문이야. 아직 용기가 있어. 그것도 독일적 용기 말이지. 이것은 가련한 우리 이웃의 저돌적 행위와는 내면적으로 다른 용기야. 민족들의 투쟁을 뛰어넘어 우리를 공포에 젖게 한 것은, 전혀 다른 미

래 투쟁의 고지자로 갑자기 무시무시하게 나타난 저 국제적인—히드라의 머리야.[*]

몇 달 뒤 니체는 위에서 말한 '민족들의 투쟁'에 대해 바그너에게 바친 『비극의 탄생』 헌사 편지에서 프로이센의 승리를 확신하며 그 이유를 다음과 같이 썼다.

우리가 보다 깊은 일체의 철학과 예술 고찰의 철저한 적으로 간주하는 그 어떤 것, 말하자면 하나의 질병이 없어질 것이기 때문입니다. 그 질병이란 프랑스대혁명 이래 독일적 본질에 고통을 주었고 언제라도 재발하여 가장 훌륭한 독일적 본성을 침해하는 중풍의 질병입니다. 그것은 그 고통을, 본래는 좋은 의미의 말이었던 것을 더럽혀 천박하게 '자유주의'라고 불러 거대한 대중을 완전하게 침묵시키는 것입니다.[**]

이어 29세의 니체는 1873년 가을에 다음과 같이 썼다.

나의 출발점은 프로이센의 병사이다 : 여기에 진정한 관습이 있다. 또한 여기에 형식과 관련된 강압, 진지함, 훈육이 있다. 그 관습은 욕구에서 생겨났다. 물론 '단순함과 자연적인 것'에서 멀리 벗어나 있다! 역사에 대한

■ * 1871년 6월 21일 프라이헤른 게르스도르프(Freiherrn von Gersdorff)에게 보낸 편지. Schlechter판 『니체전집』, 제3권, 1092쪽 이하: Georg Lukacs, *Die Zerstörung der Vernunft, Georg Lukacs Werke, Band 9*, Luchterhand, 1962, 284쪽 재인용.
** Schlechter판 『니체전집』, 제9권, 142쪽: Georg Lukacs, 앞의 책, 369쪽 재인용.

병사의 입장은 경험적이다. 따라서 확신에 차 생동적이나 교육받지는 못했다. 그 관습은 몇몇 사람에게는 거의 신화적이다. 그 관습은 육체의 훈육과 가장 고통스럽게 요구된 책임감에서 시작된다.[*]

루카치는 위의 글을 인용하면서 "청년 니체가 무엇에 도취되어 있는지 여기서 뚜렷이 드러난 바와 같이, 그가 주요 적을 그리는 윤곽도 마찬가지로 분명하게 나타난다"고 했다.

니체의 반민주적인 교육관과 진리관

니체는 1872년 초에 〈우리 교육기관의 미래에 대하여〉라는 주제로 5회에 걸쳐 긴 강연을 했다. 플라톤의 대화를 모방한 특이한 형식으로 진행된 이 강연은 그 전에 그가 한 강연과 관련해 그에게 가해진 비난을 반박하려는 의도에서 이루어진 것이었다. 이 강연은 니체 사상의 핵심인 반민주주의와 반사회주의를 집약적으로 보여준다. 이는 그 강연의 초안에서 다음과 같이 말했다.

가장 일반적인 교양, 즉 야만이야말로 공산주의의 전제이다. … 일반적 교양은 참된 교양에 대한 증오로 이행한다. … 어떤 수요도 갖지 못하는 것이 민중에게는 최대의 불행이라고 과거 라살레는 설명했다. 노동자교양조

■　* 전집5, 354~355.

합(여러 가지 의미에서 나는 그것을 이러한 경향의 것이라고 불러 좋다고 생각한다)이 수요를 낳는 것은 이러한 것에 유래한다. … 따라서 교양을 가능한 한 일반화하고자 하는 욕망은 그 원천을 완전한 세속화로, 즉 도구로서의 교양을 소득의 하위에 세우고, 또 어중간하게 이해된 지상의 행복의 하위에 세우는 것에 있다.

이 강연의 번역자는 "니체 철학에 함축되어 있는 반민주주의적 성격에 불편해 할 필요는 없다. 우리가 추구하는 지식이 우리의 삶에 기여하기보다는 오히려 삶을 훼손할 수 있다는 그의 통찰은 여전히 곱씹어볼 만한 가치가 있기 때문"이라고 한다. 과연 그런가? 과연 니체가 반대하는 민주주의적 지식은 우리의 삶을 훼손하는 것이고, 니체의 반민주주의는 우리의 삶에 기여하는 것인가?

니체는 이 강연에서 당시에 김나지움과 대학에서 가르친 '대중 교양'에 철저하게 반대하고, '천재를 위한 그리스 로마 고전 중심의 교양'을 '독일 정신'에 충실한 것으로 옹호한다. 니체에 의하면 '대중 교양'은 "소득과 가능한 한 최대의 화폐 수입"을 목적으로 하는 '교양 확대'와, 학자에게는 전문성이 필요하다는 이유로 교양을 무시하는 '교양 축소'로 나타난다. 그 가운데 니체가 적극적으로 반대한 것은 학자의 '교양 축소'가 아니라 대중의 '교양 확대'에 대해서였다. 니체는 대중 교양이 "지성의 제국에 존재하는 자연적 서열을 없애려고 투쟁"하고 "국민의 무의식에서 솟아나는 가장

* Schlechter판 『니체전집』, 제9권, 425쪽: Georg Lukacs, 앞의 책, 285쪽 재인용.

고귀한 교육의 힘", 즉 "천재를 낳아 올바르게 양육하는" 교육을 파괴한다고 말한다. 이처럼 니체가 주장하는 것은 천재교육이고, 그가 반대하는 것은 민주교육이다. 이런 니체를 찬양하는 우리의 철학자는 한국의 교육을 민주교육이 아닌 천재교육으로 되돌리자고 주장하는 것인가?

니체가 독일 정신을 철저히 옹호한 것도 그의 교육관과 연결된다. 니체는 "비게르만적인 프랑스 문화"가 독일 정신을 위협하는 독소가 되고 있다고 주장하고, 그것이 "평범하고 불확실한 취미로 모방되고 있으며, 그런 가운데 독일 사회와 언론, 예술과 문체에 위선적인 형태를 부여"하여 그런 것들을 반(反)독일적인 국제주의적인 것으로 만든다고 비판했다. 이어 그는 초국가적인 보편주의를 부정하고 "더욱 단단하게 독일 정신을 붙들어야 한다"고 역설하면서 다음과 같이 말했다.

> 이 정신은 종교개혁과 독일음악 속에서 그 자태를 드러냈으며, 독일철학의 엄청난 용맹성과 엄격성 속에서, 그리고 최근에는 독일 군인들의 검증된 충성에서 저 끈질긴, 모든 허상을 싫어하는 힘을 증명했습니다.

여기서 니체는 독일 정신을 보여주는 것으로 루터의 종교개혁, 바그너의 독일 음악, 쇼펜하우어의 독일 철학, 그리고 독일 군인을 들었다. 그 가운데 핵심은 독일의 군인정신이었다. '독일 군인들의 검증된 충성'은 앞에서 말한 1870년의 전쟁에서 니체 자신이 감격적으로 목격한 것이었다. 바로 그런 군인정신이 그의 교육사상을 구성하는 핵심 요소였다. 그는 "모든 교양은 현재 학문적 자유로 떠받들어지는 것의 정반대로부터,

다시 말하면 복종과 순종, 훈육, 굴종과 함께 시작"하는 것이자 "위대한 지도자와 스승을 필요로 하며 그들의 보호에 의탁해야만"하는 것이며, 따라서 "고귀한 재능을 가진 성장기의 청소년들은 강제로라도 좋은 취향과 엄격한 언어 훈련의 통제 아래 두어야" 한다고 했다.

여기서 니체주의자들에게 다시 물어보자. 이렇게 천재 중심의 기계적 교육을 주장하는 니체의 반민주주의적 교육관이 우리의 삶에 어떻게 기여한다는 것인가? 그런 교육이라면 오로지 극소수 엘리트의 삶에만 기여하는 것이 아닌가? 니체의 교육관은 오늘날 한국에서 주장되는 가장 보수적인 교육관, 즉 그나마 대중교육을 전제로 하면서 능력의 차별에 따른 수월성 교육이나 영재교육을 실시할 필요가 있다는 교육관도 부정하는 것일 뿐만 아니라 대중교육 자체도 거부하는 것이다. 그런데도 우리의 철학자가 니체의 교육관이 "곱씹어볼 만한 가치"가 있다고 주장하는 이유는 무엇인가?

니체는 종교개혁, 바그너, 쇼펜하우어, 독일 군인을 찬양했지만 25세에 매독이 발병한 뒤로는 이런 태도에 급격한 변화를 보였다. 그렇다면 그는 젊은 혈기에 취해 독일문화를 찬양한 것이었고, 나중에 그가 독일문화를 비판한 것은 그의 사상이 성숙된 결과였다고 볼 수도 있다. 그러나 니체의 반민주주의 입장이 초기부터 말기까지 전혀 변하지 않는다는 것이 중요하다. 독일문화에 대한 그의 평가는 변했지만, 그의 반민주주의는 평생 변하지 않았다. 이렇게 볼 때 니체 사상의 핵심은 반민주주의이지 독일문화에 대한 평가가 아니다.

1873년에 출판된 『비도덕적 의미에서의 진리와 거짓』은 니체의 진리이론과 언어철학의 정수를 보여주는 글로서 최근 포스트모더니스트들에 의해 다시 주목받고 있다. 니체가 "진리란 유동적인 비유"라면서 전통철학이 이런 점을 망각하고 개념을 비유에 우선하는 것으로 보았다고 비판했기 때문이다.

니체는 "인간은 궁핍과 권태 때문에 사회적으로, 그리고 무리를 지어 실존하고자 하기 때문에 평화조약을 필요로 하고, 그 후에는 조야하기 짝이 없는 만인에 대한 만인의 투쟁이 자신의 세계에서 사라지도록 노력"하면서 '진리'라는 것을 고정시켜 '거짓'과 대비시킨다고 주장했다. 즉 인간은 "진리가 가져다주는, 삶을 보존하는 편안한 효과들을 욕망한다"는 것이었다.

또한 니체는 낱말들의 모호함을 분석하면서 "우리는 본래의 본질들과는 전혀 일치하지 않는 비유들 외에는 사물들에 관해 아무것도 갖고 있지" 않고, "철학자가 작업하고 세우는 전체 재료는 그것이 설령 공중누각에서 나온 것은 아니라고 하더라도, 아무튼 사물들의 본질에서 유래한 것은 아니다"라고 주장했다. 이어 그는 진리란 "유동적인 한 무리의 비유, 환유, 의인"이라고 규정하고, 진리는 '환상'이라고 했다.

여기까지는 나도 니체와 포스트모더니스트들의 주장에 기본적으로는 찬성한다. 낱말들의 모호함으로부터 진리를 환상이라고 단정하는 결론을 내리는 과정에서 논리의 비약이 심하긴 하지만, 나는 기본적으로는 그들의 주장에 찬성할 수 있다. 문제는 그다음에 있다. 니체는 "위계에 따라 거대한 피라미드 모양의 질서를 건립"하고, "법칙과 특권과 종속과 경계설정의 새로운 세계를 창조"하며, "카스트 질서와 카스트 계급의 순서를 절대로 어기지 않는 것"에 의해 참된 진리를 얻을 수 있다고 했다. 이는 명백한 반민주주의적인 진리관이다. 그런데 니체주의자들은 니체가 이런 반민주주의적 진리관을 피력한 점에는 전혀 주목하지 않고 그가 '예술가적으로 창조하는 것'을 강조한 점에만 주목한다. 그들은 『비극의 탄생』 등의 저서에서 니체가 '디오니소스적 예술창조'를 주장했다는 것 만 중시한다. 그러나 니체의 핵심은 반민주주다. 니체의 반민주주의 사상은 그의 생애 중 초기단계에 이미 확고하게 수립돼 평생 동안을 그를 지배했다.

1886년에 니체는 자신이 『비도덕적 의미에서의 진리와 거짓』을 쓴 1873년 무렵, 이미 쇼펜하우어와 결별했다고 주장했다. 그러나 뒤에서 다시 보겠지만, 니체는 1873년 이후에도 상당기간 쇼펜하우어에 의존했으므로 그 무렵에 자기가 쇼펜하우어와 결별했다는 니체의 주장을 그대로 받아들여서는 안 된다.

니체의 반민주적 예술관

1870년 7월 전장에 나갔던 니체는 병이 들어 10월에 바젤로 돌아와 『비극의 탄생』을 쓰기 시작했다. 그 원래의 제목은 '음악정신으로부터의 비극의 탄생'이었으나 1886년에 나온 신판의 제목은 『비극의 탄생, 또는 그리스정신과 허무주의』로 바뀌었다. 니체는 이 책의 초고에 전쟁은 삶의 원동력이자 삶의 희망이라는 내용을 집어넣었으나 결국 그 부분을 삭제해야 했다.

니체가 처음으로 쓴 철학적 저서인 『비극의 탄생』은 앞에서 본 두 개의 강연과 큰 차이가 없다. 니체는 이 책에서 소크라테스의 사상을 페시미즘이라고 하여 거부하고 대신 바그너의 음악과 쇼펜하우어의 사상을 '독일적인 것' 내지 '디오니소스적인 것'으로 내세웠다. 이 책은 기독교에 대한 비방을 한 것도 그렇지만 반민주주의적인 내용이 많다는 점에서도 니체 사상의 토대가 됐다. 이 책에서 니체는 다음과 같이 말했다.

민주주의적 취향의 모든 '현대적 이념들'과 편견들에 대항하여 승리한 낙천주의, 우세해진 합리성, 실천적이고 이론적인 공리주의, 그리고 공리주의와 함께 동시에 나타난 민주주의 자체가 어쩌면 약화되는 힘, 다가오는 노쇠, 생리적 피로의 징후인 것은 아닌가?

그러나 당시에 민주주의는 약화되지도, 노쇠해지지도, 생리적으로 피로해지지도 않았다. 니체 본인도 "독일정신이 유언을 남기며 마침내 퇴임해버리고, 제국건설이라는 허울 좋은 구실 아래 평범화와 민주주의로, 그리고 현대적 이념들로 이행해버렸다"고 개탄한 바 있다. 당시에 민주주의는 계속 발전하고 있었다. 그럼에도 니체는 민주주의에 반대하는 주장을 계속 폈다.

우리는 다음 사실을 알아야 한다. 알렉산드리아적 문화가 지속적으로 존재하려면 노예계급이 필요하다는 것을. 그러나 이 문화는 실존을 낙천적으로 보기 때문에 그런 계급의 필요성을 부정하고, 그래서 '인간의 존엄성'

이나 '노동의 존엄성'과 같은 아름다운 유혹의 단어나 위안의 말의 효과가 소진되면 서서히 참혹한 파멸의 길을 걷는다. 자신의 존재를 불의로 보는 법을 배우고, 자신을 위해서, 또 후세를 위해서 복수를 다짐하는 야만적인 노예계급보다 더 무서운 것은 없다.

여기서도 볼 수 있듯이 이 책은 틀림없는 반민주주의적 책이다. 이 책은 현대의 본질이 민주주의에 있다고 보며, 그 민주주의에 반대하는 논지를 전개한다. 그런데 이 책의 번역자는 니체가 예술에 대립하는 학문을 문제로 삼았다고 한다. 물론 틀린 말은 아니지만 이 책에 대한 본질적인 이해는 아니다. 니체에게 학문이란 민주주의 문화의 하나로 부정해야 할 대상일 뿐이었기 때문이다.

이 책에서 니체는 독일 민주주의에 대해 "신화의 인도를 받지 못한 추상적인 인간, 추상적인 교육, 추상적인 윤리, 추상적인 법, 추상적인 국가"라고 비판하는 반면, 독일문화에 대해서는 "민족과 문화의 일체성"이 특징인 프랑스문화에 비교해볼 때 "건강하고 멋진 태고"의 신화를 갖고 있다는 점에서 우월하다고 찬양했다.

심연으로부터 독일의 종교개혁이 자라나왔다. 개혁의 합창 속에서 독일음악의 미래양식이 가장 먼저 울려 퍼졌다. 루터의 합창은 깊고 용감하고 너무나 훌륭하고 부드럽게 울려 퍼졌다. 그것은 무성하게 자란 덤불로부터 봄이 가까이 있음을 느끼고 솟아오른 최초의 디오니소스적 유혹의 소리다.

『비극의 탄생』은 니체의 초기 강연과 마찬가지로 당시에 악평을 받았다. 이 책에 대해 지도교수 리츨은 자신의 일기에서 "재주 있는 술주정"이라고 했고, 다른 학자들도 혹평을 가했다. 그 이유는 단순히 "방대한 참고문헌과 각주가 없어서"가 아니라 그의 초기 강연과 마찬가지로 이 책도 소크라테스에 대한 부정적인 평가를 비롯한 많은 문제점을 안고 있었기 때문이었다.

그러나 바그너가 호평을 해주었다는 점에서는 니체에게 이 책이 성공이었다고 할 수도 있다. 이 책에서 니체는 바그너가 그리스 비극을 재생했다고 극찬했다. 바그너가 당연히 호평할 만했다. 또한 이 책을 호평해준 바그너에게 니체가 그 뒤에 더욱 더 기울어진 점도 충분히 이해할 수 있다.

그러나 그런 것은 중요한 게 아니다. 이 책에서 니체는 그리스 비극을 잘못 해석했다. 그리스 비극은 하나의 예배의식이었다. 더 나아가 연극이 정치와 연결되면서 폴리스의 각종 행사와 관련해 노천극장에서 공개적으로 상연되었다. 그 무대는 마치 민주주의의 국립극장과 같았다. 니체는 이런 민주주의적 요소를 고의로 무시하거나 왜곡했다.

이보다 더욱 중요한 점은 니체가 강조한 '디오니소스적인 것'은 사물에 대한 이론적인 이해와 사람들의 일상적 도덕을 완전히 부정한다는 것이다. 특히 디오니소스적인 것이 초래하는 무아경의 환희는 인간으로 하여금 개인성을 상실하게 하고 자연 속으로 용해되게 하는데, 이런 것을 중시하는 니체의 태도는 대단히 위험한 비합리주의 및 탐미주의로 연결된다. 디오니소스적인 것과 관련된 니체의 주장이 기존의 전통을 전복하는 태도를 낳았고 문화적 전위주의에 영향을 끼쳤다는 점은 인정할 수 있다 하더라도, 동시에 그것이 반민주주의적인 사고를 초래했다는 점을 무시할 수 없다. 이런 점에서 이 책은 니체의 반민주주의를 원형으로 보여주며, 이런 점에서 우리는 이 책을 비판적으로 보아야 한다. 니체가 이 책을 낸 뒤로 그의 사상이 다양한 변화를 보여주지만, 그로 하여금 디오니소스적인 것을 삶의 철학으로 고수하게 한 그의 반민주주의적 사상의 본질은 결코 변한 적이 없다.

아폴론과 디오니소스 둘 다 그리스 신화에 나오는 신이다. 그리스 신화는 서양문화의 원류로 간주되며, 그리스 신화에 관한 책은 우리나라에서도 널리 읽혀 왔다. 그러나 그리스 신화에 대한 니체의 해석은 민주주의에 대립하는 성격을 갖고 있다. 니체는 신화를 중시했다. 그가 어렸을 적에 횔덜린에 빠진 것도, 그 뒤에 바그너에 빠진 것도 그들이 신화의 부활을 주장했기 때문이었다. 또한 나중에 니체가 바그너와 헤어지게 된 배경에도 신화에 대한 이견이 깔려 있었다. 니체는 신화를 종교에 대립하는 것으로 본 반면 바그너는 오히려 종교적 가치, 특히 기독교적 가치를 내포한 신화를 창조했던 것이다.

이처럼 니체가 평생 일관되게 민주주의에 반대한 이유는 그것이 노동자 대중의 해방을 내세우면서 '노동의 존엄성'과 '인간의 존엄성'을 선전해 결과적으로 노동자들로 하여금 스스로 불리한 처지에 있다고 느끼게 만들고 반민주주의적인 문화를 혐오하게 만들어 사회의 정의로운 상태를 위협한다고 생각했기 때문이었다.

우리는 앞에서 임금을 인상하고 노동시간을 단축하라는 노동자들의 요구와 그들에 대한 교육에 니체가 얼마나 적대적이었는가를 보았다. 초

DIE

GEBURT DER TRAGÖDIE

AUS DEM

GEISTE DER MUSIK.

VON

FRIEDRICH NIETZSCHE,

ORDENTL. PROFESSOR DER CLASSISCHEN PHILOLOGIE AN DER
UNIVERSITÄT BASEL.

LEIPZIG.
VERLAG VON E. W. FRITZSCH.
1872.

〈사진 9〉 니체의 『비극의 탄생』, 1872년.

기 저작을 포함해 니체의 모든 저작은 바로 이러한 노동자 멸시 및 문화적 우월주의에서 비롯되었다. 니체는 「그리스 국가」에서 노동을 '치욕'으로 생각한 그리스 사회를 찬양하고, '노동의 존엄성'을 주장하는 현대인을 노예라고 규정했다.

> 노예는 살기 위해 자신의 모든 관계를 자신의 본성대로 기만적인 이름으로 표시해야 한다. 인간의 존엄, 노동의 존엄과 같은 허깨비들은 자기 자신 앞에서 스스로를 감추는 노예제도가 만들어낸 빈약하기 짝이 없는 산물이다. … 이제 이 노예는 속이 훤히 들여다보이는 거짓말로, 이른바 '만인의 동등한 권한' 또는 '인간의 기본권', 인간으로서의 권리, 또는 노동의 존엄처럼 예리한 시선을 가진 사람이면 누구나 알아차릴 수 있는 거짓말로 하루하루를 이어가야 한다.

여기서 주의할 점은 니체가 '인간의 존엄성'을 '거짓말'이라고 한 이유가 그 말이 '무구한 노예'를 타락시킨다고 보는 그 자신의 관점에 있다는 사실이다. 그래서 니체는 "예술이 발전할 수 있는 넓고 비옥한 땅이 있으려면 엄청난 다수는 소수를 위해 종사해야만 하고, 자신들의 개인적인 욕구의 정도를 넘어서 삶의 노고에 노예처럼 예속되어 있어야 한다"면서 "특권계급은 다수의 희생과 잉여노동을 딛고 실존투쟁에서 벗어나서 … 새로운 욕구의 세계를 생산하고 만족시켜야 한다"고 주장했다. 이어 그는 문화의 본질에는 노예제도가 속해 있으며 "공산주의자와 사회주의자들, 그리고 창백한 그 후예들, 즉 '자유주의자'라는 백인종족이 예술과 고전적인 고대 그리스에 대해 품었던 원한의 원천이 있다"고 주장하면서 기독교를 그 하나의 원흉으로 지적했다.

나아가 그는 문화를 "피에 흠뻑 젖은 승자, 즉 패자들을 노예로 자신의 마차에 묶어 끌고 오면서 개선행진을 하는 승자"에 비유하고 그리스만이 아니라 원시 기독교, 게르만 문화, 중세도 노예를 인정했음을 강조하면서 유럽의 현대문화는 노예제도를 결여하고 있기 때문에 망할 것이라고 예언했다. 이어 그는 폭력이 국가의 기원이라고 주장하고 국가를 찬양한 뒤 '자유주의적-낙관주의적 세계관'을 다음과 같이 비판했다.

> 이 세계관은 프랑스 계몽주의와 혁명, 즉 매우 비게르만적이고 전형적인 로만계의 피상적, 비형이상학적 철학에 그 뿌리를 두고 있다. 나는 현재 유행하고 있는 민족주의 운동과 이와 동시에 일어나는 일반적 표결권의 확산에서 특히 전쟁의 공포가 미치는 영향을 보지 않을 수 없다.

이상과 같은 초기 니체의 반민주주의는 뒤에서 보게 되는 중기와 말기 니체의 반민주주의의 토대가 됐으나 이런 점은 그동안 무시됐다. 또한 니체주의자들은 니체의 저작 중 『비극의 탄생』에 나오는 예술과 관련된 내용에만 관심을 집중했고, 포스트모더니스트들도 『비극의 탄생』이나 『비도덕적 의미에서의 진리와 거짓』에 관심을 기울이면서도 그 안에 들어있는 반민주주의적인 내용은 무시하고 있다. 니체에 대한 지극히 부분적인 해석은 초기 니체에 대한 전체적인 이해를 해칠 뿐 아니라 니체 사상의 본질인 반민주주의를 외면하기 때문에 대단히 큰 문제가 있다.

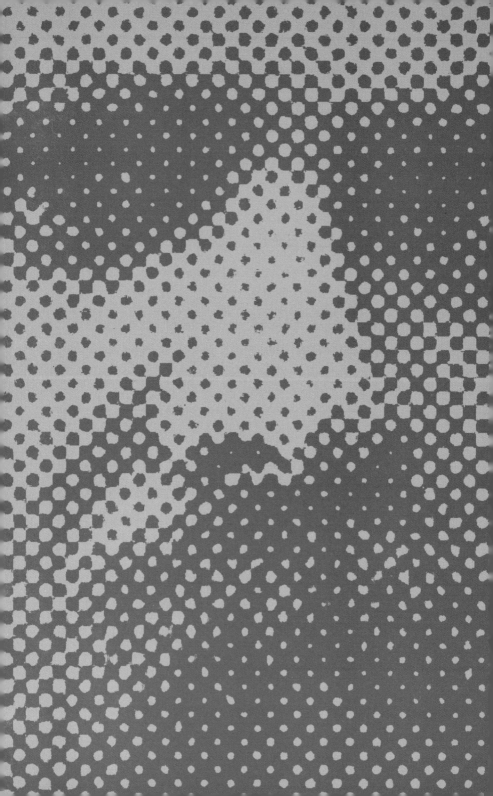

5.

니체 반민주주의의
전개

니체의 급격한 변화

니체가 참전했던 1870년 전쟁에서 프로이센이 프랑스에 대해 압승을 거둔 뒤 1871년 프로이센을 중심으로 독일제국이 수립되자 니체는 독일의 현대 민주주의 문화(자본주의와 민족주의 등 여러 다른 요소와 함께)에 더 철저하게 등을 돌리는 대신, 그동안 비난해온 프랑스 문화에 대해 그 우월성을 주장하기 시작했으며, 쇼펜하우어와 바그너를 비판하기 시작했다.

『반시대적 고찰』은 바로 그 변화를 보여주는 니체의 저작이지만, 니체주의자들은 일반적으로 이것을 초기 니체의 저작인 『비극의 탄생』과 함께 '예술적인 탐구'로만 본다. 그들과 달리 나는 『반시대적 고찰』에서 니체가 대표적인 독일문화 우월주의자이자 대중적 합리주의자인 헤겔 좌파 철학자 슈트라우스(David Friedrich Strauss, 1808~1874)를 '교양속물'로 비판했다는 지점에 주목할 필요가 있다고 생각한다. 바로 그의 사상에 변화가 일어났음을 보여주기 때문이다.

니체가 비난한 독일문화 우월주의란 단순히 쇼비니즘을 가리킨 것이 아니라 당시 독일제국이 지향한 민주주의를 가리킨 것이었다. 따라서 이때 독일에 대한 니체의 태도는 달라졌지만 여전히 반민주주의자라는 점에서 달라진 게 전혀 없었다. 굳이 니체가 변했다고 한다면, 1871년 이후에 민주주의가 발전하는 것에 대응해 그가 더욱 더 반민주주의를 강조하게 된다는 점을 변화로 꼽을 수 있을 뿐이다.

바그너에 대한 니체의 태도가 변한 것도 같은 맥락으로 볼 수 있다. 『반시대적 고찰』에서 니체는 바그너를 '독일정신＝그리스의 디오니소스 정신'의 구현자로 찬양했다. 그러나 『비극의 탄생』에서보다는 바그너를 소극적으로 평가했다. 또한 그는 『반시대적 고찰』을 쓴 뒤에 쓴 『인간적인, 너무나 인간적인』(1879)에서 마침내 바그너를 '민주주의자인 기독교도'로 공공연하게 비판했다. 그러나 니체 자신의 설명에 따르면, 바그너에 대한 그의 태도는 이미 1876년의 바이로이트 축제 이후에 급변했다. 『인간적인, 너무나 인간적인』에서 니체는 다음과 같이 바그너를 비판했다.

외견상으로는 최고의 승리자였지만 사실은 부패해버린 절망적인 낭만주의자 리하르트 바그너가 갑자기 의지할 데 없이 무너져 버린 채 기독교의 십자가 앞에 무릎을 꿇었던 것이다. … 도대체 당시 이 무서운 광경을 볼 수 있는 안목을 머릿속에, 또 동정심을 양심 속에 가지고 있었던 독일인은 한 사람도 없었단 말인가?

바그너가 기독교에 항복한 것이 그리도 '무서운 광경'이라고 니체가 말한 이유는 기독교가 민주주의적인 종교이자 노예 종교이기 때문이다. 위 구절에 이어 니체는 그로부터 얼마 뒤 자신이 병에 걸렸다고 하면서 "나는 우리 근대의 인간들에게 열광적인 것으로 남아 있는 모든 것, 그리고 도처에서 낭비되는 힘, 노동, 희망, 젊음, 사랑에 대한 끊임없는 실망으로 지쳐"버렸다고 밝혔다. 이 대목에서 니체가 민주주의의 발전을 보고 더욱 절망했음을 알 수 있다.

니체는 이어 『즐거운 학문』(1882)에서 바그너를 '고귀한 그리스적인 것'에 적대적인 '천박한 독일 민주주의적이고 기독교적인 것'이라고 더욱 강력하게 비판했다. 특히 독일문화에 대해 격렬하게 비판하기 시작했다. 우리가 앞에서 본 자신의 초기 견해와 달리 독일문화는 종교개혁으로 르네상스의 발전을 방해했고, 다른 나라에서 빌려온 여러 잡다한 양식을 소화하지도 못한 채 받아들이는 무취미한 밥통으로 전락했다고 비판했다.

니체는 1879년 이후, 자신이 그 전에는 그리스의 모방에 불과하다고 비난했던 로마 문화를 재평가하는 한편 프랑스 문화야말로 고대 그리스와 로마 정신의 부활이자 이탈리아 르네상스의 과제를 계승한 것이라고 했다. 여기서도 니체는 '그리스=반민주주의=르네상스 예술=프랑스=통일적 양식'에 '독일=기독교 종교개혁=민족주의=비통일적 밥통'을 대립시키는 자신의 도식적 역사이해를 드러내고 있다.

그런데 프랑스에 대한 니체의 재평가는 특정한 개인들의 천재성에만 집중하고 그들이 갖고 있는 고대적 성격을 찬양한 것이어서, 그 자체가 반민주적인 발상에 토대를 두었다고 할 수 있다. 니체는 몽테뉴, 라로 슈푸코(François de La Rochfoucauld, 1613~1680), 라브뤼예르(Jean de La Bruvére, 1645~1696), 퐁트넬(Bernard Le Bovier Fontenelle, 1657~1757), 파스칼(Blaise Pascal, 1623~1662) 등 모랄리스트의 전통에서 스토아적인 위대한 그리스 정신 내지 로마 정신의 부활을 보았다. 니체는 그들의 엄격한 자기음미와 그것을 표현한 분명하고도 섬세하며 우아한 문체를 높이 평가했고, 독일인들에 대해서는 애매하고 공상적인 관념론이나 이상주의에 젖어 있다고 비난했다. 또한 프랑스 궁정의 연애문화에서 비롯된 '에스프리'는 고대의 그리스에 없었던 것임에도 니체는 고대 그리스도 그것을 사랑했으리라는 이유에서 그것을 긍정했다. 나아가 그는 프랑스를 '남북 유럽의 종합'이라고 평가했다.

반면에 니체는 평등과 박애를 중시한 루소나 위고(Victor Marie Hugo, 1802~1885) 같은 민주주의자, 로베스피에르(Maximilien François Marie de Robespiere, 1758~1794) 같은 혁명가, 보들레르(Charles Pierre Baudlaire, 1821~1867) 같은 '퇴폐'적 낭만주의자에 대해서는 혐오감을 드러냈다. 니체는 그들의 본질을 프랑스가 아닌 영국(민주주의)과 독일(퇴폐적 낭만)에서 찾았다. 민주주의는 프랑스의 것이 아니라 영국의 것이고, 퇴폐적 낭만도 프랑스의 것이 아니라 독일의 것이라는 주장이었다. 니체는 독일에 속하는 어떤 것에 대해 긍정적인 평가를 내릴 때에도 그것이 독일적인 것이어서가 아니라 프랑스 문화를 계승한 것이어서 우수하다고 했다. 예를 들어 괴테와 실러는 루소와 프랑스를 통해 계승된 스토아적 로마에 뿌리를 갖고 있고, 독일의 가장 위대한 음악가들은 모두 외국인인 게 사실이며, '위대한 독일'이라는 것은 그 실상을 망각한 후손의 과도한 편견이라고 주장했다.

니체는 폴란드가 독일을 지배했던 것을 미루어 자신이 폴란드 귀족의 후예라고 자처하며 반독일적 성향을 드러냈고, 폴란드가 슬라브족 중에서 가장 프랑스적이라고 평가하기도 했다. 또한 니체는 프리드리히라는 자신의 이름이 국수주의자인 황제의 이름을 딴 것이라는 점을 부끄러워해서 이름이 프리드리히였던 많은 왕들 가운데 자기 마음에 드는 13세기의 무신론자 왕을 찾아내 자신은 그와 피가 통한다고 주장했다. 1882년 봄에는 그 왕이 다스렸던 시칠리아를 여행하기도 했다.

이때 니체가 보여준 또 하나의 급변은 흔히 유대인에 대한 견해를 바꾼 것이라고 하나 사실은 그렇지 않았다. 앞에서 보았듯이 1870년 이전의 니체는 분명히 반유대주의자였다. 니체가 반유대주의자가 아니었다는 주장은 근거가 없다. 바그너와 그의 부인인 코지마도 노골적인 반유대주의자였다. 바그너는 「음악에서의 유대성」(1850)이라는 글에서 유대인의 배금주의와 반예술성을 비난했고, 바이로이트 극장의 기관지를 통해 반유대주의를 계속 선전했다. 니체의 여동생과 그녀가 거래한 출판업자도 유명한 반유대주의자였다.

초기 니체는 프랑스적인 것이 독일에 침입하는 현상을 우려한 것과 마찬가지로 유대적인 것이 게르만적 생활의 엄숙함과 심오함을 침해하는 것에 대해서도 우려했고, 바그너와 쇼펜하우어가 유대인으로부터 독일을 지켜준다는 이유로 이 두 사람을 찬양했다. 그 뒤 '게르만 아리아인'이 '유대인'보다 우월하다고 주장하는 민족적이고 인종적인 우월주의가 독일통일 이후에 현저하게 나타났을 때, 니체가 이에 반발했다. 그러나 문화의 계급화(차등화)에 관한 그의 모든 주장에서 유대문화를 차별하는 태도는 계속 유지됐고, 유대교와 민주주의 문화를 동일시하는 관점에 토대를 둔 그의 '반유대주의=반민주주의'는 그가 죽기까지 결코 변한 적이 없다.

니체 돌변의 원인

니체가 위와 같이 돌변한 것에 대해서는 여러 가지 설명이 있지만, 어느 것도 충분히 설명하지 못했다. 그리고 니체의 변화 자체가 근본적인 의미를 갖는 것도 아니다. 그것은 가령 민주주의자가 '반민주주의자-독재주의자-전제주의자-전체주의자'로 바뀐 것이나 사회주의자가 '반사회주의자-자본주의자'로 바뀐 것과는 다르다. 니체는 평생 일관되게 '반민주주의자-반사회주의자-반아나키스트-불평등주의자-귀족주의자-반민중주의자-그리스주의자-디오니소스주의자-소피스트'이자 '반소크라테스주의자-반기독교주의자-반물질의 정신주의자-반인위의 자연주의자(자연생태 보호를 중시한다는 의미에서가 아니라 야수의 본능을 따른다는 의미에서의 자연주의자)-반사회계약적인 민족전통주의자'였다.

그런 그가 1871년 이후에 바뀐 것은 통일된 독일제국에서 생겨난 과도한 '민주주의, 민족주의, 사회주의-아나키즘적인 문화 찬양 붐' 때문이었다. 그 모두에 공통된 대중주의와 물질주의는 질병으로 고통을 받는 고독한 철학자에게는 견딜 수 없는 '천민주의=평등주의=반(反)초인주의=반귀족주의'의 강화였을 뿐이다. 니체 스스로도 "언제나 내가 겪은 괴로움은 오로지 '다수' 때문이었다"고 했다. 이 점은 니체를 이해하는 데 대단히 중요하다. 왜냐하면 니체가 독일을 싫어했다며 "그는 반민주주의자, 나치주의자, 국가주의자, 전체주의자가 아니었다"는 주장을 너무나도 쉽게 하기 때문이다. 나는 히틀러를 비롯한 나치들이 그렇게까지 바보였다고 생각하지 않는다. 그들도 니체가 싫어한 '민주주의-아나키즘-사회주의 독일'이 싫었기에 니체를 자신들의 원조로 열심히 섬긴 것이다.

『반시대적 고찰』

『반시대적 고찰』은 니체가 1871년에 급변한 뒤에 처음으로 펴낸 책으로, 1873년부터 1876년 사이에 발표된 네 개의 에세이로 구성돼 있다.

첫째, 『다비트 슈트라우스, 고백자와 예술가』는 성경에 대한 역사적 비평의 선구자인 다비트 슈트라우스를 매도한 글이다. 이 글에서 니체는 1870년의 전쟁승리 이후에 나타난 독일문화 찬양의 흐름을 비판했다. 즉 독일이 이겼다고 해도 "프랑스문화는 예전과 다름없이 존속하고 있고 우리는 여전히 그 문화에 의존하고 있기 때문에" 독일문화가 승리했다고는 말할 수 없으며, 전쟁에 승리한 이유인 "엄격한 군기, 천성적인 용감성과 지구력, 지휘를 받는 사람들의 통일성과 복종"은 문화와는 아무런 관계도 없는데도 사람들은 단지 독일이 전쟁에서 이겼다는 이유로 독일문화를 찬양한다고 지적했다.

문화를 "어떤 민족의 삶의 표현에서 나타나는 예술적 양식의 통일"로 보는 관점에서 니체는 당시의 독일문화에 대해 예술적 양식의 통일 없이 혼돈 속에 있고 독창성도 없다고 비판했고, 그런 독일문화를 찬양하는 자들을 '교양속물'이라고 비난했다. 그 이유로 그는 그런 자들이 "현실의 문화적 요구를 지배하는 천재와 전제정치를 증오"한다는 점을 가장 중요하게 거론했다. 이처럼 니체가 독일과 독일문화를 찬양하는 자들을 속물이라고 비난한 이유는 그들이 니체 자신이 비난한 대중교양을 지지하는 자들이라는 데 있었다.

독일의 현대문화에 대한 니체의 비판은 그리스에 대한 그의 인식과 직결됐다. 니체는 소크라테스의 시대 이전에 있었다는 비극의 시대를 이상으로 삼았지만, 그 비극의 시대는 그리스가 페르시아전쟁에서 승리한 뒤에 펼쳐진 정치의 시대에 의해 무너지기 시작했고, 그 결과로 '알렉산드리아-로마문화-기독교문화'가 등장한 데 이어 그것이 현대문화로 이어졌다고 보았다. 니체는 1870년의 전쟁이 그런 현대문화를 청산하고 그리스 비극의 시대를 되살리는 것이어야 했고 이런 맥락에서 쇼펜하우어와 바그너가 모범을 보여주었음에도 전후의 상황은 도리어 민주적 교양을 주장하는 슈트라우스 등이 쇼펜하우어와 바그너를 무시하는 흐름으로 나타난 점을 비판한 것이었다.

이러한 니체의 비판은 『반시대적 고찰』의 두 번째 글인 「삶에 대한 역사의 공과」에서 헤겔주의에 대한 비판으로 이어졌다. 니체는 헤겔과 하르트만(Karl Eduard von Hartmann, 1842~1906) 등의 역사주의를 비판하고, 역사가 학문이 될 수는 없다고 주장했다. 역사는 현재의 삶을 볼품없는 것으로 무시하게 하거나 현재의 삶에 대해 냉소적인 태도를 갖도록 부추긴다는 이유에서였다. 그러면서도 니체는 "역사는 행동하고 권력을 가진 자에게 속한다"면서, 부르크하르트가 『이탈리아 르네상스 문화』에서 이탈리아에 대해 말했던 것처럼 "백 명의 천재"가 당시의 독일에도 나타나 새로운 르네상스가 이루어지기를 고대한다고 밝혔다.

　그와 같은 르네상스가 이루어지려면 강한 천재들이 절대적인 요소로 필요하다고 니체는 생각했다. 그는 "강한 인격만이 역사를 감당할 수 있으며, 약한 인격은 그것을 완전히 소멸시킨다"면서 "역사를 영원히 남성적인 것으로 생각한다"고 했다. 그래서 "현재가 가진 최고의 힘", 즉 "희귀한 정신의 소유자들"만이 역사를 해석할 수 있으며, 쇼펜하우어와 바그너가 바로 그와 같은 천재의 구체적인 예라고 니체는 주장했다.

니체의 쇼펜하우어와 바그너 찬양

『반시대적 고찰』의 세 번째 글인 「교육자로서의 쇼펜하우어」에서 니체의 스승인 쇼펜하우어는 역사 앞에서의 무력감을 극복하도록 "너 자신이 되어라"라고 말한 위대한 해방의 교사로 칭송됐다. 니체는 쇼펜하우어와 함께 당대의 '속물교양'에 대항한 사람으로 베토벤(Ludwig van Beethoven, 1770~1827), 괴테, 바그너를 든 반면 '사회주의적'인 루소를 쇼펜하우어, 괴테와 함께 근대의 3대 인간상으로 보면서도 다음처럼 격렬하게 비난했다.

오만한 계급들과 무자비한 부에 억압당하고 짓눌렸으며, 사제와 나쁜 교육으로 타락했으며, 우스꽝스러운 풍습으로 스스로 수치심을 느끼면서 그 인간은 곤경에서 '신성한 자연'을 큰 소리로 불러댄다.

〈사진 10〉 니체, 1875년.

반면 니체는 쇼펜하우어가 "행복한 삶은 불가능하다. 인간이 도달할 수 있는 최고의 것은 영웅적 삶의 이력이다"라고 한 말을 극찬하고 "인류는 끊임없이 노력해 위대한 인간을 낳아야 한다. 어떤 다른 것도 아닌 바로 이것이 그의 임무다"라고 했다. 이런 식의 천재 찬양은 이 책에서 지겨울 정도로 끝없이 이어진다. 영웅이 아닌 소인배에 대한 철저한 경멸은 당연한 귀결이다. 여기서 우리는 니체가 찬양하는 쇼펜하우어가 '의지와 표상으로서의 세계'를 말한 쇼펜하우어가 아니라 반민주주의자 쇼펜하우어로 변했다는 데 주의해야 한다. 쇼펜하우어는 헤겔의 낙관주의를 부정하는 비관주의자로서의 쇼펜하우어이고, 헤겔처럼 현실의 사회와 국가를 인정하는 것이 아니라 그것들을 부정하는 쇼펜하우어다.

이어 니체는 『반시대적 고찰』의 네 번째 글인 「바이로이트의 리하르트 바그너」에서 바그너를 그런 영웅으로 그린다. 그러면서도 니체는 바그너에 대해 어느 정도는 비판적인 태도를 보인다. 이 글에서도 니체는 과거와 현재에 대한 비판을 계속한다. 니체는 자신이 이상으로 삼은 그리스 문화에 비해 로마문화는 장식과 형식만을 추구한 문화라면서 그런 로마문화가 당시 유럽의 '속물교양' 문화로 이어졌다고 비판하고 예술을 그 대안으로 내세웠다.

니체는 바그너를 '민중의 예술을 창조한 자'로 묘사하는데 여기서 '민중'은 오늘날 한국에서 말하는 민중이 아니라 "공통의 고난을 느끼고 공통의 예술을 통해 그러한 고난으로부터 구제되고 싶어 하는 모든 이들"이라는 뜻이었다. 즉 니체가 말한 '민중'은 바그너와 같은 영웅에 의해 구제되는 수동적 피지배자인 존재에 불과한 것이고, 당대 현실의 민중과는 무관했다. 바그너나 니체에게 당대 현실의 민중은 오히려 '철저히 비민중적'인 존재였다.

『반시대적 고찰』의 번역자는 이 책의 의의와 관련해 "우리의 삶은 어떻게 정당화될 수 있는가? 이 물음에 대해 니체는 세계가 오직 예술적으로만 정당화될 수 있다고 답하며, 이 답변은 여전히 타당성을 지니고 있다", "니체가 데카당스로 인식한 현대적 삶을 '주체 없는 삶'이라고 한다면, 우리는 주체 없는 삶을 창조적으로 극복할 수 있는 삶의 형식을 발전시켜야 한다"고 주장한다. 그러나 나는 이러한 심오한 통찰을 도저히 이해할 수 없다. "세계가 오직 예술적으로만 정당화될 수 있다"는 말은 도대체 무슨 뜻일까? 삶이 예술이어야만 정당하다는 뜻인가? '주체 없는 삶'이란 평준화된 대중의 삶을 가리키는데 그것을 '창조적으로 극복'한다는 것은 무엇을 말하는가? 다시 주체를 찾는다는 뜻일까?

그러나 니체는 소수의 초인을 제외하고는 주체를 부정하지 않았던가? 그렇다면 니체는 반민주주의적인 천재의 창조적인 삶을 유일한 답으로 제시하고 있는 것이다. 그에게 대중의 삶은 문제가 안 된다. 니체에게는 니체 해설가가 말하는 '우리'란 없고 오로지 '천재'인 '나'만 있을 뿐이다. 요컨대 니체는 자신과 같은 소수의 천재가 다수의 대중을 지배하게 마련이고 이것이 진리인데 당시에는 그 반대인 민주주의가 득세해서 문제라고 말한 것이다. 철학자들은 왜 이렇게 단도직입적으로 말하지 않고 그렇게 추상적으로 말하기를 즐기는 것일까?

니체가 하고자 한 말은 간단하다. 민주주의로는 안 된다는 것이다. 민주주의로는 현대의 천박한 문화를 극복할 수 없으니 고대 그리스의 귀족제로 돌아가야 한다는 것이다. 니체주의자들의 말을 빌리면 그렇게 하는 데 필요한 것은 바로 "우리의 삶을 정당화할 수 있는" 예술화이고, "우리의 주체 없는 삶을 창조적으로 극복할 수 있는 삶의 형식을 발전"시키는 것이라는 얘기다. 다시 말해 우리는 모두 천재 예술가가 돼야 한다는 것이다. 그런데 니체는 천재 예술가는 수많은 노예가 전제돼야 생겨날 수 있다고 주장한다. 지금 이 책을 읽고 있는 독자는 천재인가?

『인간적인, 너무나 인간적인』

1876년 여름부터 니체는 1년간 병가를 내고 『인간적인, 너무나 인간적인』을 집필하는 데 착수했다. 그는 대학교수를 그만두는 1879년까지 원고를 써내려갔다. 니체는 원래 이것을 『반시대적 고찰 5, 자유정신』으로 출판할 생각이었으나 출판사의 권유에 따라 우선 『인간적인, 너무나 인간적인, 자유정신을 위한 책, 1778년 5월 30일 볼테르 서거 기념제에 즈음하여 볼테르를 기념하여 바침』이라는 긴 제목의 책을 1878년에 펴냈고, 이어 1879년에 『인간적인, 너무나 인간적인, 자유정신을 위한 책, 부록: 여러 가지 의견과 잠언들』, 1880년에는 『방랑자와 그 그림자, 이미 출간된 인간적인, 너무나 인간적인, 자유정신을 위한 책의 두 번째이자 마지막 보권』을 각각 펴냈다. 1886년에는 이 세 권의 책 가운데 첫 번째 것을 제1권, 두 번째 것과 세 번째 것을 합쳐서 제2권으로 한 『인간적인, 너무나 인간적인』이 다시 출판됐다. 이런 내력에서 볼 수 있듯이 이 책의 핵심은 '자유정신'에 있다. 번역자도 이 책 중 제1권에 대한 해설에 "자유정신을 위한 자유정신의 위대한 기념비"라는 제목을 달았다. 그런데 과연 이 책이 실제로 그런 기념비일까? 여기서 니체가 말한 자유정신의 실체는 '보기 나름'이라는 관점주의와 불평등에 근거한 위계질서에 대한 복종이라는 데 주의해야 한다. 이는 다음 구절에서 분명하게 드러난다.

> "모든 찬성과 반대 속에 포함된 필연적인 불공평을 이해하는 것을 배우고 그 불공평은 삶에서 분리될 수 없는 것이며, 그 삶 자체를 관점주의적인 것과 그 불공평에 의해 제약되는 것으로 터득해야 했던 것이다. … 너는 위계의 문제를 눈으로 보아야 했고, 힘과 권리, 그리고 관점주의적인 것의 범위가 어떻게 서로 상승해 가는지를 보아야 했다. 너는 그렇게 해야 했다." 이제 자유정신은 어떤 '너는 해야 한다'에 자신이 복종해왔는지, 그리고 이제 무엇을 할 수 있는지, 비로소 무엇을 해도 좋은지를 알고 있다.

> 우리의 문제가 … 위계질서의 문제라고 가정한다면, 이제 우리의 자유정신은 우리 앞에 그 문제가 생기는 일이 허용되기 전에 어떤 각오, 우회로, 시련, 유혹, 변장이 필요했는지를 … 비로소 이해하게 된다. … 여기 이곳에 … 엄청나게 긴 서열, 위계질서가 있다.

이처럼 니체는 서열과 위계질서를 자유정신의 전제로 삼았다. 즉 니체는 계급 없이는 자유정신이 있을 수 없다고 했다. 이 점에서 니체는 명백한 반민주주의자, 반자유주의자였다. 니체는 "자유정신은 상대적 개념"이라며 "그의 혈통과 환경, 신분과 지위, 또는 지배적인 시대의 견해를 근거로 그에게서 예상할 수 있는 것과 다르게 사유하는 사람의 정신을 자유정신이라고 부른다"고 했다. 이를 두고 니체가 "혈통과 신분과 지위, 세속적인 성공과 실패, 관습과 세속성 등에서 해방되어 세상을 생각할 수 있는 사람"을 인간의 바람직한 모습으로 추구했다고 보는 사람이 있으나, 그가 그 근거로 삼은 위 문장에서 니체는 적어도 혈통 등을 부정한 것이 절대로 아니다.

니체는 그리스나 르네상스 같은 "더 높은 문화"는 "사회의 서로 다른 계층", "노동하는 계층과 여가를 지닌 계층", 즉 "강제노동 계급과 자유노동 계급"이 있는 곳에서만 성립할 수 있다고 했다. 이런 그의 말이 다수의 노예와 그 위에 군림하는 소수의 시민으로 구성됐던 고대 그리스를 모델로 삼는 그의 사회관을 드러낸 것임은 물론이다. 이는 다음 구절에서도 드러난다.

> 높은 가문의 남성과 여성들이 다른 사람들보다 먼저 갖추고 있고 그들에게 더 높은 평가를 받기에 의심의 여지가 없는 권리를 부여하는 것은 유전에 의해 점점 상승된 두 가지 기술이다. 즉 명령할 수 있는 기술과 긍지를 가진 복종의 기술이다.

따라서 니체는 명령과 복종으로 이루어지는 지배와 종속이 불가능해지면 "세계는 더 불운해질 것"이라며 "초인적인 그 무엇에 대해서처럼 군주와 같은 것에 대한 세습된 숭배가 필요하다"고 주장했다.

니체가 추구한 인간은 "부자유와 예속에 의해서가 아니라 참된 인간성에 의해 평가되는 '더 높은 자기'", "자신의 아이를 잉태하고 출산하는 더 높은 인간으로서의 초인"이라고 하는 니체주의자도 있다. 그러나 아이를 낳는다고 초인이라고 함은 아무리 심오한 시적 표현이라고 해도 동의하기 어렵다. 게다가 "부자유와 예속에 의해서가 아니라 참된 인간성에 의해 평가되는 '더 높은 자기'"라는 것과 관련된 니체의 글은 어떤 '자유 인간상'을 가리킨 것이 아니라 니체가 "누구에게나 더 높은 자아를 발견하는 좋은 날이 있다"고 하고서 그 예로 화가를 들면서 "그가 보고 묘사할 수 있었던 최고의 환상에 따라 평가하고 존경해야 할 것"이라고 한 것에 불과하다.

여기서 우리가 주의해야 할 점은 니체가 말하는 자유정신은 상대적 개념이라는 것이다. 니체는 자유정신의 반대를 '속박된 정신'이라고 하고, 그것을 "근거 없이 정신적 원칙들에 습관화되는" 신앙이라고 했다. 가령 '어느 나라 사람'이라든가 '어떤 종교인'이라고 하는 습관적인 말 속에 숨어 있는 스테레오타입의 사고가 그것이다. 이와 달리 자유정신은 천재의 속성이라고 니체는 말했다. 그에 의하면 문화의 천재는 "나쁜 악마적 존재로밖에 불릴 수 없을 정도로 거짓말, 폭력, 무자비한 이기심을 자신의 도구처럼 확실하게 다룰 수 있다"는 것이었다. 그리스 시대와 르네상스 시대는 바로 그런 천재의 시대였다. 또한 그는 자유정신은 여성과 함께 살아갈 수 없는 것이라고 했다. 노동자나 대중도 자유정신과 함께 살아갈 수 없는 것에 당연히 포함된다. 즉 자유정신은 여성, 노동자, 대중에게는 있을 수 없다는 것이 니체의 주장인 것이다.

니체는 자신이 이상으로 삼은 고대 그리스 문화를 남성문화로 규정하면서 고대 그리스에서 남성교육의 필수 전제였던 소년사랑을 예로 들고 이것은 여성의 고등교육이 연애와 결혼에 의해 이루어진 것과 비슷하다고 했다. 그런데 고대 그리스에서 이성애는 "출산과 관능적 쾌락"에만 국한된 더 낮은 것이었고, 이성 간에는 정신적 교제나 진정한 연애도 없었으며, 여성은 각종 경기나 연극에서 배제됐고, 여성에게는 종교적 예배만 허용됐다고 했다. 심지어 그리스 비극에 엘렉트라나 안티고네 등 여성이 등장한 것도 삶에서 그런 여성의 역할이 필요해서가 아니라 예술이기에 용인된 것이라고 했다. 그러면서 니체는 다음과 같이 말했다.

> 여성들에게는 아버지의 성격이 가능한 한 손상되지 않은 채로 계속 살아 있는 아름답고 강한 육체를 낳고, 그럼으로써 고도로 발달한 문화에 의한 신경의 자극이 필요 이상으로 늘어나는 것을 막는 과제만이 있을 뿐이었다. 바로 이것이 그리스 문화를 비교적 오랫동안 젊게 유지했다.

니체의 도덕, 기독교, 예술 비판

니체는 『인간적인, 너무나 인간적인』의 1장에서 종래의 형이상학이 내세운 이원론, 즉 현상과 물자체라는 구분의 허구성을 비판하고, 이어 2장에서는 종래의 도덕을 비판한다. 특히 그는 선악에 대한 새로운 견해를 제시했다.

> 선한 행위와 나쁜 행위 사이에는 종류의 차이가 아니라 기껏해야 정도의

차이가 있을 뿐이다. 선한 행위란 승화된 나쁜 행위이며, 나쁜 행위란 다듬어지지 않고 어리석은 선한 행위이다. 자기만족을 추구하는 개인의 유일한 욕망(이것은 자기만족을 상실할 거라는 공포감에서 유래한다)은 어떤 상황에서든 인간이 스스로 행할 수 있는 대로, 즉 행해야만 하는 대로 하면 만족되는 것이다. … 항상 모든 사회에, 그리고 모든 개인에게는 선의 위계라는 것이 존재하며, 거기에 따라 개인은 자신의 행위를 규정하고 다른 사람의 행위를 판단한다.

여기서 니체가 말한 '선의 위계'는 선이 지성의 정도와 계급에 따라 구분된다는 뜻이다. 선은 지성이 높은 소수 지배계급인 '현명한 인류'의 도덕에, 악은 지성이 낮은 다수 피지배계급인 '도덕적 인류'의 도덕에 각각 기초가 된다. 물론 니체는 인류가 '도덕적 인류'에서 '현명한 인류'로 변해야 한다고 주장했다.

이 책의 3장 '종교적 삶'에서 니체는 '도덕적 인류'의 종교인 기독교를 본격적으로 공격했다. 먼저 그는 "현재의 인식상태에서는 사람들이 자신의 지적 양심을 치명적으로 더럽히거나 자신과 다른 사람 앞에서 지적 양심을 포기하지 않고서는 그리스도교와 관계를 맺을 수 없다"고 했다 (전집7, 127). 이어 니체는 "자신이 신의 아들이라 말하고 2천 년 전 십자가에 못 박힌 어느 유대인"의 주장을 입증해주는 증거는 없다고 했다.

니체는 기독교가 "세계라는 벽에 처음으로 악마를 그려" 놓았고 "처음으로 죄를 세계 속에 들여왔다"고 비난했다. 또 기독교의 창시자를 인간 영혼에 정통한 자로서는 커다란 결함과 선입견을 가지고 있었고, 영혼의 의사로서도 지극히 의심스럽고 만병통치약에 대한 믿음에 빠져 있었던 사람으로 매도했다.

이어 4장에서 니체는 종교가 몰락한 곳에서 예술이 두각을 나타내며, 예술은 사유의 베일을 삶 위에 드리움으로써 삶의 모습을 견딜만한 것으로 만든다고 주장했다. 니체는 예술에 대한 신화들, 즉 천재, 영감, 위대함, 허영심, 명예심, 독창성, 필연성, 창작의 희열 등을 공허한 것이라고 비판하기도 하지만 이는 바그너를 의식한 것일 뿐이며, 이런 비판이 그의 천재예찬을 훼손하는 것은 아니었다.

니체의 전쟁과 복종 찬양

니체는 8장에서 전쟁을 찬양하면서 "인간은 선과 악에 대해 더 강해져서 전쟁에서 나온다"고 했다. 그런데 한국어 번역자는 니체를 전쟁과 파시즘의 원흉으로 보는 오해는 불식돼야 한다고 주장한다. 그는 니체가 "전쟁에 대한 방어적 정당성은 한낱 허울일 뿐이며 그 논리에 민족 간의 증오심이 내재해 있음을 폭로"한다면서 "폭력에 근본적으로 반대하는 니체의 입장은 현대, 즉 전쟁의 시대를 살아가는 우리에게 시사하는 바가 크다"고 주장한다. 그는 니체의 유고를 근거로 해서 이렇게 주장한다고 하지만, 나로서는 그 유고를 아무리 살펴봐도 도대체 어디에서 니체가 전쟁을 부정했다는 것인지 알 수가 없다.

아울러 니체는 사회주의를 포함한 모든 현대이념의 요구를 "권리의 문제가 아니라 힘의 문제"로 보았다. 니체가 보기에 권리의 평등에 대한 사회주의의 요구는 '정의의 발로'가 아니라 '욕망의 발로'다. 그리고 그는 자유주의에 대해서도 재산에 대한 소유욕을 갖는다는 점에서 사회주의와 다르지 않다고 비난하고 "정신을 가지고 있는 사람만이 소유를 해야 한다"고 주장했다. 더 나아가 그는 "명령하는 것과 복종하는 것의 기쁨"을 찬양하고, 국민과 정부의 관계를 지배와 복종의 관계로 보는 관점을 다음과 같이 밝혔다.

> 국민과 정부의 관계는 가장 강한 모범적인 관계이며, 이 본보기에 따라 모르는 사이에 교사와 학생, 주인과 하인, 아버지와 가족, 사령관과 사병, 장인과 실습생 사이의 관계가 형성된다.

그래서 "전제적인 법이 필요하다"고 한 니체는 "법이 더는 관습이 아닌 곳에서는 단지 명령된 것, 즉 강제일 수밖에" 없고, 또 그것이 가장 공평하다고 한 점에서 그는 철저한 마키아벨리주의자였다. 또한 그는 민주주의가 "국가의 경시와 붕괴, 국가의 죽음"을 초래한다고 주장했다.

니체는 고대의 노예들이 현대의 노동자들보다 더 안정되고 행복했다면서 노동자들이 '인간의 존엄성'이라는 이름 아래 항의하는 것을 두고 "평등하지 못함, 공적으로 열등하게 평가됨을 가장 잔혹한 운명이라고 느끼는 그 사랑스러운 허영심"이라고 매도했다. 나아가 "사회주의는 거의 노쇠해버린 전제주의의 뒤를 이으려는 공상적인 동생"이고 "전제주의만이 가졌던 것과 같은 국가권력의 충만함을 갈망하기 때문"에 "사회주의의 노력들은 가장 깊은 의미에서 반동적"이라고 했다.

니체주의자들의 오독

이상이 『인간적인, 너무나 인간적인』의 중심 내용이다. 여기서 우리는 자유가 니체철학의 핵심이라는 니체학자들의 주장을 따져볼 필요가 있다. 우선 니체가 주장하는 귀족사회에서 귀족의 자유는 인정되겠지만 민주사회에서 말하는 자유, 모든 사람에게 인정되는 평등한 자유는 인정될 수 없다는 점에 주목해야 한다. 니체가 말하는 자유(또는 자유정신)란 모든 사람의 자유가 아니라 위계질서가 엄격한 귀족사회에서 귀족이 누리는 자유에 불과하다. 니체는 귀족의 자유에 부가 토대한다는 점도 인정한다.

> 부는 필연적으로 … 귀족주의를 낳는다. 왜냐하면 부는 가장 아름다운 여성들을 선택하고 가장 뛰어난 교사들을 고용할 수 있게 하고, 인간에게 청결함을 허용하고 육체적인 단련을 할 시간과 특히 … 육체적인 노동에서 벗어나는 것도 허용하기 때문이다.

따라서 니체 철학은 귀족의 부를 인정하는 귀족주의 철학이지 민주주의의 철학이 아니다. 사회주의와 아나키즘에 대해서도 니체는 민주주의에 대한 비판과 유사한 비판을 가한다. 사회주의와 아나키즘도 기독교의 평등주의 및 원한의 답습이라는 것이다. 니체주의자 중에는 니체가 민주주의에 대해서는 어느 정도 긍정적으로 평가한 반면 사회주의는 가차 없이 비판했다는 견해를 밝힌 이도 있으나, 니체는 민주주의에 대해서도 부정적이었다.

『인간적인, 너무나 인간적인』에 대한 위와 같은 나의 요약은 이 책과 관련해 니체주의자들이 말하는 것, 즉 이 책에서 니체가 쇼펜하우어와 바그너에게서 완전히 벗어나고 예술보다 학문의 가치를 재인식했다는 점에서 니체 사상에서 또 하나의 전환점을 보여준다는 견해(전집7, 464이하)와는 많이 다르다. 도리어 니체는 학문에 대해 부정적이었고, 설령 니체가 이 책을 계기로 쇼펜하우어와 바그너에게서 벗어나고 예술보다 학문을 중시하고 특히 소크라테스에 대한 평가를 달리했다고 해도, 그것은 지엽적인 문제에 불과하다.

이 책은 니체의 저작 가운데 그의 관점주의와 선악 이분법 부정, 즉 도덕 부정의 태도를 처음으로 명확하게 보여준다. 그래서 니체의 독자적이고 새로운 사상이 시작된 출발점으로 평가되는 책이다. 그런데 니체의 친구들조차 이 책이 인간이 가져야 할 최소한의 책임감조차 거부한 점을 비판했다. 그만큼 이 책은 도덕을 부정한 무서운 책이다. 그러나 도덕을 부정하는 태도는 이미 초기 니체의 사상에서도 드러났다.

니체의 종교와 학문의 위선 비판

니체주의자들은 『인간적인, 너무나 인간적인』의 특징이 강조하는 '학문 중시'라고 강조한다. 그러나 내가 봤을 때 진정한 메시지는 따로 있다. 니체는 전통적인 종교인과 학자들이 속세의 문제를 무시하고 영혼의 구제, 국가에 대한 봉사, 학문의 진보, 인류에 대한 봉사, 그리고 그 수단인 명성과 재산만 중시한다고 비판했다. 그는 "이성은 충분하고도 넘칠 지경"이라고 주장하며 다음과 같이 말했다.

> 습관과 경솔함이 무분별한 자, 특히 무경험자인 청소년들을 쉽사리 지배
> 해버리고 만다. 한편 … 육체와 정신의 가장 단순한 규율을 끊임없이 위반
> 함으로써 늙은이든 젊은이든 간에 우리 모두는 수치스러운 추종과 부자
> 유 속으로 나아가고 만다.—내가 뜻하는 바는, 오늘날 아직도 사회 전체를
> 좌우하고 있는 의사, 교사, 목사들에게 근본적으로 불필요한 의존을 하고
> 있다는 점이다.

니체가 위선적 권력의 대명사로 지적한 '의사, 교사, 목사'는 니체가 살
았던 19세기의 독일에서만이 아니라 지금의 독일에서는 물론이고 한국
에서도 대중이 의존하는 중요한 대상이다. 그들에 대한 니체의 위와 같
은 비판은 그의 개인적인 경험에서 나온 것이기도 하다. 그는 목사의 집
안에서 태어나 국가주의 교육을 받고 평생 병에 시달리며 의사에게 의존
해야 했다. 그래서 니체는 결국 자기 개인의 병을 독일의 병, 유럽의 병,
세계의 병으로 확장시키는 동시에 학문의 병, 종교의 병, 진리의 병, 가치
의 병, 선악의 병 등으로 확장시켰다. 즉 자신을 둘러싼 모든 것은 병이고
따라서 자기는 그것들 때문에 병이 들었으니 그 모든 것을 부정하여 거
꾸로 돌려야만 자신의 병이 낫는다는 식의 생각을 하게 되었다. 바로 여
기서 모든 가치를 전복시키는 니체의 반란이 시작됐다. 니체의 사상은
그 자신의 병에서 발생한 것이라고 할 수 있다. 만약 그가 병들지 않았다
면 우리에게 전해진 그의 사상은 아예 생겨나지도 않았을지도 모른다.

니체의 반란은 "아직도 사회 전체를 좌우하고 있는 의사, 교사, 목사들"에게 "근본적으로 불필요한 의존"을 하는 상태에서 탈출해 자기 자신을 스스로 치료하는 것을 핵심으로 삼는다. 니체에 따르면 그러한 자기치료의 방법으로 고대에는 '자기지배'를 기본으로 하는 도덕적인 것이 있었다. 하지만 근대의학은 도덕에서 분리된 기술만을 취급하는 전문가의 것으로 변했고, 도덕은 형이상학으로 관념화됐다. 다시 말해 근대의학은 정신과 육체를 분리해 각각 따로 취급하게 됐다. 그래서 인간은 자신의 몸에 대해 스스로 사고하고 통제하려는 노력을 기울이기를 포기하고, 자신의 몸을 타인의 권위에 맡겨버렸다. 건강을 회복하려면 자신의 병든 몸을 인식하고 새로운 삶의 길로 나아가는 자기초월이 필요하다고 니체는 주장한다. 그 길은 초인의 길, 타율이 아닌 자율의 길, 예속이 아닌 자유의 길, 수용이 아닌 선택과 창조의 길이다. 그 길로 나아가려면 기존의 국가, 사회, 가족으로부터의 자유가 전제돼야 한다. 여기까지는 나도 니체의 의견에 대찬성이다. 나는 여기까지의 니체만 좋아한다.

그러나 나는 그다음의 니체, 즉 기존 질서로서의 민주주의-아나키즘-사회주의를 부정하고, 노동자와 여성의 해방을 저주하고, 파괴를 의미하는 전쟁을 찬양하는 니체는 도저히 받아들일 수가 없다. 그러한 부정, 저주, 찬양이 위와 같은 그의 기본사상 비추어 나올 수밖에 없는 태도이지만, 그런 태도를 받아들일 수는 없다. 나는 그런 니체의 태도에 대해서는 분명한 반대의 뜻을 밝힌다. 나는 타율이 아닌 자율의 길, 예속이 아닌 자유의 길, 수용이 아닌 선택과 창조의 길이 기존의 국가, 사회, 가족으로부터의 자유를 전제로 한다는 것을 니체와 마찬가지로 충분히 인정한다. 민주주의-아나키즘-사회주의 및 노동자와 여성의 해방을 지향하는 운동에 문제가 많다는 점도 니체와 마찬가지로 충분히 인정한다. 그모두를 '천민-노예-원한을 가진 약자'의 것으로 보고 그런 것에서 벗어나 '귀족-주인-원한 없는 강자'의 길로 나아가야 한다는 니체의 주장에는 반대한다. 왜냐하면 그러한 니체의 선택은 도리어 자율이 아닌 타율의 길, 자유가 아닌 예속의 길, 선택과 창조가 아닌 수용의 길로 사람들을 잘못 인도할 수 있기 때문이다.

히틀러의 나치즘이 니체를 불러낸 것이 니체가 죽은 뒤에 니체 자신과는 무관하게 그의 사상을 악용하기 위한 것이었다는 주장을 인정한다고해도, 적어도 그렇게 악용당할 소지가 니체 자신에게 있었다는 점은 누구든 부정하지 못할 것이다. 나는 니체가 다시금 우리에게도 그렇게 악용되지나 않을까 우려한다. 니체는 "습관과 경솔함이 … 특히 무경험자인 청소년들을 쉽사리 지배"한다고 했지만, 나는 니체 자신도 "특히 무경험자인 청소년들을 쉽사리 지배"할 수 있다는 점을 우려한다.

『아침놀』

1880년 3월에 건강이 상당히 회복된 니체는 어머니가 사는 나움부르크를 떠나 친구가 있는 베니스로, 6월에는 보헤미아 지역의 휴양지인 마리엔바드로, 가을에는 나움부르크와 스트레자로, 겨울에는 북이탈리아의제노바로 갔다.

방랑이 낳은 첫 결실인 『아침놀』(1881)은 '도덕적 편견들에 대한 사상'

이라는 부제에서 보듯이 도덕에 대한 논의를 담은 책이다. 니체는 그동안 도덕의 근거가 된 서양사상, 즉 플라톤에서부터 칸트까지 이어진 서양사상을 편견적이라고 비판한다. 그는 감성적 욕망의 세계를 넘어선 곳에 초월적 가치의 세계인 이데아의 세계가 존재한다고 본 플라톤의 생각도, 경험적 심리법칙과는 전혀 다른 초월적 도덕법칙이 존재한다고 본 칸트의 생각도 편견에 사로잡혀 있다고 비판하고, 그 이유로 "현실에서 도망친" 나약함과 비겁함을 지적한다. 니체는 그러한 나약함과 비겁함을 '데카당스'라고 부르고, 유일한 도덕이라는 것은 존재하지 않으며 따라서 그것에 근거를 둔 양심의 가책이라는 것은 없어져야 한다고 주장한다.

니체는 초월적인 신에 대한 기독교의 관념도 마찬가지로 편견이라고 본다. 니체는 이 책에서 처음으로 바울을 철저하게 비판한다. 그는 바울을 가리켜 "최초의 기독교인이고, 기독교의 발명자"라면서 기독교는 "옛 제례의식들과 견해를 모아놓은 일종의 백과사전"이어서 쉽게 전파됐다고 주장한다. 이어 그는 성에 대한 기독교의 혐오에 대해 비판한다. 성에 대한 기독교의 혐오는 니체가 살았던 19세기에는 지금보다 더했으리라. 기독교가 성본능을 억제하는 데 대한 니체의 반발은 충분히 이해할 수 있고 수긍할 수 있다. 니체가 기독교를 '영혼의 고문자'로 비판한 것도 오랜 세월 계속된 종교재판이나 사상과 도덕에 대한 기독교의 검열에 비추어 충분히 이해할 수 있다. 그러나 기독교는 부정적인 역할을 해온 동시에 인간의 영혼에 긍정적인 영향을 미쳐왔다. 여기서 니체의 생각과 우리의 생각은 갈라진다. 특히 "기독교가 나타나면서 비로소 모든 것이 벌이 되며, 받아 마땅한 벌이 된다"고 한 니체의 말은 도저히 수긍할 수가 없다. 또한 니체가 종교를 과학과 대립시킨 것도 우리는 수긍하기 어렵다. 니체는 우리의 고통이 몸속에 있는 피의 양 때문이지 종교적인 것 때문이 아니라고 한다. 그러나 과연 그러할까? 여하튼 니체는 기독교가 성경을 해석하는 도그마적인 방법에 대해서도 다음과 같이 비판했다.

> 기독교가 정직과 정의에 대한 감각을 얼마나 적게 육성하는지는 기독교 학자들의 저술이 갖는 성격으로 미루어 상당히 잘 평가할 수 있다. … 거듭해서 항상 그들은 "나는 옳다. 성서에 이렇게 쓰여 있기 때문에"라고 말하며, 이것에 파렴치한 자의적인 해석이 이어진다.

옳은 말이다. 그렇다면 니체가 주장하는 것은 무엇인가? 니체는 "자유로운 인간은 모든 점에서 관습이 아니라 자신에 의존하고자 하기 때문에 비윤리적"이라면서 "오늘날 기존의 풍습과 법에 얽매이지 않은 사람들이 조직을 이루어 자신들의 권리를 되찾으려는 최초의 시도가 이루어지고 있는 것처럼 보인다"고 했다. 그는 이어 그들이 그동안 "범죄자, 자유사상가, 비도덕적인 인간, 악한"으로 비난받으면서 추방을 당하고 양심의 가책을 받으며 살아왔지만 그들의 태도를 "정당하고 좋은 것"으로 인정해야 한다고 주장하고 이런 생각의 연장선에서 형벌폐지론까지 내세웠다.

도대체 무슨 소리인가? 우리는 그런 사람들의 태도에 "정당하고 좋은 것"이 있을 수도 있다는 가능성을 부정하지는 않지만, 그것을 무조건 "정당하고 좋은 것"으로 인정해야 한다는 니체의 주장을 납득할 수 없다. 더욱이 형벌의 폐지가 과연 있을 수 있는 일인가? 니체가 그렇게도 좋아한 그리스에서도 상상조차 할 수 없었던 일 아닌가? 우리가 형벌이 없는 세상으로 유일하게 상상할 수 있는 세상은 동물의 세상이지만, 동물의 세상에도 복수라는 형태의 징벌이 존재한다.

『아침놀』의 번역자는 이 같은 주장을 내세우며 니체를 계몽주의자라고 하면서 이 책을 "제2의 계몽시대를 여는 책"이라고 주장한다. 그리고 자기가 '제2의 계몽'이라는 말을 쓴 것은 칸트처럼 편견에 사로잡힌 본래의 계몽주의자를 니체가 계몽하려고 했기 때문이라는 것이다. 무슨 소리인가? 형벌의 존속을 주장한 칸트의 생각이 편견인가, 아니면 그 폐지를 주장한 니체의 생각이 편견인가? 니체가 존경한 괴테나 쇼펜하우어 등이 계몽주의와 사회혁명에 반대한 점, 그리고 니체는 혁명을 계몽주의의 결과라고 오해해 "이성의 숭배 대신 감정의 숭배가 들어섰다"고 한 점에 비추어 보면 '니체의 계몽주의'라는 것은 프랑스식 계몽주의와는 대립한다. 니체는 기껏해야 동물의 세계를 숭상하는 것에 불과할 것이다. 여기서 니체는 '독일적인 것', 즉 '디오니소스적인 것'으로 회귀한다. 따라서 '니체의 계몽주의'라는 것은 어떤 의미에서도 본래 의미의 '계몽주의'라고 할 수 없다.

니체의 자본주의관에 대해서도 이와 비슷한 말을 할 수 있다. 우리는 앞에서 니체의 자본주의 비판이 어떤 것인지를 보았다. 니체는 당시의 노동을 '공장 노예제도' 아래서의 노예노동으로 규정하고, 노동자들에게 "얼마나 많은 내면적인 가치가 그러한 외면적인 목표를 위해 포기되는지에 대한 대차대조표"를 제기할 것을 요구하면서 "정신 나간 희망으로 그대들을 선동하고자 하는 사회주의적인 쥐 잡는 인간들의 피리소리"를 듣지 말고 식민지 정복이라는 신나는 '모험과 전쟁'에 나서라고 권유했다. 이어 그는 유럽의 공장에는 중국인들을 데려오자면서 그렇게 하면 그들이 "근면한 개미들에 맞는 사고방식과 생활방식을 함께 가져"와 유럽에도 중국노동자주의가 실현된다고 주장했다. 이런 니체의 제국주의-기계주의-자본주의 찬양을 두고 우리의 니체학자는 놀랍게도 현대 산업문화 비판이라고 왜곡했음을 우리는 앞에서 확인했다. 그러나 그러한 니체의 비판은 '독일적인 것', 즉 현대문명에 대한 귀족주의적 비판일 뿐이지 마르크스 등의 자본주의 비판과는 전혀 맥락을 달리하는 것이었다.

또한『아침놀』의 번역자는 교육에 대한 니체의 비판을 중요하게 보면서 "사람들의 정신을 도야하는 데 도움이 되지 못하고 공허한 지식의 전수로 그치고 있는" 21세기 한국의 인문교육이나 인문학에도 그것이 타당하게 적용된다고 한다. 그런데『아침놀』에서는 그리스 귀족의 교육, 즉 '말하고 쓰는 법', '변증법', '격투하고 던지고 권투하는 법', '금욕주의적인 삶', '이런 도덕 혹은 저런 도덕에 따라 살아본다는 저 엄격하고도 용감한 실험', '고대 언어' 등에 대한 교육이 현대 독일의 교육에는 결여돼 있다고 말한다. 이런 니체의 귀족교육론이 지금의 한국에 어떻게 타당하게 적용된다는 것인가? '격투하고 던지고 권투하는 법'을 가르쳐야 한다는 말인가? 그렇게도 소크라테스를 욕하며 비난하던 니체가 갑자기 '변증법'을 가르쳐야 한다고 주장한 것은 또 무슨 변덕인가?

「즐거운 학문」

니체는 1881년 7월부터 10월까지 실스마리아에 있다가 제노바로 가서 1882년 3월까지 지내며 『즐거운 학문』(1882)의 잠언을 쓴다. 원래는 『아침놀』의 후반부로 출판할 계획이었으나 계획을 바꾸어 별도의 책으로 낸 것이다. 이 책의 앞부분에 다음과 같은 기묘한 구절이 있다.

> 아마도 웃음에도 새로운 미래가 있을 것이다! 그때는 '종족이 전부이며 개인은 아무것도 아니다'라는 명제가 인류에게 체현되어 해방과 무책임에 이르는 길이 개개인 모두에게 열려 있게 될 것이다. 또한 그때는 웃음이 지혜와 결합되어 '즐거운 학문'만이 남게 될 것이다.

이 구절을 기묘하다고 한 것은 먼저 '종족이 전부이며 개인은 아무것도 아니다'라는 부분 때문이다. 니체는 종족에 비하면 개인의 양심 따위는 아무것도 아니며, 오로지 종족보존에 도움이 되는 '고귀한' 개인만 중요하다는 말을 한 것이다. 이처럼 니체는 특별한 개인에 의해 지도되는 종족을 중시한다. 이어 니체가 말한 '해방과 무책임에 이르는 길'이란 『아침놀』에 나오는 '고귀한 사람'이 가는 길, 즉 '비이성적인 비윤리의 길'이라는 점에서도 위 구절은 기묘하다. 윤리의 길을 따르는 이성적이고 '비속한 천성'을 지닌 사람들은 '고귀한 사람'에 대해 악의를 품는다고 니체는 주장한다. 그는 『즐거운 학문』에서 "강력하고 극악한 정신의 소유자들이 지금까지 인류를 가장 많이 앞으로 나아가게 했다"고 말하고, 그런 사람을 "오로지 창조하는 자"라고 부른다.

『즐거운 학문』은 그 제목과 달리 '즐겁지 못한' 현대학문에 대한 비판이다. 니체는 학자들이 "인식의 쾌락적 사랑, 즉 호기심에 만족하거나, 명예와 빵이라는 숨은 의도를 지닌 공허한 사랑, 즉 습관화된 인식"에 젖어 있다는 이유에서 '객관적 진리'의 존재를 부정한다. 나는 이런 그의 태도에 대해 '객관적 진리' 자체에 대한 오해에서 나온 것이라고 비판하지 않을 수 없다. 학자들이 그런 인식에 젖어 있다고 해서 '객관적 진리' 자체를 부정할 수는 없기 때문이다. '객관적 진리'는 학자들이 객관적이라는 점에 근거하는 것이 아니라 비판적 논의가 가능하다는 점에 근거한다.

사실 우리는 최소한이나마 '객관적 진리'가 있음을 부정할 수 없다. 가령 '지구가 돈다'든가 '사람을 죽여서는 안 된다'든가 하는 것들은 객관적 진리다. 나는 이런 '객관적 진리'가 권위주의적이고 자유를 파괴하는 모든 것의 원인이라고 보지 않는다. '객관적 진리'는 그 자체로 '객관적 진리'이기 때문이다. 물론 우리는 '객관적 진리'에 도달하기 전에는 서로 모순되는 복수의 관념을 인정할 수 있다. 그것은 민주주의가 복수의 관념을 관용하기 때문이다. 그러나 그렇다고 해서 복수의 관념에 대한 토론을 통해 하나의 '객관적 진리'를 찾는 것 자체를 민주주의가 부정하지는 않는다. 이런 점에서 진정한 학문은 민주주의에서만 가능하다.

니체가 이러한 명백한 사실을 부정한 이유는 '객관적 진리'라는 것이 그에게는 너무나 허무하다고 생각됐기 때문이다. 그가 보기에 '객관적 진리'는 충분히 위계화된 것도 아니고 가치평가적인 것도 아니었기 때문이다. 그는 '객관적 진리'만을 인정할 뿐 '객관적 진리'에서 '당위적 진리'로 나아가지는 못하는 학문의 '가치론적 중립성'에 만족할 수 없었다. 그래서 그는 학문이 변화, 고통, 모순, 투쟁, 생성을 배제하고 '이해할 수 있는 세계'만을 인간에게 강요한다고 비판한다. 그는 학문에 대해 우리의 실존을 "계산연습 문제에 매달리는 하인과 골방에 처박혀 있는 수학자의 삶으로 타락시키려 한단 말인가?"라고 비판한다.

그러나 과연 학문이 변화, 고통, 모순, 투쟁, 생성을 배제하는가? 학문은 그 모든 것을 설명하고자 하고 그 모든 것을 감소시키거나 극복하려고 하는 것이지 그 모든 것을 배제하는 것이 절대 아니다. 과거의 소피스트는 언어란 비자연적인 것, 즉 그것이 지시하는 대상과 반드시 필연적인 관계에 있지는 않은 것이고, 따라서 '즉자적' 진리는 존재하지 않는다고 보았다. 그런데 니체는 거기서 더 나아가 '시원적 언어'를 신화로 보아 거부하고, 모든 언어는 비유의 산물이라고 보며, 따라서 은폐된 진리를 인간이 발견하는 일은 있을 수 없다고 본다. 그러나 가령 '니체는 19세기에 살았던 사람이다'라는 진리를 우리가 부정할 수 있겠는가? 니체 자신이라면 부정할 수 있겠는가?

니체는 진리를 두 가지로 나누었다. 그것은 형이상학자의 환상으로서의 진리와 계보학자의 '문헌학적 성실함'에 근거를 둔 진리다. 후자의 진리를 추구한다고 자부한 니체는 전자의 진리를 내세운 사람의 예로 소크라테스와 다윈을 든다. 그러나 다윈의 진화론이 '문헌학적 성실함'에 근거를 둔 진리가 아니라고 어떻게 주장할 수 있는가? 또 소크라테스가 모든 문제를 토론에 붙인 것이 진리를 추구하는 태도였음을 누가 부정할 수 있는가? 그리고 계보학자의 '문헌학적 성실함'에 근거를 둔 진리만이 유일한 진리라고 어떻게 말할 수 있는가? 그런 주장은 그 자체가 독단론 아닌가? 모든 진리는 결국 상대적인 것 아닌가? 형이상학자의 환상으로서의 진리에 대한 니체의 반론 자체가 진리탐구의 상대성을 뜻하는 것 아닌가?

니체가 학문을 비판한 것은 학문이란 소크라테스의 변증법을 계승하는 것이자 '보편적'인 진리를 수립하려고 한다는 점에서 평민의 관점을 반영하는 것이라고 보았기 때문이다. 니체가 보기에 학문은 진리의 가치를 전제로 해서 무한한 해석의 가능성을 부정하므로 다양한 유형의 인간 상호간의 차이와 거리를 반영하는 상이한 복수의 관점이 존재할 가능성을 없애버리는 것이다. 니체는 민주주의를 승리하게 만드는 민중의 원한과 마찬가지로 허위, 환상, 과오를 물리치려는 학문도 반동적인 것이라고 보고, 학자를 "증거를 가지고 증명하는 것에 몰두하는 자", 즉 민주적 이념을 대표하는 자라고 비판한다. 왜냐하면 "논리학만큼 민주적인 것은 없기" 때문이고, "어떤 구별도 없이, 비틀어진 코도 바른 코와 동류로 취급하기" 때문이라는 것이다. 그는 이렇게 말한다. "유대인들은 그 상업의 종류와 민족의 과거로 인해 스스로 신용받기는 전혀 기대하지 않는다. 그들의 학자를 보면 된다. 그들은 모두 논리학, 즉 이치에 의해 힘 있는 동의를 탈취하는 기술에 능하다. 그들은 논리학이 있으면 언제나 이기는 것을 알고 있다. 설령 민족적 반감이나 사회적 반감이 있다고 해도."

이어 여성을 경멸하는 니체 특유의 웅변이 나온다. 니체가 여성을 경멸한 것은 그가 보기에 여성은 약자의 상징이고, 반대로 남자는 강자의 상징이기 때문이다. 여성에 대해 약한 모습을 창출하는 데 탁월한 능력을 발휘한다느니 자기보존 능력을 최고로 발휘하지만 실패하면 화를 내고 과민해진다느니 한 니체의 말들은 앞에서 이미 보았다. 이에 더해 니체는 『즐거운 학문』에서 "남성의 본성은 의지요, 여자의 본성은 응낙"이라고 하면서, 여성은 몸과 영혼을 바치는 헌신적인 사랑을 하는 반면에 남성은 소유욕으로써 사랑을 하며 남성이 여성처럼 사랑을 하면 노예이고 여성이 여성답게 사랑을 하면 더 완벽한 여성이 된다고 남녀간 사랑에 대한 편견을 드러낸다.

니체의 프로테스탄티즘과 다윈주의 비판

『즐거운 학문』에서 니체는 처음으로 '신은 죽었다'고 선언하고 '운명애'와 '영원회귀'라는 개념을 선보였다고 니체학자들은 말한다. 그러나 '영원회귀'는 한 구절에만 잠깐 나타난 것에 불과하므로 그것이 『즐거운 학문』의 주제라고 볼 수는 없다. 이보다는 이 책에서 니체가 전개한 프로테스탄티즘과 다윈주의에 대한 비판이 더 중요하니 그 내용을 간단히 살펴보자.

이 책에서 니체는 "냉정하고 애매하고 의심 많은 남유럽의 정신"을 체현한 가톨릭교회를 "국가보다 더 고귀한 제도"라고 찬양한다. 또한 그는 가톨릭교회에 대해 "남국의 자유와 정신의 발랄함, 그리고 자연과 인간과 정신에 대한 남국적 의심 위에 기초"하고 있고 "북유럽과는 전혀 다른 인간에 대한 지식과 인간에 대한 경험을 기초로" 하고 있다고 말한다. 반면에 그는 북방정신을 체현한 루터의 프로테스탄티즘에 대해서는 교회의 '다양성'을 파괴한 '정신의 천민주의'라고 비판한다.

이어 니체는 다윈의 적자생존론을 비판한다. 그가 바란 초인의 세계도 따지고 보면 우생학적 논리를 기반한다. 그럼에도 니체가 다윈의 이론을 비판한 것은 인구과잉의 영국에서 소인배인 다윈이 꾸려가는 고달픈 삶이 반영된 약자의 논리라고 보았기 때문이다. 그는 "영국 다윈주의의 주변에서는 인구과잉에서 비롯된 질식할 것 같은 공기, 궁핍과 곤궁에 처한 영세민의 냄새가 난다"고 말한다. 니체는 다윈만이 아니라 자연과학자들 대부분이 '민중' 출신, 즉 "생존의 어려움을 직접 겪어야 했던 가난하고 미천한 사람들"이며, 그들이 '생존을 위한 투쟁'이라는 "도저히 이해할 수 없는 편파적인 이론"을 내세우지만 "'생존을 위한 투쟁'은 예외에 속하며 … 힘에의 의지가 바로 삶의 의지"라고 주장한다. 그러나 니체의 이론도 강자와 약자 사이의 생존경쟁과 약자인 여성이 강자인 남성에게 종속되는 것을 정당화한다는 점에서는 다윈의 이론과 다를 게 없다. 이는 『즐거운 학문』에서 니체가 내리는 다음과 같은 결론을 봐도 알수 있다.

> 삶의 충만함을 만끽하는 가장 풍요로운 자인 디오니소스적 신과 인간은 두렵고 의심스러운 외양뿐만 아니라 두려운 행위, 그리고 파괴, 해체, 부정의 모든 호사도 자신에게 허용한다. 생산하고 결실을 맺는 충만한 힘, 어떤 사막도 풍성한 옥토로 만들 수 있는 충만한 힘의 결과로 그에게는 악한 것, 부조리한 것, 추한 것도 모두 허용된다.

차라투스트라 ― 사람들을 처음으로 만나는 장면

앞에서 『차라투스트라는 이렇게 말했다』에서 몇 구절을 인용했을 때 이미 이 책이 과연 가치가 있는 책인가 하고 의심하게 된 사람도 분명 있겠지만, 그래도 모두들 이 책이 너무나도 위대한 고전이라고 하니 좀 더 들여다보자.

차라투스트라는 처음으로 만난 사람들에게 이렇게 외친다. "시장터와 천민과 천민들의 소란, 그리고 저들 천민의 긴 귀가 나와 무슨 상관이냐!". 그러자 천민은 "우리 모두는 평등하다"고 한다. 하지만 니체의 대리인인 차라투스트라는 "천민 앞에서 평등해지기를 원치 않는다. 보다 지체가 높은 인간들이여, 그러니 시장터를 멀리 하라"라고 크게 외치고는 '천민'을 극복하고 '초인'이 되라고 말한다. 여기서 차라투스트라가 말하는 '천민'은 이 책의 앞부분에서 다음과 같이 설명된다.

> 오늘날은 소인배들이 주인이다. … 여인의 근성을 갖는 자, 하인의 피를 타고난 자, 그리고 누구보다도 천민 잡동사니, 이제 그런 자들이 인간의 온갖 숙명 위에 군림하려드니 오, 역겹도다! 역겹도다! 역겹도다!

천민의 본보기는 예수다. "그는 사랑이란 것을 제대로 해보지도 못했다. … 사랑하지 않는다고 하여 곧바로 저주해야만 하는가? 그런 것은 바람직하지 못한 취향이리라. 그런데도 이 막무가내인 자는 그렇게 했다. 태생이 천민이었으니"라고 니체는 말했다.

니체는 예수를 초인으로 보았다고 주장하는 니체주의자가 있다고 앞에서 살펴보았다. 예수가 사랑을 말했다는 점만 확인하고 넘어가자. 니체도 사랑을 강조한다. 그러나 그는 "사랑으로 행해지는 것은 항상 선악의 저편에서 일어난다"면서 예수의 사랑을 조롱한다. 예수는 천민 태생이어서 사실은 사랑을 저주했다는 것이다. 잘 이해되지 않는 말이지만 예수에 대한 니체의 주관적인 평가로 봐줄 수도 있으니 여기서는 그냥 넘어가자. 중요한 문제는 니체가 사랑을 도덕과는 무관한 것, 선악의 저편에서 일어나는 것으로 보았다는 점이다.

이 세상이 사랑으로 넘친다면 도덕이 필요 없을지도 모르지만 세상이 그렇지 않기에 도덕이 필요한 것 아닌가? 니체의 말도 그런 뜻으로 이해할 수 있는 여지가 있긴 하지만, 설사 그렇다 하더라도 사랑에는 도덕이 필요 없다고 하는 그의 주장은 상당히 문제적이다. 니체는 멋대로 야수처럼 사랑을 하라고 권하지만, 우리는 그런 비도덕적인 사랑을 도저히 용납할 수 없다.

니체는 "보다 지체가 높은 인간들"에게 다음과 같이 말한다. "이 왜소한 덕을, 이 잔꾀를, 이 모래알 같은 배려를, 이 개미 떼 같은 잡동사니를, 이 측은한 안일을, 이 '절대다수의 행복'이라는 것을 극복하라!" 여기서 극복의 대상으로 지칭된 것은 천민들, 즉 "우리 모두는 평등하다"고 주장한다는 이유에서 천민으로 불리는 사람들이다. 그렇다면 니체에게는 지금의 우리도 천민이다. 왜냐하면 우리도 모두 "인간은 평등하다"고 주장하기 때문이다. 또한 우리는 니체가 부정하는 평등뿐만 아니라 '절대다수의 행복'도 이루어져야 한다고 믿기 때문이다.

그러나 나는 분명히 선언한다. 나는 천민이 아니다. 나는 천한 사람이 아니다. 물론 나는 남보다 지체가 높은 인간도 아니고, 그런 인간이 되고 싶지도 않다. 나는 남과 평등하기만 하면 된다. 나는 남보다 월등하지도 열등하지도 않다. 나는 천민이 아니고, 따라서 니체가 말하는 초인이 될 필요도 없다.

"신은 죽었다"고 니체는 왜 말했을까? 19세기의 유럽인들이 "신 앞에서 우리는 모두 평등하다"고 말했기 때문이다. 그러니 니체는 평등을 부정하려고 신부터 부정해야 했다. 그러나 지금 한국에 사는 우리는 평등을 말하면서 신을 불러낸 적이 없으니 우리 중 누군가가 설령 니체처럼 평등을 부정하고자 해도 굳이 신이 죽었다는 선언을 할 필요가 전혀 없다.

니체는 『차라투스트라는 이렇게 말했다』에 '만인을 위한, 그러나 누구를 위한 것도 아닌 책'이라는 부제를 붙였다. '만인을 위한'이라고 한 말은 모든 인간이 평등을 부정하기를 바란다는 뜻이겠는데, 그렇다면 민주주의 사회의 만인에게는 해당되지 않는 말이니 민주주의 사회에서는 『차라투스트라는 이렇게 말했다』가 결국 '누구를 위한 것도 아닌 책'이 될 뿐이다. 그러나 민주주의 사회에도 이상한 사람, 즉 평등해지기를 원하지 않고 스스로를 보다 지체가 높은 인간이라고 생각하거나 그런 인간이 되고 싶어 몸살을 앓는 자들도 있을 수 있다. 『차라투스트라는 이렇게 말했다』는 바로 그런 자들을 위한 책이다.

니체의 초인과 영원회귀

『차라투스트라는 이렇게 말했다』의 1부 첫 장에서 차라투스트라는 산에서 내려오다가 성자를 만나는데 그는 '신이 죽었다'는 사실을 모른다. 이어 차라투스트라는 군중을 만나 초인에 대해, 그리고 그 반대인 종말인에 대해 가르치는데 그 내용은 아무리 읽어봐도 무슨 말인지 애매하기 짝이 없다.

그 다음에 나오는 차라투스트라의 이야기 중 첫 이야기는 '세 단계의 변화에 대하여'다. 세 단계의 변화란 인간의 정신이 낙타에서 사자, 그리고 아이로 변한다는 것이다. 이에 대해서는 니체가 "인간 진화란 종의 생물학적 진화가 아니라 어디까지나 개인의 자기극복을 통한 정신적 진화임을 강조하고" 있는 것이라고 보는 견해가 있다. 이 견해는 니체가 '아이와 결혼에 대하여'에서 혼인의 의미를 출산에서 구하고 진화의 촉진을 위해 약자를 생식대열에서 제외시키고 도태시켜야 한다고 주장한 것을 부정하기 위해서, 또는 희석시키기 위해서 내세워진 것이다.

니체는 차라투스트라를 통해 초인을 말하는 동시에 영원회귀도 말한다. 즉 인간은 초인이 되도록 노력해야 한다면서도 모든 것은 이미 결정돼 있어 시간이 흘러도 원을 돌며 운명적인 필연성 속에서 끝없이 반복된다고 말하는 것이다. 이 두 가지는 서로 모순되니 합쳐질 수 없는 것 아닌가? 그러나 초인이 되는 것이 특정한 사람들에게만 가능한 것으로 미리 결정돼 있다고 한다면 문제가 풀린다. 그렇다면 초인이 되는 것도 영원회귀의 일부가 될 테니.

『차라투스트라는 이렇게 말했다』는 초인의 책이다. 아니 니체가 자신을 초인으로 부르고 신격화한 책이다. 이 책은 모든 사이비 종교의 성경이라고 해도 과언이 아니다. 이 책 이후에 니체가 쓴 모든 책은 초인인

〈사진 11〉 실바플라나 호수 근처의 바위. 니체는 이 바위를 보고 영원회귀에 대한 영감을 얻는다.

자신에 대한 신격화 선언의 각론일 뿐이다. 나는 자신을 신격화하는 것 자체가 나쁘다고 생각하지는 않는다. 적어도 니체는 그런 신격화를 이용해 남의 돈을 갈취하지도, 남의 가정을 파괴하지도, 수많은 여신도를 농락하지도 않았다. 그는 엄청난 비도덕을 설파하긴 했지만 수많은 비도덕적 신흥 종교인들과는 달랐다.

『차라투스트라는 이렇게 말했다』의 1부를 보면 초인 이야기부터 나온다. 그러나 초인이 어떤 사람인지에 대해 구체적으로 알려주는 바는 없다. 초인을 찬양하고 천민을 욕하는 이야기만 끝없이 이어진다. 그러다가 눈에 띄는 것이 '전쟁과 전사에 대하여'에 나오는 다음 구절이다.

> 싸움터에 나가 있는 나의 형제들이여! 나, 너희들을 진심으로 사랑한다. 나는 예나 지금이나 너희들과 같은 부류의 존재다.

1, 2차 세계대전 때 독일군 병사들이 배낭에 『차라투스트라는 이렇게 말했다』를 넣어 가지고 다녔던 것이 바로 이 구절 때문이었는지도 모르겠다. 이어 니체는 "너희들의 사상을 위하여!" 일전을 벌여야 한다고 말한다.

니체는 "노동이 아니라 전투를", "평화가 아니라 승리를" 권한다면서 "훌륭한 전쟁은 모든 명분을 신성한 것으로 만든다"고 한다. 노동자가 아니라 군인으로서 승리해야 하고, 그것은 옳다는 것이다. 이를 두고 노동자의 '자기실현'이나 '자기보존'과 반대되는 초인의 "자기 자신과의 끝없는 싸움"이자 "자기상승의 필수적인 요소"를 제시한 것으로 해석하는 견해(백승영, 249)가 있다. 또한 이 책에는 "사물의 이치를 터득하는 일에서 성자가 될 수 없다면 적어도 그것을 위한 전사는 되어야 할 것이다"라는 말이 나온다. 이에 대해서는 자본주의 아래서의 노동은 '자기가치'가 아닌 '타자의 가치'를 생산하는 노예의 노동이므로 그런 노동을 거부하고 '자기가치'를 창조하라는 의미로 보는 견해가 있다.

그러나 나는 『차라투스트라는 이렇게 말했다』에 나오는 위와 같은 말들은 노동자들에게 참전을 권하는 구호가 될 수는 있겠지만 노동과 관련된 문제를 해결하기 위한 방안을 제시하는 것일 수는 없다고 생각한다. 따라서 나는 위와 같은 해석에는 도저히 찬성할 수 없다. 도리어 니체는 노예와 전사를 다음과 같이 구별한다.

> 반항. 노예들에게는 그것이 미덕이다. 그러나 너희들에게는 복종이 미덕이 되어야 한다! … 이처럼 복종하는 생, 전쟁을 일으키는 생을 살도록 하라! 오랜 생에 무슨 가치가 있는가! 그 어떤 전사가 자비를 구걸하랴!

조금 전에 소개한 견해들에 입각해 이 구절을 읽으면 '자기가치'를 창조하려면 반항하지 말고 복종해야 하고, 게다가 빨리 죽어야 한다는 말이 된다. 터무니없는 말 아닌가? 한편 니체는 평화가 아닌 전쟁을 찬양하고, 기독교의 이웃사랑을 부정하며, 군인의 용맹성을 선으로 승격시킨다.

> 이웃사랑이라는 것보다는 전쟁과 용기가 위대한 일을 더 많이 해왔다. 지금까지 불행에 처한 자들을 구해낸 것도 연민이 아니라 용맹이었다. 무엇이 선이냐? … 용맹한 것이 선이다.

이러한 니체의 전쟁관을 니체의 국가 경멸과 대비시켜야 정확하게 이해할 수 있다는 견해가 있다. 그러나 니체의 전쟁관과 니체의 국가관은 별개로 보아야 한다. 『도덕의 계보』에서 니체는 "금발의 맹수 무리, 정복자 종족, 지배자 종족"이 바로 '국가'라고 보고 사회계약 등에 의해 국가가 성립한 것이 아니라고 하였으므로 국가를 경멸했다고 보기 어렵다. 도리어 정복자나 지배자 종족에 의한 전쟁을 니체는 극력 긍정한다.

또한 니체가 가치창조를 위한 '향기 나는 전쟁'을 가르쳤다고 보는 견해도 있다. 도대체 이 세상에 '향기 나는 전쟁'이 어디 있는가? 그리스의 '경쟁'을 은유한다고 해도 그것은 경쟁이지 전쟁이라 볼 수 없다. 우리는 니체가 두 번이나 참전한 바 있고 끝없이 전쟁을 찬양했다는 점에 주목해야 한다. 그는 특히 『인간적인, 너무나 인간적인』에서도 "전쟁은 필수적이다"라고 말하는 등 전쟁광의 면모를 드러냈다. 이 책의 다음 구절을 보라.

당분간 우리는 지쳐가는 모든 민족에게 야영지의 그 거친 활력, 비개인적인 깊은 증오, 양심에 거리낌 없는 살인자의 냉혹함, 적의 전멸 속에서 느끼는 공통된 조직적인 격정, 커다란 상실에 대한, 즉 자신의 현존과 친한 사람의 현존에 대한 자랑스런 무관심, 숨이 막힐 듯한 지진 같은 영혼의 감동은 모든 큰 전쟁이 그러한 것과 마찬가지로 강하고 확실하게 전달될 수 있는 다른 수단을 알지 못한다. … 문화는 정열과 악덕, 그리고 악의 없이는 전혀 살아남을 수가 없다. 제국이 된 로마의 사람들이 전쟁에 약간 싫증이 났을 때 그들은 동물사냥, 검투사들의 싸움, 그리스도교 박해에서 새로운 힘을 얻으려는 시도를 했다.

그런가 하면 니체는 『차라투스트라는 이렇게 말했다』의 '새로운 우상에 대하여'에서 국가를 경멸하고 대신 민족을 내세운다.

국가란 온갖 냉혹한 괴물 가운데 가장 냉혹한 괴물이다. 이 괴물은 냉혹하게 속여댄다. 그리하여 그의 입에서 "나, 국가가 곧 민족"이라는 거짓말이 스스럼없이 나온다. 그것은 거짓말이다!

여기서 문제는 니체가 국가와 구별해 내세우는 민족이란 것이 무엇인가 하는 점이다. 이와 관련해 니체는 "민족을 창조해내고 그 민족에게 신앙을 제시하고 사랑을 제시한 것은 국가가 아니라 창조하는 자들이었다"라고만 말한다. 니체는 민족 자체를 중시한 게 아니라 민족의 창조자 내지 지도자를 중시한 것이다. 민족과 국가가 어떻게 다른가는 니체는 아무 말도 하지 않는다. 그러나 니체의 반국가적 관점은 사회주의나 아나키즘의 그것과는 전혀 다르고, 그는 단지 창조적인 지도자가 이끄는 '민족'과 그런 지도자가 없는 '국가'를 대립시킨 것으로 볼 수 있을 것이다.

니체는 국가에 의한 교육을 부정하고 언론과 부도 부정한다. 그것은 현대 독일국가에 대한 그의 비판과 같다.

여기 존재할 가치가 없는 자들을 보라! 저들은 창조하는 자의 업적과 현자들의 보물을 훔쳐낸다. 그러고는 그 같은 도둑질을 불러 교육이라고 한다. 그리하여 저들에게는 모든 것이 병이 되고 재난이 된다!
여기 존재할 가치가 없는 자들을 보라! 자나 깨나 병든 채 신음하는 자들을. 저들은 자신들의 담즙을 토해내고는 그것을 신문이라고 부른다. 저들은 게걸스럽게 먹어대기는 하지만 제대로 소화시키지는 못한다.

여기 존재할 가치가 없는 자들을 보라! 부를 축적하는데도 더욱 더 가난해지고 있지 않은가. 저들은 권력을 원하며, 그 무엇보다도 먼저 권력의 지렛대인 많은 돈을 원한다. 저 무능력하기 짝이 없는 자들은!

니체는 국가에서 벗어난 위대한 영혼의 "자유로운 삶"은 "적게 소유하는" 삶이라고 한다. 그러나 그런 국가에 대한 대안이 '조촐한 가난'만으로 충분할까?

니체의 정신대식 여성관

『차라투스트라는 이렇게 말했다』 중 '벗에 대하여'라는 부분에서 니체는 여성에 대해 다음과 같이 말한다.

여인들의 가슴 속에는 너무도 오랫동안 노예와 폭군이 숨어 있었다. 그래서 여인들은 아직도 우정이라는 것을 모른다. 사랑을 알 뿐이다. 여인들의 사랑, 그것은 사랑하지 않는 모든 것에 대해 공평하지 못하며 맹목적이다. … 여인에게는 우정을 나눌 능력이 없다. 여인은 여전히 고양이며 새다. 기껏해야 암소 정도다.

여기서 암소란 생식기능을 강조하면서 여성을 비유한 말이다. 이런 점은 이 구절보다 뒤에 나오는 구절에서 니체가 다음과 같이 말하는 데서 알 수 있다. "여인에게 있어서 모든 것이 하나의 해결책을 갖고 있으니 임신이 바로 그것이다. 여인에게 사내는 일종의 수단일 뿐이다. 목적은 언제나 어린아이다." 그다음에 일제가 징병을 하고 정신대를 동원할 때 내걸었을 법한 말이 나온다. 차라투스트라는 여인에게 다음과 같이 말한다.

> 사내는 전투를 위해, 여인은 전사에게 위안이 될 수 있도록 양육되어야 한다. 그 밖의 모든 일은 어리석은 일이다. … 여인은, 아직은 존재하지 않은 그런 세계의 여러 덕의 빛을 받아 반짝이는 보석처럼 순수하고 섬세한 놀잇감이 되어야 한다. … 사내여, 여인이 사랑할 때 여인을 두려워하라. 사랑하는 여인은 사랑을 위해 모든 것을 희생하기 때문이며, 그 밖의 모든 것들은 그에게 무가치하기 때문이다. 사내여, 여인이 미워할 때 여인을 두려워하라. 사내는 그 영혼의 바탕에서 사악할 뿐이지만 여인은 바로 그 바탕에서 열악하기 때문이다. … 사내의 행복은 '나는 원한다'는 데 있다. 여인의 행복은 '그는 원한다'는 데 있다. … 그리고 여인은 순종해야 하며, … 표면은 여인의 정서, 일종의 얕은 물 위에서 요동치는 격한 살갗이다. 이와 달리 사내의 심정은 깊다. … 여인이 이러한 사내의 힘을 짐작은 하겠지만 이해는 못한다.

이에 여인이 답한다. "여인들에게 가려는가? 그러면 채찍을 잊지 말라!" 여기서 니체는 여성보다 남성이 우월하다는 생각과 여성을 멸시하는 태도를 노골적으로 드러낸다. 그런데 "여인들에게 가려는가? 그러면 채찍을 잊지 말라!"라는 여인의 말을 두고 여성들이 쉽사리 이성애에 참여하지 않을 것임을, 다시 말해 더는 남성의 승리를 확신할 수 없는 권력 투쟁이 벌어질 것임을 암시하는 것이라고 보는 견해가 있다. 무슨 소리인가? 도대체 어떻게 그런 생각이 가능한가?

또한 위 구절 중 "표면은 여인의 정서, 일종의 얕은 물 위에서 요동치는 격한 살갗이다"라는 표현을 두고 "표면이 심층을 가리고 있는 게 아니라 심층에 대한 열망이 표면의 다양성을 가리고 있음"을 여성들은 이해한다는 뜻으로 해석하고 이를 여성의 화장에 비유하는 견해가 있다. 이런 견해를 밝힌 이는 여성은 남성에게 거리를 두는 존재이고 따라서 여성이라는 것의 본성은 규정될 수 없다고 니체가 보았다는 자기 나름의 판단과 위 표현을 연결시키고, 나아가 니체에게는 여성이 "영원한 생성을 의미할 뿐"이라면서 다음과 같이 말한다.

> 남성에게도 여성에게도 '여성이 되는 것', '여성을 갖는 것'은 중요하다. 가장 나쁜 것은 남성도 아니고 여성도 아닌 '불임증'에 걸린 인간이다. … 만약 니체가 당대의 페미니스트들을 불임증의 여성이라고 비판했다면 그것은 우리가 알고 있는 여성에 대한 비난과는 전혀 다른 의미일 것이다.

그러나 나는 남녀 모두에게 '여성이 되는 것', '여성을 갖는 것'이 중요하다고 한 이유를 도저히 알 수 없다. 또 불임증이란 "새로운 가치 창조 능력이 없는 사람"을 뜻한다고 하는데, 그것이 구체적으로 무슨 의미인지도 분명하지 않다. 도대체 새로운 가치가 무엇인가? 니체에게 새로운 가치라고 할 만한 것은 오로지 '초인'이 되는 것임을 우리는 앞에서 보았다. 그렇다면 위 인용문에서 "니체가 당대의 페미니스트들을 불임증의 여성이라고 비판했다"는 말은 곧 불평등을 신봉하는 초인이 되지 못한다고 비판했다는 것이 되는데, 이런 니체의 비판을 '평등을 주장하는 천민 페미니스트에 대한 불만의 표현'이라고 애써 이해한다고 해도 그것이 무슨 특별한 의미를 가진 것일 수가 있고, 또 그것이 어떻게 여성을 열등한 존재로 본 니체의 여성관과 다른 것일 수가 있는지 모르겠다. 도리어 니체는 페미니즘이 "강한 아이를 낳는다는 여성의 최초이자 최후의 천직을 무력하게 만든다"고 했다. 이러한 니체의 여성혐오는 당대 페미니즘에 대한 니체의 공격에서 더욱 분명하게 드러난다.

니체는 생식을 위한 결혼만을 인정한다. 결혼하려는 젊은이에게 니체는 "너는 한 아이를 원할 자격이 있는 그런 자인가?"라고 묻는다. 또 결혼에 대해서는 다음과 같이 말한다. "너는 더욱 고상한 신체를 창조해내야 한다." "혼인. 그것을 나는 당사자들보다 더 뛰어난 사람 하나를 산출하기 위해 짝을 이루려는 두 사람의 의지라고 부른다." "아, 짝을 이루고 싶어 하는 영혼의 저 구차함이여! 아, 짝을 이루고 싶어 하는 영혼의 저 더러움이여! 아, 짝을 이루고 싶어 하는 영혼의 저 자기만족이여!" 니체는 또한 다음과 같은 말도 한다.

나는 사내와 계집이 이러하길 원한다. 한쪽은 전쟁에 능하고 다른 쪽은 아이를 낳는 데 능하되 … 너희들이 하는 결혼, 고약한 결합이 되지 않도록 조심할 일이다. … 앞을 향해서만 생식하지 말고, 위를 향해서도 생식하라!

괴테의 대명사처럼 회자되는 '영원히 여성적인 것'이란 말을 니체 역시 따라 했다는 이유에서 그를 페미니스트라고 보는 새로운 해석이 나오기도 했지만, 정작 니체 자신은 그 말을 '거짓말'이라고 하면서 괴테를 풍자하는 데 사용했다. 사실 '영원히 여성적인 것'이란 말은 19세기 독일 대중이 "자신들을 마치 남편들을 '구원하는 은총'으로 생각하고 있는 아주 잘난 체하고 실없는 일부 여성들로 전형화되는, 여성의 사회적 역할에 대한 (숙녀처럼) 얌전빼는 식의 이상을 받쳐주기 위해" 사용한 말로, 괴테역시 그러한 여성상을 비판하며 버려진 아이를 죽이는 그레첸을 이상으로 삼았다.

니체의 잡것들

2부에서는 '잡것들에 대하여'라는 제목이 눈에 뜨인다. 종래의 번역에서는 '천민에 대하여'라고 했던 것이 새 번역에서는 '잡것들에 대하여'로 바꾸어 '천민'이 아예 '잡것'이 됐다. 이것이 더 니체의 사상에 맞는 시적인 표현이라고 번역자가 생각한 탓일까? 여하튼 그 제목 아래에 다음과 같은 구절이 나온다.

> 나는 지배자들이 무엇을 두고 지배라고 부르는지를 보고는 저들 지배자들에게 등을 돌리지 않을 수 없었다. 저들이 말하는 지배란 권력을 잡기 위해 잡것들을 상대로 벌이는 거래와 흥정일 뿐이었다. … 나는 오랜 세월을 귀가 먹고 눈이 먼, 그리고 벙어리가 된 불구자처럼 살아왔다. 권력을

추구하는 잡것들, 글이나 갈겨쓰는 잡것들, 그리고 쾌락이나 쫓는 잡것들과 함께 살지 않기 위해서였다.

내가 앞에서도 소개했지만 "니체 철학이 전제권력을 휘두르는 독재자나 노예들을 부려먹으며 안락한 생활을 누린 귀족들을 정당화해준 것처럼 말하는 사람들"의 태도는 잘못된 것이라는 견해를 밝힌 니체주의자는 바로 이 구절을 근거로 든다. 그러나 이 구절에 나오는 지배자는 니체가 철저하게 비판하는 '천민 민주주의'의 지배자들이다. 즉 니체가 말하는 '지배자'란 '천민의 지배자'이며, 그렇기에 그 '지배자'도 천민이기는 마찬가지다. 이와 관련해 니체가 지배종족과 하위종족이라는 말을 자주 사용한다는 점을 상기할 필요가 있다.

좀 더 높은 지배종족이 좀 더 하위의 종족, 즉 '하층민'에 대해 가지고 있는 지속적이고 지배적인 전체감정과 근본감정—이것이야말로 '좋음'과 '나쁨'이라는 대립의 기원이다.

또한 니체는 귀족적이고 긍정적인 가치평가('좋음'과 '나쁨')와 노예적이고 부정적인 가치평가('악함'과 '좋음')를 구별한다. 여기서 '좋음'이 두 가지 가치평가에 동시에 나타나지만, 니체는 그 둘이 전혀 다른 것이라고 한다.

겉으로 보기에 '좋음'이라는 개념에 대치된 '나쁨'과 '악함'이라는 두 개의 단어는 얼마나 다른가? 그러나 '좋음'이란 같은 개념이 아니다. 오히려 원한도덕이라는 의미에서 본래 누가 '악한' 자인가 하고 질문을 던져야 한다. 이에 대해 가장 엄격하게 대답한다면 다음과 같다. 바로 이와는 다른 도덕에서의 '좋은 사람', 바로 고귀한 자, 강한 자, 지배자가 본래 악한 사람인데, 이는 단지 변색되고 해석이 뒤바뀌고 원한의 독기 어린 눈으로 관찰되었을 뿐이다.

이 구절만 봐서는 무슨 소리인지 잘 알 수가 없으나, 요컨대 '고귀한 자, 강한 자, 지배자'가 귀족적 가치평가에서는 '좋음'이었으나 노예적 가치평가에서는 '악함'이 됐다는 소리인 것 같다. 이것이 무슨 뜻인지를 보다 정확하게 알기 위해서는 주인의 도덕에 대한 니체의 다음과 같은 설명을 읽어보아야 한다.

'좋음'의 개념을 결정하는 것이 지배자들일 때, 탁월함과 위계질서를 결정하는 것으로 느끼게 되는 것은 영혼의 고양되고 자부심 있는 여러 상태이다. 고귀한 인간은 그와 같이 고양되고 자부심 있는 상태의 반대를 나타내는 인간들을 자신에게서 분리시킨다. 그는 그러한 사람을 경멸한다.

즉 니체에게 '좋음'과 '나쁨'의 대립은 곧 '고귀한 것'과 '경멸할 만한 것'의 대립이고, 이는 '선'과 '악'의 대립과는 다른 것이다. 그리고 귀족에게 '좋음'이 노예에게는 '악함'이 됐고, 노예에게 '좋음'은 귀족에게 본래 '나쁨'이라는 것이다. 이것이 바로 니체가 말하는 가치의 전복이다. 니체는 유대-기독교의 노예도덕이 아리아인의 귀족도덕을 전복시켰다면서 자신이 그것을 다시 전복시켜 바르게 하려는 것이라고 주장한다. 이것이 니체사상의 결론이다. 그런데 이는 스피노자를 비롯해 수많은 서양인들이 비판한 '광신'의 또 하나의 형태에 다름 아니다.

이런 나의 생각과 달리, 니체가 "지상에는 천 개나 되는 선악의 기준들이 존재해왔다"고 했는데 이는 "단일한 기준에 반기를 들어온 위대한 창조자들이 존재해왔다는 것"을 말한 것이며 "정말로 문제가 되는 것은 '판단의 포기'"라는 견해가 있다. 그렇다면 니체의 가치판단도 그 '천 개' 중 하나에 불과한 것 아닐까? 니체는 판단의 포기를 하지 않고 어떤 내용으로든 판단을 내렸기에 위대하다는 것일까? "강자와 약자, 혹은 귀족과 노예의 구분이 양적인 것이 아니라 질적인 것"이라는 니체의 생각이 옳다는 것일까? 위 견해를 밝힌 이의 입장이 무엇인지 도대체 알 수가 없다.

니체의 평등 저주

'잡것들에 대하여' 다음에 나오는 '타란툴라에 대하여'에서 우리는 평등에 대한 저주를 읽게 된다. 역주가 전혀 없어 타란툴라가 무엇인지 정확하게 알 수는 없으나 아마도 우리가 일반적으로 아는 'tarantula', 즉 독거미를 말하는 것이리라. 이 낱말을 독거미라고 번역하지 않고 굳이 원어의 발음을 그대로 표기한 데에 무슨 심오한 뜻이 있는지를 나는 잘 모르겠다. 여하튼 니체는 '복수심에 불타 평등과 정의를 설교하는 자'를 독거미에 비유한다. 니체는 평등과 정의에 대한 요구는 '복수심'이나 '질투심', 또는 '상처받은 자부심'에서 나온다면서 이렇게 외친다. "평등해서도 안 된다! 내가 달리 말한다면, 초인에 대한 나의 사랑이 도대체 무엇이란 말인가?" 이처럼 니체는 노동자를 비롯한 민중을 끊임없이 비난하면서 그들의 길과는 다른 초인의 길을 내세운다.

다음 '왜소하게 만드는 덕에 대하여'에서 니체는 노동자를 비롯한 민중의 특징은 '왜소하다'는 데 있다고 주장하고, "왜소한 인간도 존재할 필요가 있다"는 것을 거부한다. 왜소한 우리 천민은 마침내 니체에 의해 사형을 당한 셈이다. 왜 민중이 왜소하다는 것일까? "행복과 덕에 대한 관한 저들의 가르침이 그렇게 만들었다"는 것이다. 여기서 '저들'이란 바로 민중이다. 그리고 '저들의 가르침'이란 소크라테스와 예수 등의 가르침이다. 니체는 심지어 다음과 같이 말한다.

> 물론 저들도 저들 나름대로 걷고 전진하는 법을 배운다. 그러나 그것은 내보기에 절름거림일 뿐이다. 그러니 저들은 서둘러 가려는 모든 사람에게 장애가 될 수밖에.

그러면서 니체는 그러한 민중의 '가장 고약한 위선'은 "명령하는 자조차도 섬기는 자의 덕으로 치장하고 있는" 것이라고 비난한다. 가령 민주주의의 지도자들이 '국민의 공복' 운운하는 것을 니체는 위선이라고 비난한 것이다. 지도자라면 그런 위선을 부리지 말고 확실하게 명령을 내리는 것이 옳다는 것이다. 그러나 우리는 우리의 지도자들이 '국민의 공복' 운운이라도 하는 것이 그들의 당연한 의무라고 생각한다. 만일 어떤 지도자가 정말로 위선으로 그런 소리를 하면서 실제로는 독재자처럼 명령만 일삼는다면 우리는 민주주의의 시민으로서 그를 쫓아내야 하고, 그를 쫓아내면 그만이다. 그러나 니체는 우리가 그렇게 하는 것을 용납하지 않는다. 왜냐하면 천민이 지도자를 쫓아낸다는 민주주의적 발상이 그에게는 처음부터 있을 수 없기 때문이다. 그래서 그는 자신의 벗에게 천민인 민중에게서 무조건 떠나라고 권하고, 절대적 명령자가 존재했던 과거를 끝없이 그리워한다.

니체의 학자 비판

내가 명색이 학자라서 그런지 『차라투스트라는 이렇게 말했다』에서 가장 흥미로운 부분 가운데 하나가 학자에 대한 비판이다. 니체는 학자에 대한 비판에 앞서 독일을 '교양의 나라'라고 부르면서도 그것을 "알록달록한 반점 투성이", "온갖 물감통의 본바다"이라고 비판하면서 다음과 같이 말한다.

"지난날의 기호로 가득 쓰이고, 그것들을 새로운 기호로 덧칠한 채, 이렇게 너희들은 기호를 해독해내는 사람들로부터 너희 자신을 잘도 숨겨왔다! … 너희들이 쓰고 있는 베일을 뚫고 온갖 시대와 민족이 다채로운 모습으로 들어오고 있구나. … 너희들의 정신 속에서 온갖 시대가 서로 반목하면서 떠들어댄다. … 너희들은 생식의 능력이 없는 존재들이다."

마치 21세기 대한민국을 지배하고 있는 '교양', '학문', '정신'의 화려한 사대주의 만화경을 보는 것 같다. 사실 오늘날의 한국에는 니체를 비롯해 "온갖 시대와 민족"이 "다채로운 모습으로" 들어와 있고, 또 계속해서 들어오고 있다. 니체는 학자를 경멸하고, 스스로 학자임을 그만둔다. "학자들이 살고 있는 집을 뛰쳐나왔다. 그러고는 문을 등 뒤로 힘껏 닫아버리고 나와 자유를 사랑하며 신선한 대지를 감싸고 있는 대기를 사랑한다. 그리고 학자들이 누리는 존엄과 존경 위에서 잠들기보다도 차라리 황소가죽 위에서 잠을 청하겠다"는 니체는 학자들의 관망하는 자세를 다음과 같이 비판한다.

> 학자들은 아직도 서늘한 그늘 아래 시원하게 앉아 있다. 저들은 무슨 일에서나 다만 관망자로 남기를 원한다. … 다른 사람들이 생각해낸 사상들을 우두커니 바라본다. … 저들이 지혜롭다고 자부하면서 내놓는 하찮은 잠언이나 진리는 나를 오싹하게 만든다. 늪에서 기어 나온 것처럼, 저들이 말하는 지혜에서는 자주 퀴퀴한 냄새가 난다. 사실 나는 일찍이 저들의 지혜에서 꽉꽉 대는 개구리소리를 듣기까지 했다!

학자임을 그만둔 니체 자신과 학자의 대조는 사실 천재와 학자의 대조다. 천재에 비하면 학자는 늙은 처녀처럼 생산하지도 출산하지도 못하는 존재라는 것이다. 더 나아가 학자란 "고귀하지 못한 천성의 인간", 즉 "지배력이 없고 권위가 없으며 자족할 줄도 모르는 천성의 덕목을 가진 인간"이라고 니체는 말한다.

여기서 니체가 고귀, 지배력, 권위, 자족 등의 결여를 이야기한 것은 특정한 학자의 인간성이나 학문적 영향력에 대한 것이 아니다. 고귀, 지배력, 권위, 자족은 모두 니체가 말하는 초인의 특성이자 귀족이나 지배자의 덕목이다. 또한 그것은 반민주주의적인 인간의 덕목이기도 하다. 반면 니체는 증명을 중시하는 학자를 '무리동물', 즉 천민으로 본다. 니체는 자신은 "나의 사상을 품은 채 여전히 저들의 머리 위를 거닌다"고 한다. 그리고 그 이유는 "평등하지 않은 것이 사람이기 때문"이라는 것이다. 여기서도 불평등주의와 위계질서에 입각한 니체의 철저한 반민주주의를 읽을 수 있다.

니체가 부순 낡은 서판

'낡은 서판과 새로운 서판에 대하여' 첫대목에서 니체는 "창조하는 자가 아니라면 그 누구도 무엇이 선이고 무엇이 악인지 모른다!"고 선언하고, 창조자가 아니면서 선악을 말하는 자들을 비웃는다. 나아가 그는 그런 자들의 '낡은 서판(書板)'에 맞서 자신의 '새로운 서판'을 보여준다. 그것은 곧 "이웃에게 온정을 베풀지 말라"는 것이다. 이는 "이웃에게 온정을 베풀라"는 성서의 계율에 대한 부정이다. 니체는 "이웃을 사랑하지 말라"고 권한다. 그는 대신 초인을 벗으로 삼으라고 권한다. "지금까지 자행된 것 가운데 가장 고약한 기만과 위선이 행해진 것도 바로 이웃사랑이란 말 아래에서가 아닌가"라면서 초인이 되기 위해서는 자기 자신을 사랑할 줄 알아야 한다고 말한다. 그런데 니체는 더 나아가 "도둑질하지 말라", "살인하지 말라"는 계율까지 부정한다.

니체에게는 선악의 구별이 있을 수 없고, 그 자신은 언제나 '선악의 저편'에 있다. 아니 그는 선악뿐만 아니라 모든 인간적 가치를 전복하면서 야수로 돌아가자고 주장한다. 야수의 강탈과 살육만이 진리이다.

그러나 상식적으로 물어보자. 니체나 니체주의자는 물론 누구인들 우리에게 "도둑질하라", "살인하라"라고 말할 수 있겠는가? 인간은 그렇게 하는 야수와 다르기 때문에 인간인 것이 아닌가? 인간은 탈(脫)자연화한 존재이기에 비로소 인간인 것이 아닌가? 니체는 성서를 가리켜 '죽음의 설교'라고 한다. 그는 플라톤을 비롯한 모든 철학자와 종교인을 '죽음의 설교사'라고 부른다. 그러나 오히려 "도둑질하라", "살인하라"라고 말하는 니체와 그의 차라투스트라야말로 '죽음의 설교사'가 아닌가?

'선악의 저편'이라는 것 자체가 성립될 수 있는 말일까? 니체는 선 자체를 부정하지는 않는다. 그는 적어도 사랑은 선이라고 본다. 그러나 그는 그것이 '선악의 저편'에 있다고 말한다. 왜 니체는 '선악의 저편'이라는 것을 설정한 것일까? 그가 그렇게 한 것은 그 자신이 '죽음의 설교'라고 비난한 플라톤 이래의 이원론과 기독교의 천당론을 답습한 것이 아닐까?

니체 말고도 기독교에 반발한 서양인은 많다. 니체가 자주 언급하는 스피노자도 그중의 한 사람이다. 스피노자는 교회의 독단과 미신을 "기독교의 가르침에 반한다"고 비판하면서도 기독교 그 자체, 즉 예수의 가르침에는 충실했다. 스피노자는 니체처럼 가치 자체의 전복 같은 것은 추호도 생각하지 않았다. 스피노자가 비판한 대상은 독단주의자나 종교재판관, 그리고 광신자였다. 우리는 스피노자의 비판에 동의한다. 그러나 니체는 다르다. 니체는 오로지 초인의 길만 갈구한다.

니체가 말하는 초인은 구체적으로는 나폴레옹이나 보르자 같은 독재자이지 흔히 말하는 '위대한 사람'이나 '천재'가 아니다. 니체가 보기에 그런 천재는 도리어 몸뚱이는 형편없이 왜소하면서 '거대한 귀'만을 가진 자, "한 가지에서는 너무 많이, 그 밖의 모든 것에서는 너무 적게 갖고 있는, 거꾸로 된 불구자"에 불과하다. 여기서 '거꾸로 된 불구자'인 천재를 우리 시대의 전문가로 보는 견해도 있지만, 니체의 '천재'는 그보다는 좁은 의미의 천재를 가리키는 말이니 전문가들은 화를 낼 필요가 없다. 게다가 니체는 전문가를 대단히 존중했음에 주의하라.

니체주의자들은 "신은 죽었다"라는 니체의 말은 신 그 자체가 아니라 신앙, 즉 모든 우상숭배가 죽었다는 뜻이고, 니체는 우상숭배를 하는 '신앙인' 대신 '초인'을 내세운 것이라고 말한다. 그러므로 초인의 대표는 예수이고, '신앙인'의 집회는 교회라는 것이다. 또한 예수는 유일한 기독교인이고 그를 숭배하는 기독교인들은 모두 노예와 같은 '신앙인'에 불과하다고 한다. 이런 해석은 그럴 듯하게 들린다. 그러나 내가 앞에서도 말했지만 니체가 죽었다고 한 신, 또는 니체가 죽인 신은 어디까지나 기독교나 유대교와 같은 서양종교의 신임에 주의해야 한다.

니체가 말하는 초인은 아직 나타나지 않은 존재이며, 니체는 그가 나타나기를 소망한다. 그러므로 니체의 초인은 현재의 지배자, 권력자, 부자, 귀족을 말하는 것이 아니다. 도리어 니체는 그런 부류를 천민, 즉 권력과 자본의 노예라고 부르기도 한다. 니체는 『도덕의 계보』에서 귀족과 노예를 그들이 추구하는 가치를 기준으로 구분한다. 즉 귀족은 개별적 가치를 추구하지만 노예는 보편적 가치를 추구한다는 것이다. 그런데 니체는 보편적 가치를 부정한다. 가치는 나라나 시대에 따라 다르기 때문이라는 것이다.

『차라투스트라는 이렇게 말했다』 독서 끝!

이 정도로 우리는 『차라투스트라는 이렇게 말했다』 읽기를 끝내도 좋다. 다만 그 끝에 붙은 번역자의 해설은 읽어보고 책을 덮자. 번역자는 "다 읽고 나서는 대체로 실망하여 … 빈손으로 책을 덮게 된 … 독자에게 아무것도 줄 수 없다"면서 "글 속에 담겨 있는 사상들을 찾아내지 못하는 한 이 작품은 굳게 닫혀 있는 보고"라고 말한다. 또한 번역자는 "우주 운행의 원리는 영원회귀"라는 것이 이 책의 핵심 주제라고 한다. 우주는 유한한데 시간은 무한하여 만물은 영원히 이합집산할 뿐이고 모든 것은 영원히 제자리로 돌아온다는 것이 그 뜻이라고도 한다. 그리고 이는 "독수리의 몸을 감고 있는 뱀과 반지" 등에 의해 상징화돼 있다고 한다.

정말로 대단하다! "우주 운행의 원리는 영원회귀"라는 말 한 마디에 그렇게 깊은 뜻이 숨어 있었다니! 그런 깊은 뜻을 알아차리지 못한 나는 정말이지 무식한 잡것이로다! 번역자는 우주의 원리가 그러하니 인간은 타고난 운명을 사랑해야 하고, 이 세상에는 온통 천민, 잡것, 도덕군자, 파리 떼뿐이니 초인이 나타나야 한다고 니체가 주장했다고 한다. 그래서 나는 비로소 깨닫는다. 우리 천민은 우주의 원리를 몰라서 운명을 사랑하지 못하는구나! 제 운명을 모르고, 제 팔자를 모르고, 제 주제를 모르는 채 민주주의니 평등이니 하고 파리 떼처럼 설쳤구나! 그래서 초인이 나타나야 한다고 하는 것이로구나!

그런데 번역자는 만물은 '힘에의 의지'를 갖는다고 니체가 말했다고 한다. 그래? 그렇다면 불평등에 시달리는 우리가 평등을 외치는 것도 '힘에의 의지'가 아닌가? 유감스럽게도 니체는 아니라고 한다. 평등은 천민이 왜소화되는 길이기에 아니라는 것이다. 다윈의 생존경쟁이나 쇼펜하우어의 생존의지도 "힘을 만방에 펼 능력이 없는 소인배들의 구차한 전략에 불과하다"고 한다. 왜 그렇지? 나는 모르겠다. 니체가 그렇게 말한 이유를 잘 모르겠다. 그저 소인배는 무조건 안 된다고 한다. 그게 소인배의 운명이고 주어진 팔자란다. 아, 고작 이런 게 니체의 '보고' 같은 사상이란 말인가? 이런 팔자철학, 운명철학이 '보고'라는 것인가? 소인배인 우리는 영원히 소인배일 뿐이니 초인을 기다리는 수밖에 없다는 것이 아닌가? 우리를 파리 떼니 뭐니 하며 끝없이 모욕하고 우리더러 초인이나 기다리라고 하는 이 책을 우리가 무엇 때문에 읽어야 한단 말인가?

내가 읽은 『차라투스트라는 이렇게 말했다』는 평등을 주장하는 민중(여성을 포함하여)을 천민이니 잡것이니 하며 철저히 무시하고 불평등을 주장하는 초인을 끝없이 예찬하는 책이며, 그러면서도 초인이라는 게 민중을 무시하는 존재인 것 외에는 어떤 존재인지에 대해서 아무런 가르침도 주지 않는 책이다. 그래서 니체의 가르침대로 초인이 되고자 마음먹어도 민중을 천민이라고 욕하는 것 외에는 별 뾰쪽한 길이 없음을 알게 될 뿐이다. 그래서 우리는 평등과 민중에 대한 믿음을 유지하면서 이 책을 읽으면 우리 자신을 학대하게 되는 것 외에는 다른 소득을 얻을 게 없다. 그런 불필요한 자학을 하게 되려고 『차라투스트라는 이렇게 말했다』

를 굳이 읽어야 하는가?

『차라투스트라는 이렇게 말했다』는 자타가 공인하듯이 대단히 난해한 책이고, 그래서 수많은 국내외 전문가들이 수많은 연구를 거듭하고 논저를 펴냈어도 그 내용에 대한 견해가 서로 다르다. 게다가 우리는 그것을 매우 어색한 우리말 번역으로 읽어야 한다. 그렇다고 우리 모두가 그것을 원서로 읽을 수도 없지 않은가? 뛰어난 니체 연구가도 다음과 같이 말한 바 있다.

> 나 역시 대학에 다니며 이 책을 접하기 시작했고, 대학원에 다니면서 독일어 공부를 겸해서 친구들과 앉아 한 줄, 두 줄씩 원서를 읽어가며 강독을 하곤 했다. 그러나 이 책이 담고 있는 상징과 비유, 철학적 내용이 제대로 해석되지 않아 고민을 하며 읽은 기억이 난다.

평생 니체만을 연구하다시피 하는 연구가도 그렇다면 일상에 바쁜 일반 시민이, 더욱이 수험공부로 머리가 터질 지경인 우리나라 학생이 어떻게 니체를 제대로 읽을 수 있겠는가? 그럼에도, 아니 어쩌면 바로 그렇게 때문에 이 책은 우리나라에서 이미 20차례 이상 번역됐고(이는 자랑스럽기는커녕 부끄러운 일이지만), 세계적인 고전으로 평가를 받고 있는 것인지도 모른다. 중고등학생이 고전이라고 하는 이 책을 부모나 교사의 지도 아래 수험공부용으로 읽는다면 그나마 다행히 나처럼 되지 않을 수

■ * 『서양의 고전을 읽는다』(휴머니스트, 2006) 중 김정현의 글.

도 있겠지만, 반대로 나처럼 수험용이 아니라 인생용으로 스스로 선택해 읽다가 니체의 정신이 충실해지면 그 파괴적인 내용 때문에 저자인 니체 처럼 미치지 않는다면 타락할 수밖에 없지 않을까. 그래서 나는 이 책을 아이들에게는 도저히 읽으라고 권하지 못하겠다.

중고등학생만이 아니라 솔직히 말해 오늘날의 대학생이나 성인에게도 니체가 위험하기는 마찬가지다. 니체는 노동자와 여성과 민주주의를 모욕하고 귀족주의와 전제주의를 찬양한다. 순진한 어린이가 이 책의 내용을 고전의 진리로 믿고 받아들인다면 불법 포르노를 읽거나 보는 것보다 그에게 더 나쁜 결과가 초래되지 않을까? 순진한 어린이뿐이랴. 사춘기 청소년이나 대학생, 그리고 성인의 경우에도 마찬가지가 아닐까? 우리는 노동자와 여성과 민주주의를 욕하는 귀족주의와 전제주의의 역사를 수천 년이나 이어왔고, 그런 역사를 '자랑스러운 전통'으로 알고 있으며, 헌법으로 민주주의를 한다고 선언한 1948년 이후에도 적어도 1987년까지 40년 가까운 세월 동안에는 역시 그렇게 반민주주의적으로 살아왔다. 게다가 지금도 반민주주의 사상을 옳다고 굳게 믿거나 주장하는 사람들이 적지 않게 존재한다. 그러니 우리나라에서 니체의 인기가 대단한 것이 당연하다고 볼 수도 있다. 『차라투스트라는 이렇게 말했다』를 비롯한 니체의 책과 비슷한 것으로 히틀러의 『나의 투쟁』이 있지만, 그것은 훨씬 더 노골적인 책이다. 그 책을 '고전'이라고 말하는 대학도 교수도 없으니 사람들은 이를 아예 고려하지 않는다. 그러나 니체의 책은 당당한 '고전'이고 논술시험에 '지문'으로도 나온다. 중고등학생들이 고전도 읽고 논술시험 대비도 한다는 일석이조의 태도로 니체의 책을 읽게 된다.

요즘 아이들은 지나치게 영악하거나 아예 무신경해서 책 따위로 인해 타락하지도, 그 반대의 영향을 받지도 않는다고 말하는 사람들도 있지만, 사실 내가 더 우려하는 것은 그들 속에 내재화된 반민주주의-엘리트주의를 니체의 책이 더욱 강화시킬 수 있다는 점이다. 여성을 대놓고 멸시하는 니체의 여성론이야 이미 교육수준이 높아진 우리나라의 여성들에게 통할 리 없다. 하지만 노동자 인권과 민주주의에 대한 반발은 남녀를 불문하고 우리나라 국민의 상당수가 니체와 거의 같은 정도라고 나는 판단하고 있다. 이런 상황에서 니체를 읽는 국민이 많아지면 노동자나 민주주의에 대한 반발이 더욱 강화될 수도 있다. 1987년 이후의 소위 '민주화' 과정에서도, 그리고 어쩌면 그 이후에는 더욱 더 노동자 인권이나 민주주의에 대한 주장이 강화된 만큼 그에 대한 반발도 커졌다고 볼 수 있다. 2003년과 2008년의 대선 결과도 이런 반발과 무관하지 않다. 게다가 노동조합 조직률의 지속적인 저하를 비롯한 여러 통계수치의 움직임에서 반노동자 정서의 확대를 볼 수 있고, 출세와 경쟁의 신화가 갈수록 강화되는 흐름에서 반민주주의 정서의 확대를 볼 수 있지 않은가?

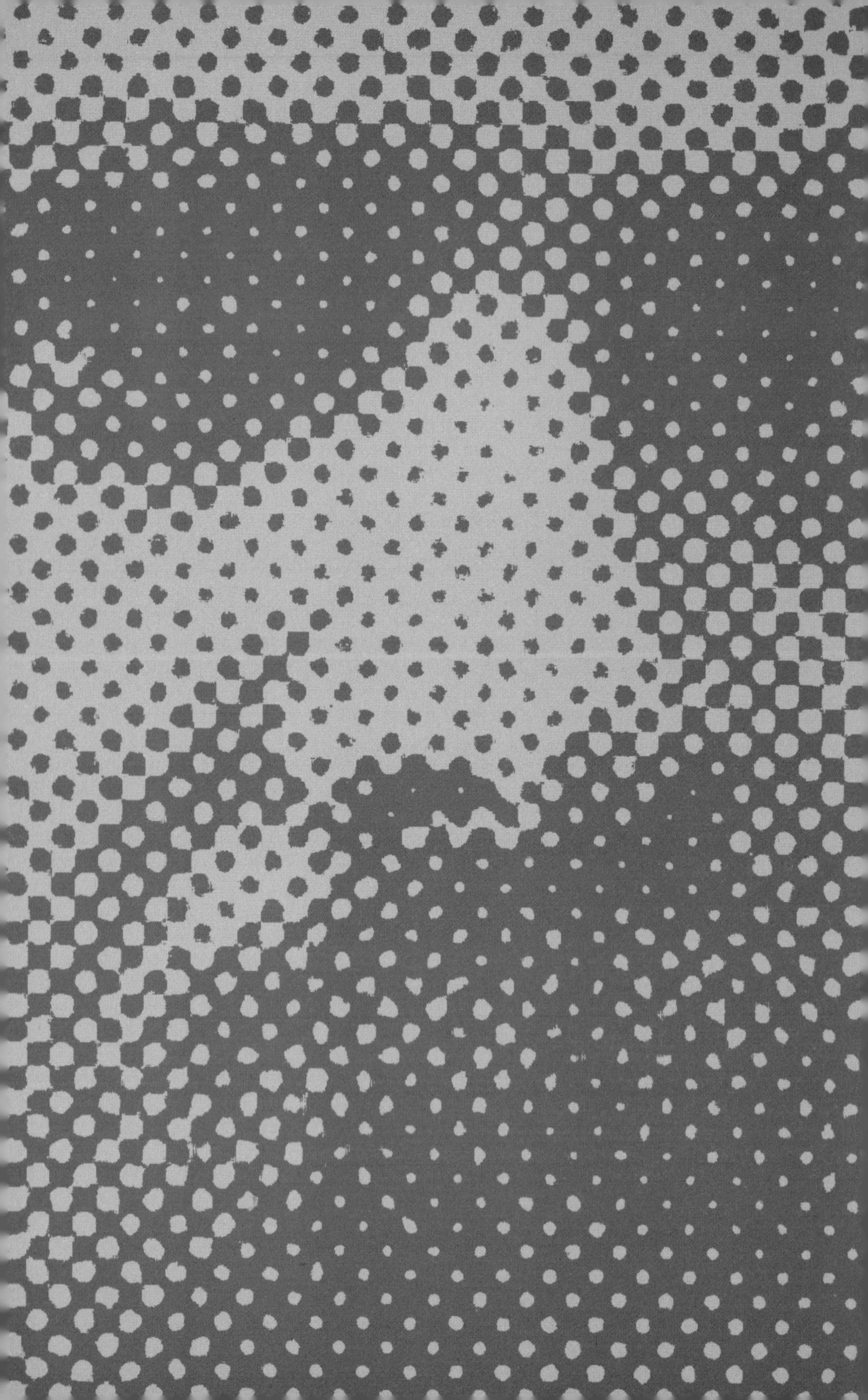

6.

니체 반민주주의의
절정

니체의 노골화된 반민주주의

이제부터는 '말기' 니체의 반민주주의를 검토하고자 한다. 여기서 '말기'
란 초기와 중기에 대응되는 시기구분의 단위이기도 하지만, 이와 동시에
'말기적'이란 뜻도 갖고 있다. 다시 말해 나는 니체에 대해 이 말을 마지
막 완성기라는 의미보다는 노골화라는 절정의 발악기와 이후의 쇠퇴기
라는 의미로 사용한다. 나는 1장에서 니체의 반민주주의를 개괄적으로
설명하면서 그의 말기 저서인 『선악의 저편』과 『도덕의 계보』를 인용한
바 있다. 그리고 독자들은 4~5장을 읽으면서 니체의 초기 저작과 중기
저작에 대한 나의 설명이 1장의 개괄적 설명과 크게 다르지 않음을 눈치
챘을 것이다. 사실 니체가 초기와 중기의 저작에서 주장하는 내용은 말
기 저작에서도 그리 큰 변화 없이 반복된다. 그래서 나는 니체의 사상이

초기, 중기, 말기를 거치면서 어떤 발전을 보였다기보다는 '영원회귀'라는 그의 개념처럼 끝없이 반복되고 '힘에의 의지'라는 그의 또 다른 개념처럼 줄곧 하나의 '힘'을 지향했다고 본다. 그 '힘'은 바로 초인, 반민주주의의 귀족제, 디오니소스적인 것 등 니체가 어린 시절부터 추구한 가치다.

니체를 반민주주의자로 보는 나에게 그의 주저는 『차라투스트라는 이렇게 말했다』가 아니라 『선악의 저편』과 『도덕의 계보』다. 물론 니체는 산문시의 형식을 빌려 쓴 『차라투스트라는 이렇게 말했다』에서 자신의 반민주주의를 은유로 표현했지만 그 뒤에 쓴 『선악의 저편』과 『도덕의 계보』 등에서는 노골적으로 자신의 반민주주의를 드러낸다. 특히 니체는 『이 사람을 보라』에서 『선악의 저편』을 '귀족학교'라고 규정했다. 그런데 '귀족학교'라는 말은 『선악의 저편』만이 아니라 니체의 전부, 니체의 저술 전부, 니체의 사상 전부에 적용될 수 있다.

『선악의 저편』

『선악의 저편』(1886)에는 '미래철학의 서곡'이라는 부제가 달려 있다. 한국어판 번역자는 역자해설에 '인류의 미래도덕과 새로운 미래철학의 사유'라는 제목을 달았고, 그 글머리에서 니체가 이 책을 2000년경에야 제대로 읽힐 수 있을 것이라고 한 말을 소개한다. 다행히도 그 2000년경이 이미 지나 우리는 이 책을 읽고 있으나 유감스럽게도 내가 보기에 이 책은 지금도 읽을 만한 것이 못 된다. 왜냐하면 이 책은 니체식 반민주주의의 결정판이기 때문이다. 니체는 이 책이 2000년경에야 읽힐 수 있을 것이라고 절망적으로 말했지만 실제로는 이 책이 1886년에 출판된 뒤 20년도 채 지나지 않아 터진 1차대전 이전부터 읽히기 시작했고, 특히 1920~40년대에 독일에서는 파시즘의 성경처럼 읽혔다.

번역자에 의하면 니체는 전통적인 '이성적 주체=자아' 개념을 부정하고 자아를 "무의식, 정동, 충동 등이 함께 작동하는 몸의 활동"으로 보았고, 이는 현대인의 천박한 왜소화 경향, 즉 "정서적인 심리 내적 세계 전체의 승화나 고양 없이 단순히 외형적 지식만을 쌓아가고 있는" 경향에 대한 그의 비판과 연결된다고 한다. 무슨 뜻인가? 자아라는 것이 원래는 그렇지 않았는데 현대에 와서 그렇게 됐다는 말인가? 현대인이 외형적 지식만을 쌓아서 문제라는 말인가? 니체는 자아를 본래부터 비이성적인 것, 즉 야수적인 것으로 보았고, 현대 민주주의를 극복하는 초인을 자유정신의 인간이라고 했지만, 그 자유정신이란 우리가 흔히 말하는 민주주의적 평등에 근거한 자유정신이 아니라 불평등을 전제로 한 귀족적 소수의 자유정신이고, 그 귀족적 소수를 떠받치는 다수의 노예를 전제로 하는 개념이다. 니체는 대다수 인간은 자유정신은커녕 최소한의 자유도 누릴 수 없는 노예라고 주장했다. 이것이 바로 니체가 말하는 '미래철학'이다.

『선악의 저편』은 '힘에의 의지'가 무엇인지를 가장 잘 알게 해주는 책이다. 1장 '철학자들의 편견에 관하여'에서 니체는 이렇게 말한다. "무엇보다도 생명이 있는 것은 자신의 힘을 발산하고자 한다. 생명 그 자체는 힘에의 의지이다." '힘에의 의지'는 니체 철학의 핵심이며 대단히 난해하고 복잡한 개념이라고들 하지만 사실은 그렇지 않다. 우리도 니체처럼 "모든 생명에는 힘에의 의지가 있다"고 얼마든지 상식적으로 생각하고 말할 수 있다. 이 말이 처음으로 나온 부분을 읽어보자.

> 저마다의 민족 위에는 저마다의 가치를 기록해둔 서판이 걸려 있다. 그것은 저마다의 민족이 극복해낸 것들을 기록해둔 서판이다. 보라. 그것은 저마다의 민족이 지닌 힘에의 의지의 목소리이니.

여기서 니체는 민족의 힘을 말하고 있다. 이 구절에 나오는 '서판'과 관련해 니체는 '낡은 서판'과 '새로운 서판'을 구별한다. '낡은 서판'이란 유대민족이나 그리스도교를 믿는 옛 유럽인들의 십계명을 말하는 것이고, 이에 대립하여 니체 자신이 내세우는 '새로운 서판'이란 독일민족이나 유럽민족의 뭔가 새로운 가치를 말하는 것이 분명하다. 물론 니체주의자들은 새로운 서판이란 그런 게 아니라 니체가 인류나 세계에 주는 새로운 가치라고 말할 것이고, 특히 우리나라의 니체주의자들은 니체의 새로운 서판을 받는 민족에 우리 한민족도 당연히 포함된다고 말할지도 모르겠지만 니체에게 그런 생각이 있었는지는 의문이다.

니체가 말하는 힘, 독일어로 마흐트(Macht)란 단순히 힘이나 능력을 가리키는 크라프트(Kraft)와 달리 '권력', '지배력', '영향력', 나아가 '강국', '대국' 등을 뜻하기도 한다. 즉 이 말은 다른 존재 내지 힘에 작용해 그것을 자신에게 종속시키고자 하는 투쟁성이나 정치성이라는 뜻을 내포하고 있고, 이런 점에서 '의지'나 '~에의 의지'라는 표현에 들어 있는 능동적인 방향성이나 지향성과도 잘 맞아 떨어진다. 따라서 '힘에의 의지'를 과거에 '권력에의 의지'라고 번역한 것도 반드시 잘못이라고 할 수 없다. '힘에의 의지'는 "다른 것을 자신에게 복종하게 만드는 의지"를 뜻하기도 한다.

니체는 '힘에의 의지'를 주장한 반면 '생명에의 의지'는 부정했다. "오직 생명이 있는 곳, 그곳에만 의지가 있다. 그러나 나, 가르치노라. 그것이 생명에 대한 의지가 아니라 힘에의 의지라는 것을!" 이는 '생명'을 버리고서라도 새로운 것을 창조하는 '힘에의 의지'가 필요하다는 뜻으로 이해된다. 그러나 니체가 말하는 '힘에의 의지'는 '자아', '존재', '이성', '원인' 등의 개념과 모순될 수 있다는 점에서 비판의 대상이 되기도 하고, 새롭게 해석되기도 한다.

니체는 '의지'를 다양한 감정, 사고, 명령의 정서가 포함된 복합적인 것으로 본다. 『선악의 저편』에 나오는 다음 구절을 보라.

이는 실상 명령의 정서이다. 의지의 자유라고 불리는 것은 본질적으로 명령에 순종해야만 하는 자에 대한 우월의 정서이다 : 즉 "나는 자유이다. '그'는 복종해야만 한다." 이러한 의식이 모든 의지 속에 숨어 있다. … 그리고 모든 것은 여전히 명령하는 자의 상태에 속한다는 것이 숨어 있다. … 모든 의지작용에서 중요한 문제는 이미 말한 바 있듯이 오로지 많은 영혼의 집합체를 바탕으로 한 명령과 복종이다. 그렇기 때문에 철학자는 의지 그 자체도 이미 도덕의 관점에서 파악하는 권리를 가지게 되었다. 즉 도덕이란 '생명'의 현상이 발생하는 지배관계에 관한 학설로 이해된다.

번역이 매끄럽지는 않지만, 이 구절에서처럼 '의지'를 복합적이고 상대적인 것으로 보는 니체의 심리학적 분석에 대해서는 찬성할 수 있다. 그러나 '의지'의 형성을 뒷받침하는 명령-복종의 심리적 구조를 곧바로 사회관계나 정치관계에 적용해 "지배하고 있거나 지배하려는 모든 것에 반대하는 민주주의적인 특이체질, 현대적인 지배자 혐오주의"를 문제 삼는 니체의 태도는 도저히 용납할 수 없다. 또한 니체주의자들이 민주주의에 대해 "'힘에의 의지'에 따라 작동하는 역사에 대한 무지"라고 하는 말이나 '힘에의 의지'와 관련된 니체의 주장을 포스트모더니즘의 기초이론으로 받아들이는 태도는 반민주주의적인 것으로서 도저히 용납할 수 없다.

'힘에의 의지'와 관련된 또 하나의 문제는 소위 '차이'라는 개념이다. 우리는 5장에서 니체가 차라투스트라를 통해 평등을 멸시하고 전쟁과 불평등을 통한 초인의 길을 역설한 반민주주의자임을 보았다. 그는 또한 『선악의 저편』에서 여성이 평등을 주장하면 도리어 여성적 본능을 잃고 남성을 '두려워하는 것'을 잊는다고 주장했다. 그런데 여기서 '두려워하는 것'이란 "공포가 아니라 한 성이 다른 성에 대해 느끼는 긴장감이나 경이감"이며 따라서 '차이'에 대한 인정이라고 주장하는 페미니스트들이 있다(데리다, 들뢰즈, 이리가레 등). 그러나 나는 그러한 주장이 갖는 의미가 아무리 인정할 만한 것이더라도 그러한 주장 자체는 적어도 니체에 대한 해석으로는 적절하지 않다고 본다. 남녀의 차이를 인정하는 페미니즘이 절실하게 필요하다면 그런 차이를 인정하자고 주장하면 된다. 굳이 니체의 말을 왜곡해가면서까지 그런 주장을 할 필요가 있는가?

'차이'와 관련된 또 하나의 주장으로, '힘에의 의지'는 지배를 정당화하는 것이 아니라 "어떤 정치제도이든 평등을 주장하더라도 결국은 지배를 가장한 양태임을 보여주는 것"이라고 해석하고 "타자와의 관계에서 건강한 관계는 창의적으로 자기 자신을 꾸미는 반면, 건강하지 않은 관계는 타자를 자기와 동일시하는 축소작업을 통해 타자의 차이를 부정"한다고 보는 견해가 있다. 이는 곧 평등을 주장하는 민주주의적인 사고는 타자와의 차이를 부정한다는 말로 해석된다.

그러나 어떤 민주주의도 평등주의가 획일주의와 같다고 말하지 않는다. 민주주의의 평등이란 조건의 평등을 말하는 것이지 모든 인간의 평준화=획일화=균일화를 말하는 것이 아니다. 평준화=획일화=균일화는 전체주의이지 민주주의가 아니다. 니체가 주장하는 귀족제가 오히려 그런 전체주의에 해당한다. 그것은 대다수 인간을 노예로 평준화하는 것을 전제로 귀족과 노예 사이의 불평등을 인정하는 것이다. 반면에 민주주의의 핵심은 기회의 평등 위에서 모두가 각자 자신의 가치를 추구할 자유를 보장하는 것이다.

니체의 '자유정신'이란 것

『선악의 저편』의 2장 제목은 '자유정신'이다. 여기서 자유정신의 소유자는 민주주의에서 말하는 자유로운 인간이 아니라 도덕에 구애받지 않는 사람, 나아가 '진리를 위하여' 수난을 당하지 않는 사람이다. 이어 니체는 사회에서 추방당하고 박해받은 스피노자나 조르다노 브루노(Giordano

Bruno, 1548~1600)처럼 살지 말라고 충고한다. 브루노는 정통신앙에 벗어난 이단자라는 이유로 7년간의 옥고 끝에 화형 당했다. 니체는 브루노처럼 자신의 사상과 신념에 충실하게 살지 말고 교활하게 살라고 하면서 나폴레옹이나 체사레 보르자와 같은 '맹수'를 찬양한다. 니체는 세계는 언제나 소수의 명령하는 자와 대다수의 복종하는 자로 구성돼왔다는 점에서 인간은 명령하거나 복종하려는 욕구를 갖는 것이 당연하다면서 절대적 명령자를 찬양한다.

반면에 민주주의 운동은 "정치조직의 타락형식일 뿐만 아니라 인간의 타락형식, 즉 왜소화형식"이자 "평균화와 가치하락"을 지향한다고 니체는 말한다. 그래서 "대립적인 가치평가를 하는 동인이 되고, '영원한 가치'를 다시 가치평가하며 전환시키는 데 충분히 강하고 근원적인 정신의 소유자들"에게 그는 희망을 건다. 그러면서 "훈육과 육성이라는 위대한 모험과 총체적인 시도"를 준비하자고 주장한다. 여기서 '훈육과 육성'이라는 것에 대해 종래의 니체학자들은 니체가 근대 정치체제를 분석하는 데 사용한 개념이라고 주장해왔으나, 사실은 니체가 새로운 귀족제 정치의 도구로 제시한 개념이다.

그러면서 니체는 '대립적인 가치평가', 즉 '주인의 도덕과 노예의 도덕'에 근거하여 시행되는 '훈육과 육성'에 의해 새로운 정치가 만들어져야 한다고 주장한다. 그러한 새로운 정치와 달리 민주화는 "최대의 적응술과 적응력이 전형적인 특징인, 본질적으로 초국가적이고 유목민(노마드)적인 종류의 인간"을 낳게 된다고 그는 주장한다.

인간이 평준화되고 평범화되는 — 유용하고 근면하며 다양하게 써먹을 수 있는 재주 있는 무리동물적 인간이 형성되는 — 조건과 같은 새로운 조건들은 가장 위험하고 가장 매력적인 성질을 지닌 예외적 인간을 발생시키는 데 대단히 적합하다. … 이와 같이 유럽의 민주화는 가장 미묘한 의미에서 노예근성을 준비하는 인간유형을 산출하는 데 이르게 된다.

니체는 『선악의 저편』에서 기독교를 철저히 비판한다. 특히 3장 '종교적인 것'에서 니체는 교회가 다음과 같은 과제를 제기했다고 비판한다.

강한 사람을 부서지게 만들고 커다란 희망을 병들게 하고 아름다움에 있는 행복에 의문을 품게 하고 모든 자기 주권적인 것, 남성적인 것, 정복적인 것, 지배하고자 하는 것, '인간'이라는 최고로 성공한 유형에 고유한 모든 본능을 불확실성, 양심의 궁핍, 자기 파괴로 꺾이게 하는 것, … 대지를 지배하고자 하는 모든 사랑을 대지와 지상적인 것에 대한 증오로 역전시키는 것.

번역이 혼란스럽기는 하지만, 이 인용문의 뜻은 교회가 강자로부터 약자를 지킬 원칙이 필요하며 힘보다 정의가 우선해야 한다고 주장하는 동시에 용감한 자가 아닌 비겁한 자가 세상을 지배해야 한다고 가르쳤다는 것이다. 그래서 평생 타인을 위해 봉사하고 자신을 부정하는 자기희생이 미덕이 됐다는 것이다. 이렇게 된 것은 최악의 타락이며 문화와 문명을 형성한 모든 것에 대한 부정이라고 니체는 비판한다. 아울러 그런 노예의 도덕은 세상에서 인간이 가장 중요함을 부정하는 것이니 인간은 결코 그런 도덕을 따라서는 안 된다고 니체는 주장한다.

또 니체는 종래의 철학이 독단적이었다고 비판하는 동시에 어떤 철학이나 도덕도 그것을 주장하는 사람의 독단일 뿐이라면서 "진정한 철학자는 명령하는 자이자 입법자"라고 한다. 그러고는 '진정한 철학자'라는 사람들에 대해 다음과 같이 설명한다.

> 그들은 우선 인간이 어디로 가야 하는가와 어떤 목적을 가져야 하는가를 규정하며, 이때 모든 철학적 노동자와 과거를 극복한 모든 자의 준비 작업을 마음대로 처리한다. 그들은 창조적인 손으로 미래를 붙잡는다. 이때 존재하는 것, 존재했던 것, 이 모든 것은 그들에게는 수단이 되고 도구가 되며 해머가 된다. 그들의 '인식'은 창조이며, 그들의 창조는 하나의 입법이며, 그들의 진리를 향한 의지는 힘에의 의지이다. 오늘날 이와 같은 철학자들이 존재하는가?

그러나 니체가 말하는 진정한 철학자의 철학도 독단이 아닌가? 그것은 노예의 도덕에 반대되는 주인의 도덕이다. 게다가 니체는 "철학에 대한 권리를 갖는 것은 오직 자신의 출신 덕분이며 조상이나 혈통이 여기에서도 결정적인 역할을 한다"고 주장한다.

니체의 여성 혐오

니체는 『선악의 저편』의 7장 '우리의 덕'에서 여성에 대한 혐오를 거듭 표출한다.

> 여성은 자립하기를 원한다. … 이것은 유럽이 일반적으로 추악해지는 최악의 진보에 속한다. 왜냐하면 여성의 학문성과 자기폭로의 이러한 서툰 시도가 모든 것을 백일하에 드러내야 하기 때문이다! 여성에게는 부끄러워해야 할 많은 이유가 있다. 여성에게는 현학적인 것, 천박한 것, 학교선생 같은 것, 하찮은 오만, 하찮은 무절제와 불손함이 많이 숨어 있다. … 만일 여성이 우아하고 장난스럽고 근심을 없애주고 마음의 짐을 벗어나게 하고 매사를 쉽게 생각하는 현명함과 기교를, 만일 여성이 유쾌한 욕구를 처리하는 섬세한 솜씨를 철저하게 근본적으로 잊어버리기 시작한다면, 이는 고통스러운 일이다!

니체는 아예 여성의 지성과 정의감 자체를 부정한다.

> 여성이 이와 같이 학문적으로 되려고 한다면, 이것은 가장 나쁜 취미가 아니겠는가? … 여성에게 진리가 무슨 중요한 일이란 말인가! 여성에게는 처음부터 진리보다 낯설고 불쾌하고 적대적인 것은 없다.─여성의 큰 기교는 거짓말이요 그 최고의 관심사는 가상이며 아름다움이다.

더 나아가 니체는 "일찍이 여성이 스스로 머리에 깊이가 있고 여성의 가슴에 정의가 있다고 인정한 적이 있었던가?"라고 묻는다. 심지어 그는 자신이 그렇게도 비난한 교회까지 여성을 매도하는 데 이용한다. "교회가 '여성은 교회 안에서 침묵해야 한다!'고 선언했을 때, 이는 남성이 여성을 아끼고 배려하는 마음이었다." 같은 맥락에서 니체는 나폴레옹이 "여성은 정치에 대해서 침묵해야만 한다"고 한 것도 여성의 이익을 위한 것이었고, "여성은 여성에 대해 침묵해야 한다"고 말하는 사람이 진정한 여성의 친구라고 주장한다. 심지어 니체는 다음과 같은 억지소리까지 한다.

> 만일 여성이 생각하는 존재라고 한다면, 수천 년 간 요리사로 활동을 해왔으니 최대의 생리학적 사실들을 발견하고 의술도 획득했어야 할 것이다! 서투른 요리사로 인해—부엌에서 이성이 완벽하게 결핍되어 있었기 때문에 인간의 발전은 가장 오랫동안 저지되었고, 가장 심하게 해를 입어왔다.

그러나 여성들이 "최대의 생리학적 사실들을 발견하고 의술도 획득"하지 못했다면 그것은 바로 니체와 같은 남성들에 의해 오랜 세월 학문의 기회는 물론 교육의 기회도 봉쇄당해 왔기 때문이 아닐까? 아니 그전에, 요리를 하는 것이 생리학이나 의학과 도대체 무슨 관계가 있는가? 능숙한 남성 요리사 중에는 생리학이나 의학의 발전에 기여한 사람들이 있었던가? 그의 소리를 좀 더 들어보자.

> '남성과 여성'이라는 근본적인 문제를 잘못 생각하고, 여기에 있는 헤아릴 길 없는 대립과 그 영원히 적대적인 긴장의 필연성을 부정하며, 여기에서

아마 평등한 권리와 교육, 평등한 요구와 의무를 꿈꾼다는 것은 어리석은 사람임을 나타내는 전형적인 표시이다.

그러면서 니체는 자신처럼 "정신에서나 욕망에서도 깊이가 있는" 남성은 여성을 "소유물로, 열쇠를 잠가둘 수 있는 사유재산으로, 봉사하도록 미리 결정되어 있고 봉사함으로써 자신을 완성하는 존재로" 파악할 수밖에 없다면서 "이것은 얼마나 필연적이며, 논리적이고, 그 자체로 인간적으로 바람직한 것인가"라고 주장한다. 또한 그는 다음과 같이 말한다.

여성은 수치심을 잃어가고 있다. … 여성은 또한 취향도 잃어가고 있다. 여성은 남성을 두려워하는 것을 잊고 있다. 그러나 두려워하는 것을 잊는 여성은 자신의 가장 여성적인 본능을 포기하는 것이다.

니체는 여성이 경제적, 법적 독립을 얻으려고 하는 것은 "오직 산업정신이 군사적·귀족적 정신에 승리를 거두는 곳"에서만 가능하지만 이는 도리어 여성의 퇴보를 초래한다고 본다. 그래서 프랑스혁명 이래 유럽에서 여성의 영향력은 여성의 권리 요구가 증대하는 것에 비례해 도리어 감소했다는 것이다. 이는 우리가 아는 역사의 흐름과는 명백히 반대되는 주장으로, 여성은 열등한 노예이므로 여성의 권리가 문화상승의 조건일 수 없다는 전제에서 나온 것이다. 요컨대 민주주의에서 여성이 평등을 주장하는 것은 부당하다는 이야기다.

니체의 고귀함과 거리의 파토스

위에서 누차 설명했듯이 니체의 기본사상은 반민주주의, 즉 평등을 부정하고 불평등, 즉 위계질서 내지 계급질서를 긍정한다는 데 있다. 이는 무엇보다 평등사회가 본질인 민주주의에 근본적으로 대립되는 귀족사회, 그것도 노예제도가 존재했던 고대 그리스나 로마와 같은 귀족사회의 가치관이다. 이런 니체의 기본사상은 『선악의 저편』의 9장 '고귀함이란 무엇인가?'의 첫대목에 나오는 다음과 같은 구절에서 명백하게 드러난다.

> '인간'이라는 유형을 향상시키는 모든 일은 지금까지 귀족적인 사회의 일이었다. 그리고 앞으로도 항상 그렇게 반복될 것이다. 이와 같은 사회는 인간과 인간 사이의 위계질서나 가치 사이의 긴 단계를 믿어왔고 어떤 의미에서 노예제도를 필요로 했다. 마치 혈육화된 신분 차이에서, 지배계급이 예속자나 도구를 끊임없이 바라다보고 내려다보는 데서, 그리고 복종과 명령, 억압과 거리의 끊임없는 연습에서 생겨나는 거리의 파토스가 없다면, 저 다른 더욱 신비한 파토스, 즉 영혼 자체의 내부에서 점점 더 새로운 거리를 확대하고자 하는 요구는 전혀 생겨나지 못했을 것이다. … 고귀한 계층은 … 좀 더 완전한 인간이었다.

여기서 '거리의 파토스'란 '길거리의 정념(情念)'이 아니라 '위계질서에 의해 생기는 거리(距離)와 관련된 정념'을 말한다. 니체는 불평등한 위계질서를 영원회귀하는 것, 즉 영원히 반복되는 것으로 본다. 다시 말해 니체는 "여전히 자연적 본성을 지닌 인간, 언어가 가지고 있는 온갖 섬뜩한 의미에서의 야만인, 아직 불굴의 의지력과 권력욕을 소유하고 있는 약탈의 인간"이자 "고귀한 계층"인 "좀 더 완전한 인간"이 영원히 세상을 지배해야 한다고 생각한다. 흔히들 니체의 위대한 철학개념 가운데 하나라고 하는 '영원회귀'란 바로 이런 것이다. 니체학자들은 '영원회귀'를 추상적인 우주만물의 법칙인 양 찬양하지만, 그것은 '반민주주의의 영원회귀'를 주장한 것이기도 하다.

최근에 니체의 '거리의 파토스'론이 '차이'를 인정하는 포스트모더니즘의 원조라는 견해가 유력하게 등장하고 있다. 이는 곧 '거리의 파토스'라는 표현에서 '거리'가 인간의 자기극복과 관련된 현재와 이상 사이의 거리, 또는 예술가와 예술작품 사이의 거리를 가리킨다고 보는 것이다. 그러나 이런 견해를 밝히는 이들이 그 근거로 드는 니체의 말들을 보면 계급을 전제로 하고 있거나 예술창조라는 특별한 경우에 한정된 진술일 뿐이고, 특히 후자의 경우에는 니체가 '거리의 파토스'라는 표현을 사용하지도 않았다는 점에 주의해야 한다.

여하튼 이러한 논의를 토대로 "니체는 사회적으로 부여된 역할에 수동적으로 적용하는 몸보다는 자기 자신을 무대 위에 올리고 스스로를 관찰하며 자신을 극복하는 '예술적 능력'을 더 높이 산다"거나 "이 방법으로만 우리의 가장 저속한 면들을 감당하고 극복할 수 있다는 것이 니체의 주장"이라는 견해가 제시된다. 그런데 도대체 무대에서 어떻게 우리가 스스로 자신을 관찰할 수 있다는 것인지 모르겠다.

■　* 예를 들어 진은영 지음, 『니체, 영원회귀와 차이의 철학』, 그린비, 2007.

니체는 그의 모든 책을 통해 민주주의에 반대하고 귀족제를 찬양한다. 니체에 의하면 귀족제의 근본신념은 "사회가 사회를 위해 존재해서는 안 되며, 선택된 종류의 인간 존재를 좀 더 차원이 높은 과제로, 대체로 보다 높은 존재로 고양시킬 수 있는 토대나 발판이어야만 한다"는 것이다. 따라서 귀족제는 그 스스로를 위해 "선택되지 못한 인간", 즉 "불완전한 인간이나 노예, 도구로까지 억압당하고 약해져야만 하는 무수히 많은 인간"의 희생을 "양심의 가책 없이 받아들인다"는 것이다. 여기서 우리는 마키아벨리즘을 넘어서는 니체의 목소리, 히틀러의 600만 유대인 살해를 정당화할 수도 있는 니체의 목소리를 듣는다.

니체는 "귀족체제가 혁명 초기의 프랑스처럼 숭고한 구토와 함께 그 특권을 던져버리고, 스스로를 그 과도한 도덕적 감정의 희생양으로 바친" 것을 '부패'라고 하면서 프랑스혁명을 비난한다. 또한 니체는 "침해, 폭력, 착취를 서로 억제하고 자신의 의지를 다른 사람의 의지와 동일시하는 것"이 귀족제의 경우에는 타당하지만 그것이 '사회의 근본원리'가 되면 "삶을 부정하는 의지", "해체와 타락의 원리"가 된다고 하면서 그 이유를 다음과 같이 설명한다.

생명 그 자체는 본질적으로 이질적인 것과 좀 더 약한 것을 자신의 것으로 만드는 것이며, 침해하고 제압하고 억압하는 것이며 냉혹한 것이고, 자기 자신의 형식을 강요하며 동화시키는 것이며, 가장 부드럽게 말한다 해도 적어도 착취이다.

이처럼 니체는 착취를 인간의 본능으로 보고 수긍한다. 즉 착취는 "유기체의 근본기능으로 살아 있는 것의 본질"이고 "생명의지이기도 한 본래의 힘에의 의지의 결과"라는 것이다. 니체는 이런 생각을 토대로 해서 우리가 이미 앞에서 본 바 있는 그의 유명한 '주인의 도덕과 노예의 도덕'론으로 나아간다.

니체에 의하면 "도덕적인 가치 차별은 피지배 종족과 다르다는 것을 쾌감으로 의식하게 된 어떤 지배종족 사이에서 생겨나거나, 아니면 여러 등급의 피지배자들, 노예들, 예속자들 사이에서 발생했다." 따라서 "고귀함과 거리의 파토스, 좀 더 높은 지배종족이 좀 더 하위의 종족, 즉 '하층민'에게 가지고 있는 지속적이고 지배적인 전체감정과 근본감정—이것이야말로 '좋음'과 '나쁨'이라는 대립의 기원"이라는 것이다. 여기서 주의할 점은 니체가 부정한 것은 노예의 도덕이지 주인의 도덕이 아니라는 것이다.

니체를 반민주주의자로 규정하는 나와는 반대로, 니체가 "민주주의 속에서 자기 자신을 동기화시킬 수 있는 하나의 새로운 가능성을 발견한다"면서 그 근거로 『선악의 저편』의 9장에 나오는 니체의 다음 구절을 드는 견해가 있다.

사실 이제, 사물(그리고 그 원인이 되는 주인과 노예의 피섞임)의 민주적 질서가 서서히 나타남에 따라 스스로 자기 자신에게 가치가 있다고 여기며 자신을 '좋게 생각하는' 본래 고귀하고 희귀한 충동은 점점 더 고무되고 확대될 것이다.

그러나 이 구절은 민주주의에서 어떤 가능성을 발견하고 인정하는 말이 아니라 '고귀한 인간'이 아닌 '평범한 인간'이 '피섞임'에 의해 동기화(동화)되는 것을 경계하는 말에 불과하다. 왜냐하면 바로 이 구절에 이어 니체는 "그러나 이 충동은 언제나 자기 자신에 반하는, 더 오래되고, 좀 더 넓고 철저하게 동화되는 경향을 가지고 있다"면서 그런 '충동'을 경계하며, 이 밖에도 같은 투의 말을 여기저기서 하기 때문이다. 결국 니체는 민주주의에 대해서는 어떤 호의도 보이지 않은 반민주주의자다.

니체는 특히 이기주의를 찬양한다. 니체는 이기주의가 "고귀한 영혼의 본질에 속한다"고 주장하고, 이기주의를 "다른 존재는 자연히 종속되지 않으면 안 되고 희생되어야 한다는 저 확고한 신념"이라고 부른다. 이어 고귀한 사람은 "동등한 인간이나 동등한 권리를 가진 사람들 사이에서 움직이게" 된다고 한다. 이는 곧 고귀한 사람은 자신보다 열등한 자나 이방인에 대해서는 멋대로 선악을 넘어 행동할 수 있다는 말이 된다. 또한 "'은혜'라는 개념은 동등한 사람들 사이에서는 어떤 의미도 향기도 갖지 못한다"고 니체는 말한다. 그에게 '은혜'는 경멸해야 할 노예의 도덕이기 때문이다. 이처럼 '주인의 도덕과 노예의 도덕'을 주로 강조한 『선악의 저편』은 특히 나치스에게 인기가 있었다.

『도덕의 계보』

『도덕의 계보』(1887)는 '하나의 논박서'라는 부제가 달려 있고, 세 개의 글로 이루어져 있다. 세 개의 글은 각각 '그리스도교의 심리학', '양심의 심리학', '성직자의 심리학'에 해당된다고 니체는『이 사람을 보라』에서 밝혔다. 다시 말해 니체는 세 개의 글 가운데 첫째 글에서는 주인과 노예의 도덕, 둘째 글에서는 죄, 셋째 글에서는 금욕주의를 각각 검토한다. 먼저 첫째 글에 나오는 다음 구절을 보자. 이 구절은 니체가 공리(功利)이론을 반박했다는 주장의 근거로 흔히 제시된다.

'좋음'이라는 판단은 '좋은 것'을 받았다고 표명하는 사람들의 입장에서 나오는 것은 아니다. 오히려 그것은 '좋은 인간들' 자신에게 있었던 것이다. 즉 저급한 모든 사람, 저급한 뜻을 지니고 있는 사람, 비속한 사람, 천민적인 사람들에 대비해서 자기 자신과 자신의 행위를 좋다고, 즉 제일급으로 느끼고 평가하는 고귀한 사람, 강한 사람, 드높은 사람, 높은 뜻을 지닌 사람들에게 있었던 것이다. 그들은 이러한 거리의 파토스에서 가치를 창조하고 가치의 이름을 새기는 권리를 비로소 가지게 되었던 것이다. 그들에게 공리가 무슨 상관이 있었단 말인가?

이어 니체는 앞에서 이미 보았던 대로 "고귀함과 거리의 파토스, 좀 더 높은 지배종족이 좀 더 하위의 종족, 즉 '하층민'에 대해 가지고 있는 지속적이고 지배적인 전체감정과 근본감정—이것이야말로 '좋음'과 '나쁨'이라는 대립의 기원"이라고 주장한다. 그런 다음에 니체는 '나쁨'과 '검음'의 라틴어 표기가 비슷하다는 것만 가지고 '검은 머리칼'은 평민이고 그 반대인 '금발의 야수'는 '아리아계 지배종족'이라는 끔찍한 인종주의 이론을 도출한다. 그러고는 그러한 지배종족에 반항한 종족으로 유대인을 지목하고, 반유대주의와 반기독교주의를 주장한다.

> 유대인이야말로 두려움을 일으키는 정연한 논리로 귀족적 가치등식(좋은=
> 고귀한=강력한=아름다운=행복한=신의 사랑을 받는)을 역전하고자 했으며, 가
> 장 깊은 증오(무력감의 증오)의 이빨을 갈며 이를 고집했던 것이다. 즉 "비
> 참한 자만이 오직 착한 자다. 가난한 자, 무력한 자, 비천한 자만이 오직 착
> 한 자다. 고통 받는 자, 궁핍한 자, 병든 자, 추한 자 또한 유일하게 경건한
> 자이며 신에 귀의한 자이고, 오직 그들에게만 축복이 있다. 이에 대해 그
> 대, 그대 고귀하고 강력한 자들, 그대들은 영원히 사악한 자, 잔인한 자, 음
> 란한 자, 탐욕스러운 자, 무신론자이며, 그대들이야말로 또한 영원히 축복
> 받지 못할 자, 저주받을 자, 망할 자가 될 것이다!"라고 말하며 …

여기서 '그대'란 니체의 독자를 가리킨다고 볼 수 있다. 물론 나는 그
의 독자가 되기 싫다. 나는 몇 사람의 유대인을 알지만 그들은 나에게
"고귀하고 강력한 자", "영원히 사악한 자, 잔인한 자, 음란한 자, 탐욕스
러운 자, 무신론자", "영원히 축복받지 못할 자, 저주받을 자, 망할 자"라
고 말한 적이 없다. 나는 『구약성서』와 『탈무드』도 읽었고 마르틴 부버
(Martin Buber, 1878~1965)와 한나 아렌트(Hannah Arendt, 1906~1975)를 비롯한
많은 유대인 학자들의 책도 읽었지만 그런 책들 속에서 그들이 나에게
그렇게 말하는 것을 읽은 적이 없다. 내가 아는 유대인, 유대교와 니체가
말하는 유대인, 유대교는 너무나도 다르다. 설령 니체가 위 구절에서 니
체가 전한 대로 유대인이 말했다 하더라도 그것이 왜 문제가 되는지를

알 수 없다. 니체야말로 왜 이리도 "이빨을 갈며 고집"하는가?

그런데 유대인들을 가리켜 "그들 이상으로 세계사적 사명을 지닌 민족은 없었다"고 한 니체의 말을 "넘치는 반어"로 보는 견해가 있다. 그러나 니체의 이 말은 그 어떤 반어법도 아닌 직설법으로 한 말로, 유대인이 세계사에서 가장 명백한 노예들이라는 의미에 불과하다. 니체는 다음과 같이 말하기도 했다. "유대인과 더불어 도덕에서의 노예반란이 시작된다." "도덕에서의 노예반란은 원한 자체가 창조적이 되고 가치를 낳게 될 때 시작된다." "그들의 선지자들은 '부', '무신', '악', '폭력', '관능'을 하나로 융합해 처음으로 '세상'이라는 말을 욕된 단어로 주조했다." 이런 니체의 말들에서는 유대교에 대한 그의 반발, 즉 유대교를 노예종교로 보는 그의 관점이 명백하게 드러난다.

니체는 유대교와 기독교를 구별하기도 하지만, 그가 말하는 유대교의 특징은 모두 그가 보는 기독교의 특징과 같다. 따라서 니체는 유대교와 기독교 둘 다를 약자의 종교이자 반항의 종교이며, 노예 내지 평민계급의 사상인 평등주의와 민주주의를 반영하는 종교로 본다. 나는 기독교에 대한 니체의 이러한 이해가 정확한 것이라고 생각한다. 하지만 니체는 그런 유대교-기독교를 근대 데카당스의 기원으로 보고 부정하면서 그것에 반대되는 귀족적 가치를 내세우지만, 나는 유대교-기독교를 인간해방의 중요한 계기로 보고 존중하며 그것에 반대되는 귀족적 가치를 멸시한다.

'유대인의 노예종교'에 대한 니체의 비판은 기독교는 물론이고 종교개혁, 프랑스혁명, 미국혁명, 민주주의, 사회주의에 대한 비판으로 그대로 이어진다. 그는 그 모든 것을 '로마 대 유대'의 싸움으로 본다.

지금까지 이 싸움보다, 이 문제제기보다, 이 불구대천의 적의를 품은 대립보다 더 큰 사건은 없었다. 로마는 유대인 가운데서 반(反)자연 자체와 같은 어떤 것, 마치 자신과 반대되는 괴물을 느꼈다. 로마에서 유대인은 '전 인류에 대한 증오의 죄를 지은 것'으로 여겨졌다. 인류의 구원과 미래를 귀족적 가치, 즉 로마적 가치의 절대지배와 연관시키는 것이 옳다면, 이는 정당한 것이다. … 로마가 의심할 여지없이 몰락했다는 사실은 대단히 주목할 만하다. 물론 르네상스에서 모든 고전적 이상, 모든 사물에 관한 고귀한 가치평가 방식이 화려하고 무서울 정도로 부흥했다. … 그러나 바로 유대는 종교개혁이라고 불리는 저 근본적으로 천민적인 (독일과 영국의) 원한 운동 덕분에 다시금 승리를 거두게 되었다. … 그때보다도 심지어 더 결정적이고 깊은 의미에서 유대는 또 한 번 프랑스혁명과 더불어 고전적 이상에 대해 승리를 거두었다. … 그것이 진행되던 와중에 실로 엄청난 사건, 뜻밖의 사건이 일어났다. … 비인간과 초인의 이러한 종합인 나폴레옹…

니체가 말하는 '로마 대 유대'의 싸움은 '좋음과 나쁨', '선과 악'의 싸움이다. 즉 로마는 '좋음과 선'이고, 유대는 '나쁨과 악'이다. 그가 바라는 것은 그러한 로마를 체현한 비인간이자 초인인 나폴레옹 같은 위인의 등장이다. 나는 물론 그런 비인간도 초인도 아니다. 우리 중 누구도 그런 비인간도 초인도 아니다. 우리는 그런 비인간이나 초인의 출현을 저지해야 한다. 니체는 『이 사람을 보라』에서 "나는 인간이 아니다. 나는 다이너마이트다"라고 했다. 대단히 위험한 발언이다. 다이너마이트는 니체가 죽은 뒤에 히틀러와 스탈린으로 등장했다. 우리는 그런 다이너마이트와 같은 인간의 출현을 저지해야 한다. 우리가 믿는 민주주의를 지키기 위해서는 반드시 그래야 한다. 니체를 더 이상 살아 있게 해서는 안 된다. 그가 드라큘라처럼 지구에 떠돌게 내버려두어서는 안 된다.

니체의 유대주의와 기독교관

나는 니체의 기독교관에 대해서는 그리 큰 관심이 없지만, 그가 기독교를 민주주의로 보고 기독교와 민주주의를 함께 비판하기 때문에 여기서 그것을 언급하지 않을 수 없다. 니체의 기독교관이 문제인 것은 그것이 결국은 민주주의에 대한 비난이기 때문이다. 그런데 니체 찬양자들은 니체가 죽은 뒤 반유대주의자나 나치주의자들이 니체를 악용한 것은 사실이지만 니체 자신은 반유대주의를 경멸하고 규탄했다고 주장한다. 특히 니체의 편지들을 보면 그렇다고 주장하는 견해가 있다. 그러나 사적인 편지보다는 저서를 통해서 니체를 바라보는 것이 훨씬 더 객관적이리라. 또한 잭슨은 "니체가 반유대주의라는 오해는 그의 글을 문맥에서 떼어내서 읽는 위험한 독서방법으로 인해 생긴 것"이라고 하는데, 이는 경계해야 할 점을 지적해주고 있긴 하지만 반드시 옳은 말은 아니다. 니체주의자들은 니체의 반유대주의에 대한 비판뿐만 아니라 니체에 대한 모든 비판에 대해 언제나 그러한 '위험한 독서방법'으로 인한 오해 탓이라고 반박하곤 한다.

　여기서 니체가 "반유대주의를 경멸"했다고 하는 다음 구절을 보자.

유럽은 유대인에게 어떤 덕을 보고 있는가? 여러 가지로 좋은 것도 있고 나쁜 것도 있지만, 무엇보다도 최선의 것이자 동시에 최악의 것이 하나 있다. 즉 도덕에서의 위대한 스타일, 무한한 요구와 무한한 의미가 주는 두려움과 장엄함, 도덕적으로 의심스러운 것이 갖는 모든 낭만성과 숭고함이 그것이다. … 우리 예술가들은 이 점에서 유대인에게 감사한다.

그러나 이 구절은 니체가 "반유대주의를 경멸"한 것이라기보다도 도리어 유대인에 대한 상반된 두 가지 평가를 동시에 내리고 있는 것이 아닌가? 이보다 더 분명하게 유대인에 대한 견해를 드러낸 니체의 글은 다음과 같다.

독일에는 충분히 많은 유대인들이 있으며, 또 독일인의 위와 독일인의 피는 이 정도의 '유대인'들을 소화시키는 데 어려움이 있다. … 유대인은 의심할 여지없이 현재 유럽에서 살고 있는 가장 강하고 강인하고 순수한 종족이다. … 무엇보다 '현대적 이념' 앞에서도 부끄러워할 필요가 없는 확고한 신념 덕분에 말이다. … 유대인들이 지금 당장이라도 유럽에 대해 우위를 차지하고, 문자 그대로 유럽에 대한 지배권을 가질 수 있을 것이라는 사실은 확실하다. … 우선 그들은 당분간은 심지어 약간은 집요할 정도로 유럽 속으로, 유럽에 동화되고 흡수되고자 하고 그것을 원한다. … 우리는 이러한 특성과 충동을 유의해서 잘 살펴 그것을 호의적으로 받아들여야 할 것이다. 그러기 위해서는 이 나라의 반유대주의 선동가들을 추방하는 것이 아마 유익하고 정당할 것이다.

그러나 이 구절에서도 니체는 사실 상반된 두 가지 태도를 동시에 보여준다. 니체는 자신이 경멸하는 '현대적 이념', 즉 민주주의 등에 대해 유대인도 반대한다는 점에서 유대인에 대해 호의를 표시하면서도, 유대인이 지배권을 가져갈지도 모르니 그들을 받아들이는 문제에서는 신중해야 한다고 주장하고 있는 것이다.

반면 니체는 유고로 남긴 다음 메모에서 기독교는 민주주의이기 때문에 반대한다고 말한다.

> 무리-동물-도덕이 탈자연화한 것인 그리스도교: 절대적인 오해와 자기현혹 하에서.
>
> 민주화는 이 도덕의 좀 더 자연스러우면서도 덜 기만적인 형태이다.

> 사실: 억압받는 자, 천한 자, 아주 많은 노예와 반쯤 노예인 자들의 전체는 권력을 원한다는 것.
>
> 첫 단계: 그들은 자신을 자유롭게 한다, 그들은 무엇보다도 먼저 공상 속에서 자유의 몸이 되고 서로를 인정하며 자신을 관철한다.
>
> 두 번째 단계: 그들은 전쟁을 개시하고 인정받기를, 그리고 평등과 '정의'를 원한다.
>
> 세 번째 단계: 그들은 특권을 원한다(그들은 권력의 대변자를 자기 쪽으로 끌어 온다).
>
> 네 번째 단계: 그들은 권력을 독점하기를 원하며, 그리고 독점한다.
> …

그리스도교에서 세 가지 요소들이 구분될 수 있다:

a) 모든 종류의 억압받는 자.

b) 모든 종류의 평범한 자.

c) 모든 종류의 만족하지 않는 자와 병든 자.

첫째 요소를 가지고 그리스도교는 정치적 상류계급 및 그들의 이상에 맞서 싸운다.

둘째 요소를 가지고 그리스도교는 모든 종류의 예외자들과 특권자들(정신적, 감각적으로)에 맞서 싸운다.

셋째 요소를 가지고 그리스도교는 건강한 자와 행복한 자의 자연본능에 맞서 싸운다.

그리스도교가 승리하면 두 번째 요소가 전면으로 나선다. 이렇게 해야 그리스도교가 건강한 자와 행복한 자들을 자신을 위해 설득하고(그리스도교를 위한 전쟁수행자로), 마찬가지로 권력자도 (군중의 정복이란 것으로 인해 관심 갖게 해서) 설득할 수 있기 때문이다. 이제 평균적 본성이 자기 자신에 대한 최고의 승인을 그리스도교로부터 받아 모든 점에서 가치 있게 된다. 이 평균적 본성이 바로 무리본능이다. …

—민주주의는 자연화된 그리스도교다. 극도의 반자연성을 통해서만 반대되는 가치평가가 극복될 수 있었던 이후의 일종의 '자연으로 돌아감' 결과: 귀족적 이상이 지금이야말로 자신을 탈자연화했다. ('더 높은 인간', '고귀한', '예술가', '열정', '인식' 등) 예외자 및 천재 등에 대한 숭배자로서의 낭만주의.

요컨대 니체에 의하면 "민주주의 운동은 그리스도교 운동의 유산을 상속한 것이다." 기독교와 민주주의에 대한 이러한 니체의 설명은 앞에서 본 유대교에 대한 그의 설명과 일치한다.

이러한 니체의 민주주의관은 국가의 기원에 관한 그의 생각과도 직결된다. 『도덕의 계보』에서 니체는 "어떤 금발의 맹수 무리, 정복자 종족, 지배자 종족"이 바로 '국가'이며, 그 국가의 작용으로 "민중과 반(半)동물이라는 원료"가 반죽되어 부드러워지고 형태를 이루게 됐다고 주장한다. 그러면서 다음 구절에서 보듯 사회계약 따위로 국가의 기원을 설명하는 근대의 모든 견해를 부정한다.

> 명령할 수 있는 자, 천성적으로 '지배자'인 자, 일에서나 몸짓에서 폭력적으로 나타나는 자—이러한 사람에게 계약을 한다는 것이 무슨 의미가 있다는 말인가! 사람들은 그러한 존재를 고려하지 못한다. 그들은 운명처럼 다가오며, 아무런 이유도, 이성도, 고려도, 구실도 없이 다가오며 …

최근에 니체주의자들은 니체가 진리, 주체, 의미를 해체했다고 주장한다. 니체의 이른바 '진리해체'가 지닌 허구성과 그 비민주성은 이미 4장에서 『비도덕적 의미에서의 진리와 거짓』에 대해 설명할 때 지적한 바 있다. 다시 요약하자면, 우리가 사용하는 낱말의 애매성에서 보듯이 진리란 환상에 불과한데 사람들이 이런 사실을 망각하고 있으니 참된 진리를 위해서는 위계질서의 수립이 필요하다는 게 니체의 주장이다.

니체주의자들은 니체가 '주체'도 해체했다고 주장한다. "활동, 적용, 생성의 뒤에는 어떤 '존재'도 없다. '활동하는 자'는 활동에 덧붙여 단순히 상상에 의해 만들어진 것이다"라는 니체의 주장이 바로 주체의 해체를 의미한다는 것이다. 그러나 니체는 우리가 앞에서 이미 본 바 있는 다음과 같은 말을 한다.

> 강한 것에게 강한 것으로 나타나지 않기를 요구하고, 그것이 압박욕, 제압욕, 지배욕, 적대욕, 저항욕, 승리욕이 아니기를 요구하는 것은 바로 약한 것에게 강한 것으로 나타나기를 요구하는 것만큼 불합리하다.

여기서 분명히 알 수 있듯이 니체는 강자나 약자라는 주체를 해체하기는커녕 지배욕 등이 강자의 본질이라고 주장하기 위해 "활동, 적용, 생성의 뒤에는 어떤 '존재'도 없다"는 등의 말을 했을 뿐이다. 이는 곧 반민주주의적이고 전제주의적인 강자 찬양이다.

니체주의자들은 니체가 '의미'도 파격적으로 해체했다고 주장한다. 그러나 그 근거로 제시된 니체의 글을 보면, 니체는 의미가 시대가 따라 변한다고 말하고 있을 뿐이다. 이는 당연한 말 아닌가? 시대에 따라 의미가 변한다고 해서 의미 자체가 없어지는가? 니체는 여기서도 인류의 역사는 제압과 지배의 역사라면서 "이 실제적인 진보는 언제나 더 큰 힘을 향한 의지와 행로의 모습으로 나타난다"고 주장한다.

니체의 관점주의

나는 니체의 관점주의가 가진 장점을 부정하지 않는다. 그러나 최근 니체주의자들이 '니체의 관점주의'라고 말하는 것은 객관성과 민주성을 가장하고 있지만 사실은 철저한 주관성과 반민주성을 내포하고 있다는 점에서 문제다.

예를 들어보자. 우리는 앞에서 몇 차례나 니체의 여성비하 발언을 보았다. 그런데 니체주의자에 따르면 니체의 관점주의에서 볼 경우 그것은 니체가 '자신의 진리'를 말한 것이지 모든 이의 관점에서 다 동일하게 적용되는 진리를 제공한 것이 아니라는 것이다. 다시 말해 니체의 여성비하 발언을 "그 자신의 삶의 의지와 '증상'으로 읽는 것"이 니체의 사상에 더 근접한 이해라는 것이다. 이렇게 말하는 니체주의자는 니체가 소크라테스의 "산다는 것은 병상에 누워 있는 것"이라고 한 말에 대해 "소크라테스가 실제의 삶에서 병중에 있었음을 보여주는 '증상'이라고 주장"했고, 따라서 "어떤 종류의 가치판단이든 결코 절대적인 진리는 될 수 없다"고 주장했다고 본다.

이런 니체주의자의 주장에 의하면 니체가 여성비하 발언을 한 것은 니체가 그렇게 해야 할 정도로 여성에게 상처를 입은 결과로 나타난 개인적인 '증상'에 불과하게 된다. 좋다. 누구나 충분히 그렇게 볼 수 있다. 그런데 니체는 과연 실제로 그런 말을 했는가? 위 견해가 예로 드는 니체의 말을 들어보자.

오직 관점주의적으로 보는 것만이, 오직 관점주의적인 '인식'만이 존재한다. 우리가 한 사태에 대해 좀 더 많은 정서로 하여금 말하게 하면 할수록, 우리가 그와 같은 사태에 대해 좀 더 많은 눈이나 다양한 눈을 맞추면 맞출수록, 이러한 사태에 대한 우리의 '개념'이나 '객관성'은 더욱 완벽해질 것이다. 그러나 의지를 모두 제거하고 정서를 남김없이 떼어낸다는 것은, 우리가 그것을 할 수 있다고 가정해도, 어떻게 할 수 있단 말인가? 이것은 지성을 거세하는 것을 의미하는 것이 아닌가?

여기서 니체가 주장한 것은 '개념'이나 '객관성'이라는 것을 더욱 완벽하게 하기 위해 필요하다고 본 '다양한 인식'의 관점주의이지 '개념'이나 '객관성' 자체를 부정한 것이 아니다. 즉 "산다는 것은 병상에 누워 있는 것"이라고 한 소크라테스의 말은 그 자신이 병상에서 한 관점주의적 발언일 수도 있지만, 이와 동시에 삶에 대한 이성적 '개념'이나 '객관성' 있는 통찰을 전하고자 한 발언일 수도 있다. 니체의 여성비하 발언도 이와 마찬가지로 봐야 하지 않을까?

『우상의 황혼』

니체가 바그너의 〈신들의 황혼〉을 패러디해 『우상의 황혼, 또는 어떻게 망치를 들고 철학하는지』(1889)라고 제목을 붙인 글에서 니체는 "모든 가치의 전도"를 주장한다. 이런 점에서 이 글을 니체 사상의 요약이자 입문이라고도 한다. 먼저 니체는 소크라테스를 전도시킨다. 그는 소크라테스를 가리켜 "최하층에 속했다"거나 "못생겼다"고 하는가 하면 소크라테스가 정말로 그리스인이었는가를 의심하기도 한다. 문제는 못생겼다는 것을 범죄와 연관시킨 점에 있다.

못생겼다는 것은 곧잘 혼혈이나 혼혈로 인한 발육의 쇠퇴를 드러내주는 표시였다. 범죄학자들 중 인류학을 공부하는 사람들은 전형적인 범죄형은 못생겼다고 말한다. 외모도 괴물, 정신도 괴물이라는 것이다. 그런데 범죄자는 데카당 중 하나이다. 그러면 소크라테스가 전형적인 범죄형이었단 말인가?

여기서 니체가 말하는 범죄학이란 당시 이탈리아에서 유행한 롬브로소(Cesare Lombroso, 1836~1909)의 형질인류학적 범죄인 유형학을 말하는데, 지금은 그런 것을 학문이라고 보는 사람이 아무도 없다. 여하튼 니체는 소크라테스의 변증법이 그리스의 고귀한 취향을 정복했다고 본다. 그리고 그는 "스스로를 먼저 입증시켜야만 하는 것은 별 가치가 없는 것"이라면서 소크라테스 이전의 그리스처럼 "권위가 미풍양속에 속하는 곳"이나 "근거를 들어 정당화하지 않고 명령하는 곳"이라면 어디에서든 변증론자는 일종의 어릿광대에 불과하다고 주장한다. 즉 그는 증명을 위한 논의 자체를 무가치한 것으로 보고 거부한 것이다. 이런 맥락에서 그는 변증법을 구사한 소크라테스를 특히 싫어했다. 그에 의하면 변증법으로 승리하는 자는 평민일 뿐이고, 그리스인은 위대하고 고귀한 것을 그 자체로 인정하므로 논의가 필요가 없었다는 것이다.

니체에 따르면 소크라테스와 그의 제자들에게 변증법을 구사하는 논리적 능력의 비대화가 초래된 것은 "천민이 품는 원한" 때문이었고, 그들의 변증법은 "피압박자로서 자신들의 고유한 잔혹성을 삼단논법의 칼인 것처럼 찔러대며" 즐기는 '귀족에 대한 복수'였으며, 그러다 보니 대결의 장에서는 차이가 없어지고 그들은 자신들의 권리를 단순히 주장하는 것이 아니라 그것을 증명해야 하는 장으로 옮겨갔다.

이어 니체는 자유주의 비판으로 나아간다. 자유주의는 '힘에의 의지의 토대'를 허물어뜨리고 '산과 골짜기의 평준화', 즉 평등을 초래한다는 것이다. 자유주의에 맞서 그가 내세우는 자유는 『인간적인, 너무나 인간적인』에서 묘사된 '자유정신'이며, 이는 민주주의의 자유 내지 자유정신과는 다르다. 『우상의 황혼』에 나오는 다음 구절을 보면 분명해진다.

자유는 남성적 본능, 전투적이고 승리의 기쁨에 찬 본능이 다른 본능들, 이를테면 '행복' 본능을 지배하는 것을 의미한다. 자유로워진 인간은, 그리고 자유로워진 정신은 더 말할 것도 없이, 소상인과 그리스도교인과 여자들과 영국인들과 다른 민주주의자들이 꿈꾸는 경멸스러운 복지를 짓밟아버린다. 자유로운 인간은 전사이다.

이어 니체는 민주주의 비판으로 나아간다. 그에 의하면 민주주의는 언제든 "조직력의 쇠퇴 형국", "국가의 붕괴 형국", "와해하고 종말을 가속시키는 것을 본능적으로 선호"하는 "데카당스"라고 비판한다.

제도들이 존재하기 위해서는 악의에 이를 정도로 반자유주의적인 의지와 본능과 명령이 있어야만 한다. 전통에의 의지가, 권위에의 의지가, 수세기 동안 지속되는 책임에의 의지가, 과거와 미래로 무한한 세대의 연속이라는 연대성이 있어야만 한다. 그런 의지가 있으면, 로마제국과 같은 것이 세워진다. 또는 오늘날 그 자체로 지속하고 있고, 기다릴 수 있으며, 무엇인가를 여전히 약속할 수 있는 유일한 힘인 러시아와도 같은 것이 세워진다. … 서구 전체는 제도들을 자라나게 하고, 미래를 자라나게 하는 본능들을 더는 갖고 있지 않다. 아마도 그것만큼 서구의 '현대적 정신'에 거슬리는 것은 없으리라.

니체는 사람들이 말하는 '자유'는 "오늘을 위해 살고, 아주 재빠르게", "아주 무책임하게" 살아가는 것이라면서 "제도를 제도로 만드는 것은 경멸받고 증오되며 거절"되며 "'권위'라는 말이 소리를 내기만 해도 사람들은 새로운 노예상태의 위험이라고 믿는다"고 한다. 그러나 니체가 말하는 반자유주의, 전통, 권위, 책임, 연대성에 근거를 둔 로마제국이나 러시아에 우리가 말하는 민주주의의 자유가 있을 리가 없다.

니체는 위의 인용문에 이어지는 구절에서 데카당스의 증명서가 바로 '현대의 결혼'이라면서 다음과 같이 과거의 결혼을 찬양한다.

결혼의 이성―이것은 남성의 법적인 단독책임 아래 놓여 있었다. 그래서 결혼은 중심점을 가질 수 있었다. 오늘날의 결혼이 두 다리로 절뚝거리고 있는 반면에 말이다. … 결혼의 이성은 또한 배우자를 선택할 때 가족이 책임을 진다는 데 있었다. 그런데 연애결혼에 대해 점점 더 관대해지면서 바로 결혼의 토대가, 즉 결혼을 제도로 만드는 것이 제거되어버렸다. 하나의 제도는 결코 괴상한 어떤 것에 기초해서 성립되지 않으며, 결혼은 이미 말했듯이 '사랑'에 기초해서 성립되지 않는다. 결혼의 토대는 성충동과 재산소유충동(여자와 아이는 재산이다)과 지배충동이다. 지배충동은 끊임없이 최소 지배형태인 가족을 조직하고, 자식과 후계자들을 필요로 한다.

그러나 니체의 반민주주의는 노동자에 대한 공격에서 더욱 분명하게 드러난다. 우리가 1장에서 인용한 바 있는 노동문제에 대한 니체의 글이 바로 그러한 공격이다. 니체는 소크라테스의 변증법이 현대의 이성숭배에 의해 완성됐고, 소크라테스로부터 예수를 거쳐 현대에 전해진 하층민의 관심은 루소, 인권선언, 사회주의에서 정점에 이른다고 본다.

니체는 심지어 문체의 측면에서도 민주주의를 공격한다. 그는 특히 플라톤을 "문체의 모든 형식을 뒤죽박죽으로 만들어버린" "최초의 문체 데카당"으로 비난하고, 플라톤의 대화 방식을 "무섭도록 자족적이고 유치한 변증법"으로 비판한다. 그는 플라톤에 대해 다음과 같이 말한다.

그는 헬레네인의 모든 근본 본능들에서 너무나 벗어나 있고, 너무 도덕화되어 있으며, 너무 그리스도교의 조상격이어서—그가 이미 '선' 개념을 최상의 개념으로 갖고 있었기에—플라톤이라는 현상 전체에 대해 나는 차라리 '고등 사기'라는 심한 말을, 또는 사람들이 더 듣기 좋아하는 '이상주의'라는 말을 다른 말보다는 더 사용하고 싶을 정도다. 이 아테네인이 이집트인들 사이에서(아니 이집트의 유대인들 사이에서였던가? ⋯) 학교를 다녔다는 것에 대한 대가는 비싸게 치른 셈이다. 그리스도교라는 큰 액운 안에서 플라톤은 '이상'이라고 불리던 애매하고도 매혹적인 존재였다.

반면에 니체는 투키디데스와 마키아벨리의 문체를 찬양한다. 그 이유는 투키디데스의 글이 소피스트 문화를 드러내기 때문이다. 니체에 따르면 강자의 문체는 '좋은 취향, 나쁜 취향'과는 무관한 것이다. 또한 "고유한 법칙 하에서 행해지는 그러한 강제력, 그러한 구속력과 완성 안에서 지극히 섬세한 기쁨을 누리는 것은 강력하고 지배욕에 불타는 천성을 지닌 사람들의 것"인 반면에 "약한 성격, 자기 자신을 지배하지 못하는 성격을 지닌 사람들은 문체의 구속력을 증오한다"는 것이다. 그리고 자신의 문체를 최고의 문체라고 자랑한다.

나 이전에 사람들은 독일어로 무엇을 할 수 있는지를 알지 못했으며 … 위대한 리듬기법, 복합문의 위대한 문체가 숭고하고도 초인간적인 열정의 거대한 상승과 하락을 표현하는 것이라는 점이 나에 의해 비로소 발견되었다.

반면에 그는 당대의 모든 문인들의 문체를 '천민'의 것, '잡종인간'의 것으로 비난한다. 그러고는 이렇게 말한다. "낭만적으로나 고전적으로나 그리스도교식으로나 플로렌스식으로나 바로크식으로나 '국수적으로' 나타내 보여도 소용없는 일이며, 양식에서나 기교에서도 이것은 잘 어울리지 않는다!"

『안티크리스트』

『안티크리스트』(1895)에서 니체는 자신이 보기에 예수를 왜곡한 바울 이후의 그리스도교도를 비판한다. 따라서 이 책의 제목은 『안티크리스트』가 아니라 『안티크리스트교도』라고 번역하는 게 옳다. 이는 종래 『반그리스도』라고 번역됐으나 책세상 출판사의 『니체전』에서 『안티크리스트』로 바뀌었다. 그러나 그 본문에서는 크리스트가 그리스도로 표기된다. 기독교에 대한 니체의 비판은 그 전에도 있었지만 『안티크리스트』에서 집약된다. 그 핵심은 다음 구절에 들어 있다.

> 그리스도교는 좀 더 강한 유형의 인간에 대항하는 사투를 벌였으며, 그 유형의 근본 본능을 모두 추방했고, 이 본능들에서 악과 악인을 만들어냈다. 비난받아 마땅하고 '버림받는 인간'의 전형으로 강한 인간을 만들어냈다. 그리스도교는 약자, 천한 자, 실패자를 모두 옹호했으며, 강한 삶의 보존 본능에 대한 반박을 이상으로 만들어냈다; 그리스도교는 정신의 최고 가치를 죄가 된다고, 오도한다고, 유혹이라고 느끼도록 가르치면서 가장 정신적인 인간의 이성마저도 망쳐버렸다. 가장 통탄스러운 예—파스칼의 타락. 그는 원죄에 의해 자신의 이성이 타락했다고 믿었다. 그의 이성을 망친 것은 오로지 그의 그리스도교였건만 말이다!

이어 니체는 기독교의 신을 '병자' '거미' '정신'의 신으로서 "지상에 실현되었던 것 중에서 가장 부패한 신 개념 중 하나"라고 하면서 "신이 삶에 대한 미화이자 삶에 대한 영원한 긍정이 되는 대신 삶에 대한 반박으로 변질"되고 "신 안에서 삶과 자연과 삶에의 의지에 대한 적대가 선언되고" 있다고 주장한다. 이런 점에서 기독교의 신은 "'이 세상'에 대한 온갖 비방의 공식이자 '저 세상'에 대한 온갖 거짓의 공식"이라고 말한다.

그러면서도 니체는 "오로지 그리스도교적 실천만이, 즉 십자가에서 죽은 그가 살았던 것처럼 사는 것만이 그리스도교적"이라면서 "오늘날에도 그런 삶은 가능하며, 특정인들을 위해서는 심지어 필요하기까지 하다"고 말한다. 이는 예수의 삶과 후세인의 예수에 대한 신앙을 구별해 한 말인 것으로 보인다. 니체의 이 말에 근거해 니체가 예수를 존경했다고 보는 견해가 있지만, 니체는 적어도 예수를 존경한다는 표현은 쓰지 않았다.

또한 니체가 『유고』에서 예수는 처형에 임박해서도 그것을 순순히 받아들였고 전혀 호전적이지 않았다고 한 말을 놓고 "니체는 비정치적이고 가장 사적인 실존형식으로서의 예수의 삶의 방식 속에서 어떻게 인간이 살아야만 하고 살 수 있는가 하는 가능성을 찾는다"면서 이는 "예수에 대해 거의 경멸 없는 존경의 관계"를 보여준다는 견해가 있다. 그러나 예수와 같이 자신의 처형을 수용하는 것이 "비정치적이고 가장 사적인 실존형식"으로서 인간이 살아가야 할 길이라고 실제로 니체가 생각했는지도 불명확하다. 게다가 내가 보기에 니체는 자신이 싫어하는 예수의 사도들이 갖고 있었던 '복수심'을 예수는 갖고 있지 않았다는 점을 강조하고 있을 뿐이다. 그런데 왜 니체주의자들은 니체가 예수를 존경했다고 억지소리를 하는 것일까? 그것은 반(反)예수, 반기독교주의자로서의 니체를 세탁하기 위해서다. 그렇게 해서 니체를 현대의 기독교에 가깝게 만들려는 것이다. 그러나 과연 니체를 그렇게 볼 수 있을까?

도리어 니체는 예수에 대해 "교회, 국가, 사회, 예술, 학문, 문화, 문명을 부정한" 점에서 플라톤이나 부처와 같으며, "'선하고 정의로운 자', '이스라엘의 성자들', '사회의 교권제도'에 대한 봉기"의 주모자였으며 "이 신성한 아나키스트는 정치범이었다"고 말한다. 그래서 예수는 "유대인 사회와 유대 지성의 가장 낮은 층으로 향했던 것에 대한 보상을 치러야만" 했고, 그 당연한 결과로 죽임을 당했다는 것이 니체의 시각이다. 즉 예수의 가르침은 사회주의였기 때문에 그는 사형을 당해 마땅했다는 것이다. 『유고』에 나오는 다음 구절을 보라.

> 복음: 천하고 가난한 자들에게 행복으로의 통로가 열려 있다는 소식. 상층신분들의 제도와 전통, 후견으로부터 자신을 해방시키는 것 외에 다른 할 일은 없다는 소식. 그러한 한에서 그리스도교의 임박은 전형적인 사회주의자들의 가르침 외에 다른 것이 아니다.
>
> 재산, 영리, 조국, 신분과 지위, 법정, 경찰, 국가, 교회, 교육, 예술, 군제: 이 모든 것에 복음은 심판을 고지한다. 이것들은 행복을 방해하는 것이고, 오류이고, 잘못 연루시키는 것이며, 악마의 활동이다 … 이 모두가 전형적인 사회주의자의 가르침이다.

니체가 '복음'을 예수 자신의 참된 가르침으로 보았는지, 아니면 사도들이 꾸며낸 것으로 보았는지는 불분명하지만 후자에 혐의를 두는 경향을 강하게 내보인다. 적어도 니체는 예수의 죽음이 사도들에게 복수심을 초래해 보복과 심판을 필요로 하게 했고 "그들의 복수는 터무니없는 방식으로 예수를 치켜세우는 것"이었다고 본 것이 분명하다. 니체는 예수를 치켜세우는 것은 인간의 평등에 대한 예수의 가르침에 위배되는 것이었다고 『안티크리스트』에서 말하기도 한다. 그러나 니체는 우리가 앞에서 본 『차라투스트라는 이렇게 말했다』를 비롯한 여러 책에서 예수의 사도들도 평등을 가르쳤다는 점을 인정하고 이를 이유로 그들을 철두철미하게 비난하므로 앞뒤가 맞지 않는다. 그런가 하면 니체는 그리스도교가 "만인 평등권 교설의 독소"를 철저히 전파시켰다고 비난하고 "권리는 특권"이며 "권리의 불평등이야말로 진정 권리가 존재하기 위한 조건"이라고 주장한다.

니체가 몇몇 기독교인들을 존경했다는 주장도 있다. 그 근거로 『아침놀』에 나오는 "기독교는 인간 사회에 이제까지 없었던 가장 고상한 인물들을 조탁해냈다"는 니체의 문장이 제시된다. 그러나 이 문장은 "기독교가 … 인간들의 정신 전체를 자신 안에 삼켰다"는 전제 아래 예외적으로 그런 사람들이 있었지만 그들은 귀족 출신임을 강조한 것이라는 점에 유의할 필요가 있다. 또한 『인간적인, 너무나 인간적인』에 나오는 "제수이트 수도사는 자신에게 자기극복의 과제를 부과"했다는 니체의 말이 그 근거로 제시되기도 한다. 그러나 이 말도 "통찰의 차이만이 자유사상가들을 이 몰아상태에 있는 자들과 구분하는 것"이라는 니체의 설명 뒤에 나오는 말에 불과하다. 니체는 그런 기독교인들을 존경한 것이 아니라 기독교의 역사에도 예외적인 사람들이 있음을 인정한 것이고, 예외적인 사람들은 귀족 출신이거나 극기적인 태도를 갖고 있음을 강조한 것일 뿐이다.

또한 『도덕의 계보』에서 니체가 "밖으로 발산되지 않는 모든 본능은 안으로 향하게 된다. 이것이 내가 인간의 내면화라고 부르는 것이다. 이것으로 인해 후에 '영혼'이라고 불리는 것이 인간에게 자라난다"고 한 말을 근거로 니체는 기독교를 긍정적으로 평가했다고 보는 견해(솔로몬, 126)도 있다. 하지만 이 말은 기독교에 대한 평가가 아니라 '양심의 가책'의 기원에 대한 니체의 가설적 설명에서 나온 말일 뿐이다.

예수 이후의 기독교

니체는 사도 바울이 권력을 필요로 하여 "대중들을 폭압하고 그들을 무리로 형성시키기 위한 개념과 교설과 상징들만을 이용"했다고 본다. 즉 바울이 "심판과 재림에 대한 가르침, 희생으로서의 죽음에 대한 가르침, 부활에 대한 가르침"을 만들었다는 것이다.

니체는 『유고』에서 "어떤 신도 우리의 죄를 위해 죽지 않았고 신앙을 통한 구원이란 없으며 죽음 이후의 부활이란 없다. 이런 것 전부가 원시 그리스도교를 위조한 것"이라고 말한다. 또한 "예수는 어린양들에게 평화와 행복을 가져오기를 원했던 반면에 그리스도교는 염세주의의 도래이다. 그것도 약자와 열등한 자, 괴로워하는 자, 억압받는 자의 염세주의"라고도 한다. 그러면서 니체는 그들의 "불구대천의 원수"로 "성격과 정신과 취향에서의 힘", "고전적 행복, 고귀한 경쾌함과 회의, 강한 긍지, 현자의 기묘한 일탈과 냉정한 자족, 행동과 말과 형식에서의 그리스적 세련됨" 등이라고 말한다.

니체에 의하면 기독교는 "여성과 노예라는 하층 대중의, 고귀하지 않은 신분"에 적용된 종교이고, 교회는 "그리스도교의 야만화"다. 니체가 기독교의 가장 심각한 문제라고 본 것은 그것이 "국가를 폐지"하고 "사회를 폐지"한다는 점이다. 다시 말해 그것이 사회주의라는 점이다. 따라서 니체의 반기독교주의를 "본래적인 정신(내면성)의 자각에 대한 영원히 반복되는 화두"라고 볼 수 없다. 그것은 오히려 반사회주의, 반민주주의, 반그리스로마주의의 성격을 갖는 것이라고 봐야 한다.

다만 니체가 만년에 예수의 기독교를 자신이 비판하는 기독교의 도그마와 구별했다는 점에는 주의할 필요가 있다. 이는 『유고』에 나오는 다음과 같은 구절에 잘 나타나 있다.

> 그리스도교는 그리스도교라는 명칭을 가지고 치장했었던 파렴치한 도그마 중 그 어느 것과도 연결되어 있지 않다 : 이것은 인격적 신에 대한 가르침도, 죄에 대한, 불멸에 대한, 구원에 대한, 믿음에 대한 가르침도 필요로 하지 않는다. 결코 형이상학을 필요로 하지 않으며, 더군다나 금욕주의나 그리스도교적인 '자연과학'은 더더욱 필요로 하지 않는다. … 무엇을 믿어야 하는지에 대한 그리스도교의 가르침 전체, 그리스도교적인 '진리' 전체는 전적으로 사기이며 : 그리스도교 운동을 시작하게 했던 것과 반대되는 바로 그것이다. … 불교의 실천이 공상이 아니듯이 그리스도교의 실천은 공상이 아니다 : 그것은 행복하기 위한 하나의 수단이다.

니체는 부처를 가리켜 "자력에 의한 구원을 가르치는 교사"라면서 그를 배워야 한다고 주장하고, 기독교와 달리 불교는 "원한의 운동에서 생기지 않았다"고 말한다. 그러나 그는 "불교와 그리스도교 : 원한을 가지고 하는 싸움", "둘 다 허무주의 운동", "민주주의나 사회주의와 마찬가지로 유럽을 위협", "열반이란 허무" 등의 말을 해서 불교에 대한 그의 이해가 정확히 무엇인지 헷갈리게 한다. 그가 예수와 기독교를 구별한 것처럼 부처 또는 불교의 기원과 종교로서의 불교를 구분했다고 보면 어느 정도 이해할 수도 있으나 니체의 본의가 정확하게 무엇인지는 알 수 없다.

"니체의 불교적 사유가 오늘날 우리에게 전달하는 메시지는 나에 대한 집착 없이 어린아이처럼 순수하게 정화된 채 항상 깨어 있는 삶이야말로 진정 인간의 인간다움을 각성시킬 수 있는 힘을 준다는 사실에 있다"는 견해가 있으나 나로서는 이해하기 어려운, 대단히 높은 경지의 사색임에 틀림없다.

니체의 학문과 진리 비판

니체는 학문을 기독교적 도덕의 선입견에 대한 비판의 도구로 찬양하면서도 학문 역시 환상이나 도덕적 허위에 근거한다는 이유에서 그것을 비난한다. 니체는 "확신은 감옥"이라는 이유에서 학문이 회의적 태도를 배양하는 점을 찬양하면서도 학문 역시 현대의 관념으로서 진보라는 환상에서 생긴 것이라는 이유에서 그것을 비난한다. "진보란 한갓 현대적 이념에 불과하며, 잘못된 이념 중 하나"라는 것이다. 특히 니체는 "학문이란 기본적으로 민주주의적이며 반과두제적"이어서 문제라고 한다.

이처럼 학문을 부정하는 니체의 태도는 학문의 본질인 보편적 진리라는 개념 자체에 대한 부정으로 이어진다. 이에 대해서는 이미 앞에서 설명했다. 그런데 여기서 다시 물어보자. 과연 진리는 없는가? "진리가 없다"라는 니체의 주장 자체가 스스로 진리임을 주장하는 것이 아닌가? 그렇다면 "진리는 있다"고 해야 하고, 따라서 "진리가 없다"는 니체의 말은 진리가 아니게 되는 것이 아닌가? 니체는 논리에 집착하는 것을 노예적이라고 비판한다. 그렇다면 논리를 무시하는 것은 귀족적인 것으로 봐야 하는데, 이렇게 보는 논리에 집착하는 것도 노예적인 것이 아닌가? 진리가 존재하지 않는다면 니체의 주장도 진리가 아니다.

물론 진리나 논리나 계보는 니체나 니체주의자가 그것을 말하는 경우에만 옳다고 한다면 나로서는 할 말이 전혀 없다. 또한 니체가 철학자는 물론이고 학자도 아니라고 한다면 나로서는 더 더욱 할 말이 없다. 사실 그의 책을 읽다 보면 그 내용이 주장이나 설교이지 어떤 논리적인 설득을 위한 것이라고 보기 어려운 경우가 대부분이다. 그러니 나처럼 니체에 대해 이런 반론의 책을 쓰는 것 자체가 니체 본인이나 니체주의자에게는 무의미하다고 할 수도 있다. 니체는 자신만이 진리를 갖고 있다고 주장하면서 동시에 진리 자체를 부정했다. 니체는 '선악의 저편'에 있을 뿐 아니라 '진위의 저편'에 있다. 그래서 니체는 대부분의 철학을 부정했다.

철학사와 학문사를 봐도 그동안 수많은 회의론자들이 있었음을 알 수 있다. 그러나 니체는 그들과 분명히 다르다. 니체가 찬양한 몽테뉴는 스피노자와 마찬가지로 인식이 아닌 독단, 진리가 아닌 확실성을 부정하며 모든 것이 불확실하다고 했지 니체처럼 진리 그 자체를 부정하지는 않았다. 니체가 부당하게도 어리석은 영국인이라고 싸잡아 매도한 영국의 경험론자들도 마찬가지였다. 그들은 경험의 한계를 보았기에 경험이 초래하는, 참으로 의심스러운 상대적 인식을 독단적 형이상학으로 만드는 것을 비판했지 그들 자신이 그런 형이상학을 수립하려고 하지는 않았다.

몽테뉴 이래로 모든 가치를 상대적인 것으로 보는 견해가 수립됐다. 그런데 모든 가치가 상대적이라는 대전제 아래 진리는 하나의 가치라는 소전제를 세우면 진리는 상대적인 것이 되고, 따라서 진리는 없다는 결론이 나온다. 여기서 우리는 과연 진리는 하나의 가치라는 소전제가 옳으냐를 따져볼 필요가 있다. 가치란 진리의 본질을 규정하는 것이 아니라 진리에 대한 우리의 주관적 관계를 규정하는 것이다. 그런데 니체는 진리를 가치, 즉 삶에 종속시킨다. 니체는 인식이란 가치평가이고, 누구나 자신의 욕망에 의해서만 가치평가를 할 수밖에 없다고 본다. 이것이 바로 니체의 관점주의(원근법주의라고도 한다)라는 것이다.

니체는 『선악의 저편』에서 "삶의 조건으로 비진리를 용인하는 것, 이것이야말로 위험한 방식으로 습관화된 가치감정에 저항하는 것을 의미한다"고 했고, 『즐거운 학문』에서는 "삶은 논증이 아니다. … 삶의 조건들 중에는 오류도 있다"고 했다. 그는 결국 "사실은 존재하지 않고, 해석만이 존재한다"고 말한다. 그러나 사실이 존재하지 않는다는 것은 사실인가, 해석인가? 사실이 존재하지 않는다면 무엇을 해석할 수 있단 말인가? 또 해석 자체가 하나의 사실이 아니라면 그것은 도대체 무엇인가? 니체의 생각을 일관되게 적용한다면 그 자신의 주장도 하나의 해석으로서만 유효하다고 봐야 한다. 또한 니체에 대한 해석도 니체의 해석에 대한 해석에 불과하다. 여하튼 니체는 모든 진리와 사실을 부정한다고 하는데 그의 철학을 긍정의 철학이라고 부르는 것은 대체 무슨 이유에서인가?

여기서 문제는 사실과 진리가 존재하지 않고 해석만이 존재한다고 하면 우리가 허위에 저항하는 것이 불가능하게 된다는 점에 있다. 가령 나치가 유대인을 가스실에서 죽인 것이 사실이 아니라 특정인의 해석이나 견해에 불과하다고 하면 우리는 그것을 어떻게 비판할 수 있는가?

『이 사람을 보라』

니체가 발광하기 전에 마지막으로 쓴 작품인 『이 사람을 보라, 어떻게 사람은 자기의 모습이 되는가』(1889)는 자서전 치고는 각색된 듯한 내용을 너무 많이 포함하고 있다는 점에서 문제가 있지만 니체 사상의 최종 단계를 보여주는 책이라고 할 수 있다. 앞에서도 이 책의 내용을 여러 차례 인용했으나 여기서 그 전체를 다시 살펴보자. 니체는 이 책에서 자신을 "철학자 디오니소스의 제자"라고 하고, 자신의 철학을 "우상의 파괴"라고 한다. 이 말은 니체 사상의 요약이라 할 만하다.

니체는 『이 사람을 보라』에서 남녀 간의 사랑을 상대의 성에 대한 극단적 증오에 의한 전쟁으로 본다면서 "양성 사이의 영원한 싸움은 여성들에게 전적인 우위를 부여한다"고 말한다. 하지만 이는 니체가 여성의 승리를 말한 것이 아니라 극대화된 여성경멸을 표현한 것에 불과하다. 니체는 '여성해방'을 "여자로서는 실패작, 즉 아이를 낳지 못하는 여자들"이 "아이를 잘 낳는 여자들"에 대한 "본능적인 증오"를 보여주는 것

〈사진 12〉 오른쪽부터 루 살로메, 파울 레, 니체, 니체가 사랑한 루 살로메는 니체의 철학이 질병임을 간파했다.

이라고 말한다. 그러면서 그는 그런 여자들에 대해 "자기네들을 '여자 그 자체', '고등한 여자', '여자 이상주의자'로 끌어올리면서 그녀들은 여자의 일반적 수준을 끌어내리고자 한다"고 주장한다. 더 나아가 그는 여성주의 작가 입센(Henrik Ibsen, 1828~1906)을 '노처녀'라고 부르면서 "성적 사랑의 자연적인 부분, 성적 사랑에 대한 거리낄 것 없는 양심을 독살"하는 '이상주의' 족속의 한 예로 비난하기까지 한다.

니체가 발광한 뒤에, 아니 그 전부터도 니체의 사상을 그의 광기와 관련시켜 보려는 견해가 나타났다. 가령 '초인'이나 '영원회귀'라는 그의 개념을 광기의 표현으로 보거나, 그가 자연스럽지 못한 사색과 생활로 인해 미쳤다고 보거나 하는 견해가 나타났다. 엘리자베트 니체는 『니체의 생애』(1923)에서 그러한 견해를 반박하면서 발광 이전의 니체에게는 정신착란의 요소가 전혀 없었고, 발병의 원인은 근시인 눈의 과로 및 수면제와 진정제의 상용에 있다고 주장했다. 그러나 엘리자베트가 싫어한 루 살로메는 일찍부터 니체의 철학이 질병과 건강의 철학임을 간파했다.

또 하나의 자서전, 『나의 누이와 나』?

니체가 1889년 최후의 저작으로 썼다고 하는 자서전 『나의 누이와 나』

■　　* 이덕희 옮김, 작가정신, 1980. 한편 이자벨 프레트르가 쓴 『소설 니체-나의 섬은 나의 광기다』(고은경 옮김, 한뜻, 1995)는 니체가 발광한 뒤에 일기를 썼다는 상상 아래 쓰인 가상의 일기다. 따라서 이 책은 처음부터 픽션임을 전제로 한 상상의 산물이니 위작의 문제가 있을 수 없다. 시간이 많이 남는다면, 이 책은 재미로 읽어볼 만하다. 요하임 퀼러의 『광기와 사랑』(최효순 옮김, 한길사, 1999)은 니체와 코지마 바그너(작곡가 리하르트 바그너의 아내)를 다룬 책으로, 이 두 사람에 관심이 있는 사람에게는 유익할 수 있다.

가 1980년 한국에서 출판되었는데 출처가 분명하지 않아 위작으로 판명된 책이라고 보는 견해가 있지만 지금까지 계속 출판, 인용되고 있다.

그 책에 의하면 니체의 증조부는 폴란드혁명을 피해 독일로 왔다. 니체는 자기 아버지를 '천사'라고 부르면서 "나는 나쁜 피는 한 방울도 섞이지 않고 독일 피는 거의 섞여 있지 않은 폴란드 정통귀족"이라거나 "지상에 존재했던 것 중에서 가장 고귀한 이 혈통을, 내가 보여주는 것처럼 그 순수한 본능을 대중 속에서 발견하려면 몇 세기를 거슬러 올라가야 할 것"이라고 하고, 심지어는 독일의 황제도 자신의 마부조차 될 수 없다고도 한다. 이런 니체의 거짓말에는 대중을 경멸하는 귀족적 순혈주의의 냄새가 물씬 풍긴다. 이는 니체가 평생 내세운 강자-귀족-초인의 조건인 순수혈통을 자신이 갖추었음을 당당하게 자부하는 것에 다름 아니다.

그런데 당연히 같은 피를 타고 났을 여동생은 물론 어머니에 대해서 니체는 "나와 가장 철저하게 대립하는, 생각할 수 없을 정도로 상스러운 본능"을 가진 '천민'이고 그들이 자신의 친족임은 "나의 신성함에 대한 하나의 불경"이라고 주장해 의아스럽다. 게다가 니체는 그들이 자기의 사상인 영원회귀를 "가장 철저하게 반박"한다고 한다. 니체는 왜 그렇게 어머니와 여동생을 싫어했을까? 그들이 니체에게 특별히 잘못한 점이 있었나? 없다. 그렇다면 이유는 하나뿐이다. 그들은 니체가 그리도 싫어한 여자였다는 점이다. 니체는 동양적 효성이나 형제애는 헌신짝처럼 버릴 수 있어도 남존여비 사상만은 철저히 견지했던 것이다.

그런데 니체는 '천사'라고 불렀던 아버지도 곧바로 부정한다. 그는 "자기 부모를 닮는다는 것은 비천함을 표현해주는 가장 강력한 표시"이며

"위대한 개인들은 가장 오래된 사람들의 후손"이라는 이유로 카이사르, 알렉산더, 디오니소스를 자기의 아버지라고 부름으로 결국은 자기가 '천사'라고 불렀던 생부도 부정했다. 무슨 이유에서였을까? 아버지가 자신이 그리도 싫어한 그리스도교의 목사여서가 아니었을까?

위와 같은 내용이 들어 있는 『이 사람을 보라』는 니체가 발광하기 직전에 쓴 책이니 무시할 수도 있겠지만, 니체학자들이 전혀 그렇게 말하지 않으니 우리도 이 책을 무시할 수만은 없다. 물론 그 내용 중 일부가 거짓말이라는 점에서 무시할 수 없다는 말이다. 니체가 이 책에 써놓은 바와 달리 니체의 선조는 16세기부터 독일의 농부나 소상인이었으니 귀족이 아니었고 17세기 초반부터 루터교를 믿었으며, 아버지와 할아버지, 외할아버지가 모두 루터교 목사를 지냈다. 다만 니체가 자기는 그리스 신화에 나오는 디오니소스의 아들 또는 제자라고 평생 믿은 점에 대해서는 어차피 신화와 관련된 이야기이니 뭐라 할 말이 없다.

『나의 누이와 나』에 나오는 니체와 누이 사이의 근친상간에 관한 이야기도 쇼킹하다. 그 이야기를 믿고 안 믿고는 독자의 판단에 맡길 수밖에 없으나, 나는 그것이 설령 사실이라고 해도 니체를 이해하는 데 지장을 초래하는 것은 아니라고 생각해 더 이상 문제 삼지 않겠다. 『나의 누이와 나』에 의거한 다른 설명에 대해서도 나는 마찬가지로 생각한다. 가령 니체가 발광할 때의 에피소드, 즉 마부가 말을 심하게 매질하는 것을 보고 니체가 눈물을 흘리고 통곡하면서 달려가 그 말의 목을 안고 쓰러졌다는 감동적인 에피소드는 사실이었다고 믿는 사람이 지금은 거의 없다.

7.

니체 후배들의
반민주주의

엘리자베트 니체

니체의 여동생인 엘리자베트 니체는 미친 니체의 마지막 10년을 돌보았다. 그 뒤 니체는 세계적으로 유명해졌다. 엘리자베트 니체는 니체가 죽은 뒤 그의 유고를 『권력에의 의지』라는 책으로 편집해 출판한 것으로도 악명이 높다. 유명한 반유대주의자의 미망이었던 그녀는 니체의 전기를 썼고, 1894년 바이마르에 니체 문서보관소를 열어 니체의 원고를 정리하고 출판했다. 그중에는 "단호하고 차가운 눈길을 가진 갑옷 기사는 앞에 놓인 두려운 길을 가면서 무시무시한 죽음에 겁먹지 않는다"는 니체의 메모도 있었다. 그것은 뒤러의 그림 〈기사, 죽음, 악마〉에서 따온 것이었다. 1934년 8월, 히틀러가 그곳을 방문했을 때 엘리자베트는 그에게 니체의 그 그림을 선물로 주었다. 나치 신문은 이 그림을 나치 이데올로기의 하나인 소농의 이미지로 채택했다(셰라트, 89). 엘리자베트 니체가 1935년에 죽었을 때 히틀러는 그녀의 장례식에 참석하고 기념비를 세웠다.

내가 읽은 니체에 대한 전기 중 우리말로 된 최초의 책은 엘리자베트 니체가 1921년에 쓴 것의 번역으로 1964년에 출판된 것*이었다. 이 책은 1940년대부터 독일을 비롯해 세계적으로, 파시즘을 좋아한 저자가 니체를 상당히 왜곡한 책이라는 비판을 받았다. 그럼에도 이 책이 1960년대에 번역, 출간된 것은 아마도 당시 한국의 니체 이해가 그런 정도였기 때문이리라.

엘리자베트는 『젊은 니체(Der junge Nietzsche)』(1912)와 『고독한 니체(Der einsame Nietzsche)』(1914)를 냈는데 역시 저자가 자신의 이익을 위해서 니체를 왜곡했다는 비판을 받았다. 그러나 엘리자베트가 쓴 니체 전기는 여전히 우리나라에서 인용되고 있다.

니체의 후학들

니체가 죽어간 19세기 말 다양한 니체 후학들이 등장했다. 먼저 인종주의적 우생학자들이 나타났다. 다윈과 헤켈을 따르는 생물학자들이 19세기말부터 등장해 니체의 강자 찬양-약자 멸시를 과학적으로 보증했다. 제1차 대전 후에는 그런 학자들이 줄을 이었다. 가령 1919년 인종연구가이자 우생학자인 귄터(Hans Friedrich Karl Günther, 1891~1968)는 『기사,

■   * 엘리자베트 니체 지음, 민병산 옮김, 『구라파의 황혼』, 『세계의 인간상』 제12권, 신구문화사, 1964.

죽음, 악마(Ritter, Tod und Teufel)』*를 출판했다. 그는 북방인종은 중심 인종으로서 유럽문화를 세운 위대한 종족이고, 유럽역사의 위대함은 모두 그들에 의해 시작되었다고 주장했다. 독일의 이교도적인 낭만주의 전통을 생물학적 민족주의로 재정비한 이 책을 600만 명의 유대인 학살의 최종적 책임자인 하인리히 히믈러(Heinrich Himmler, 1900~1945)에게 깊은 감동을 주었다.

니체의 후학 가운데 가장 유명한 철학자는 로젠베르크(Alfred Rosenberg, 1893~1946)였다. 니체처럼 북유럽과 로마의 순수한 혈통의 종교를 믿은 그는 1934년 『20세기의 신화(Der Mythus des 20. Jahrhunderts)』를 써서 게르만 민족을 잠재적 영웅으로 격상시켰다. 이 책은 독일인으로 태어나면 모두가 초인이 된다는 환상을 불러일으켰다. 특히 아리아인을 최고로 하고 흑인을 최하로 취급하는 인종의 사다리 이론으로 극찬을 받았다. 히틀러가 격찬한 이 책은 1945년까지 100만 부나 팔렸다. 로젠베르크는 니체에 따라 철학사를 재구성했다. 그래서 소크라테스는 사회민주주의자라는 비판을 받았다.

그러나 로젠베르크와 쌍벽을 이루면서 니체의 참된 제자로 평가된 철학자는 보임러(Alfred Bäumler, 1887~1968)였다. 그는 니체에 대한 책으로 성공했고 니체와 히틀러를 연결한 철학자였다. 1930년 12권의 『니체전집』을 편집하고 1931년에 낸 『니체, 철학과 정치가(Der Philosoph und Politiker)』에서 그는 다음과 같이 주장했다.

■ * J. F. Lehmann Verlag, München 1920, 4. Aufl. 1935.

〈사진 13〉 히틀러와 악수하는 엘리자베트 니체

니체의 눈앞에는 우리 인종의 과제, 즉 우리가 유럽의 리더가 되어야 하는 과제가 놓여 있었다. 북유럽의 게르만인들이 없다면 유럽은 어떻게 될 것인가? 독일이 없다면 유럽은 어떻게 될 것인가? 로마의 식민지가 되었을 것이다. … 오직 독일만이 거대한 형태로 세계사에 존재할 수 있다. 독일은 유럽에서 로마에 반대하는 세력으로 존재할 것인가, 그렇지 않을 것인가를 결정할 수 있는 선택권을 가지고 있다. … 미래의 독일은 비스마르크가 만든 독일과는 다른 독일이 될 것이다. 미래에는 니체의 정신과 위대한 전쟁의 정신을 바탕으로 새로운 독일이 탄생할 것이다.

보임러는 1934년의 논문 「니체와 나치스(Nierzsche und Nazis)」에서 니체와 히틀러를 동일시했다. 토마스 만은 보임러의 책을 '히틀러의 예언'이라고 찬양했고** 하이데거는 니체의 사상을 니체의 시각으로 해석한 보임러를 칭찬했다. 로젠베르크에 의해 보임러는 나치당에서 대학과의 연락을 담당하는 책임자로 일했다.

보임러를 이어 크리크(Ernst Krieck, 1882~1947)가 대학을 변화시키는 역할을 맡았다. 니체처럼 자유주의적이고 평화주의적이며 개인적인 생각을 증오한 크리크는 국가주의적이고 민족주의적인 사고를 토대로, 인종과 번식에 근거한 유기적 공동체라는 개념을 세웠다. 나아가 사회는 모든 개인 활동을 떠받치며 개인에 앞서 존재하는 전체자여야 하고, 교육은 사회의 성원이 스스로가 속해 있는 사회에 순응하는 것에 불과하다

■   * 180~183: 세라트, 앞의 책, 115쪽 재인용.
    ** Thomas Mann 외, *Thomas Mann und Alfred Baeumler*, Königshausen & Neumann, 1989, S. 185.

는 전체주의 교육관을 세웠다.

　그러나 누구보다도 강력한 니체의 후학은 히틀러였다. 그는 독일인을 "서구 민주주의의 피상성에 격렬하게 반대하는 철학적인 국민"[*]이라고 하고 철학적 지도자를 자처했다.

슈펭글러

위에서 언급한 사람들이 우리나라에 전혀 알려지지 않은 것은 다행일지 모르지만, 우리나라에도 유명한 사람들도 많다. 그중의 한 사람이 슈펭글러(Oswald Spengler, 1880~1936)다. 그는 1918년에 낸 『서구의 몰락』이라는 책 한 권으로 별안간 유명한 철학자이자 역사학자가 됐다. 독일이 아니라 서구의 몰락을 예언한 이 책은 당시 제1차 대전에서의 패배로 절망에 젖은 독일인에게 엄청난 위로가 됐다. 독일인은 니체의 차라투스트라를 읽으며 그의 보호 하에 전쟁을 한 뒤 패전한 이제, 니체를 계승한 슈펭글러의 책으로 다시 위로를 받은 것이었다. 이렇게 니체는 그들에게 독약이자 보약이었다. 또는 병 주고 약 주는 격이었다.

　슈펭글러의 유일한 스승은 니체였다. 니체처럼 슈펭글러도 독일인을 특권 민족이라고 보았다. 독일민족, 독일정신, 독일이념과 같은 말에서 나타나는 독일의 정신적 가능성을 다른 어떤 민족보다도 높이 평가했고, 독일은 그 어느 민족보다도 훨씬 더 강하고 품위 있게 극복할 수 있다

■　* V. Farias, *Heidegger and Nazism*, Temple University Press, 1989, p. 80, n. 5; 셰라트, 앞의 책, 129쪽 재인용.

고 주장했다. 그는 혈연사회, 무사의 본능, 사명의식 등을 강조하면서 대중과 기술이 지배하는 당대, 특히 사회주의로 기운 노동운동에 대해 강력하게 경고했다. 반면 그는 당대의 독점자본주의를 수호하는 것을 자기 철학의 사명으로 삼았다. 그러나 그 철학이란 니체의 실천철학이지 다른 철학자들의 사변이 아니었다.

슈펭글러는 독일의 전통적인 가치를 낭만주의와 이성에 대한 지나친 맹신을 거부하는 반이성주의에서 찾았다. 그는 "공감, 직관, 비교, 직접적인 내적 확신, 정확한 감각적 상상-이것이야 말로 움직이고 있는 현상의 비밀에 다가서는 방법이다. 그것이 역사 연구 일반의 방법이다. 그 이외에는 방법이 없다"고 했다.

슈펭글러가 인간을 고대의 아폴론적 유형과 서구의 파우스트적 유형으로 나누는 것도 니체의 아폴론 및 디오니소스라는 구분과 유사하다. 파우스트적 인간상의 특징인 '의지'는 디오니소스의 특징인 '권력의지'와 같다. 그것은 군사나 경제나 학문에서 세계를 지배해야 한다는 의지로 파우스트적 인간은 그 의지를 모든 사람에게 강요한다. 그리고 모든 사람은 그의 이상을 추종하거나 몰락하거나 중의 하나다. 그는 니체처럼 인생이란 지배를 위한 투쟁이고, 인종의 지배란 절대적으로 필요하다고 주장했다. 그에게 인간은 오로지 서로 투쟁하여 승부를 보는 맹수 같은 존재이고, 삶은 니체의 권력의지처럼 잔인하고 무자비하며 관용을 모른다.

슈펭글러는 서구의 도덕이란 명령에 대한 복종이라고 하면서 그 점에

■　　* 오스발트 슈펭글러, 박광순 옮김, 『서구의 몰락』, 범우사, 55쪽.

서 니체와 루터는 완전히 일치한다고 했다. 그리고 니체처럼 '초식동물의 도덕'과 '육식동물(맹수)의 도덕'을 대비시키며 니체의 운명애를 해석했다. 즉 "전자는 굴복하고 소심하고 비열해지나 후자는 힘과 승리, 자만심과 증오를 통해 상승한다. … 외적 자연에 대한 내적 자연의 투쟁을 비참으로 느끼지 말고 삶을 고귀하게 만드는 삶의 커다란 의미로 느끼는 것이 니체가 생각한 운명애다."

운명은 강한 민족이나 인간의 편이므로 그들은 자신의 운명을 시험할 수 있다. 파시스트들은 병사들을 죽음에 몰아넣는 입구에 운명애란 말을 적어놓았다. 그러나 니체든 슈펭글러든 운명이 구체적으로 무엇인지를 말하지 않았다. 그것은 아무도 모르는 것이고, 과학적 인과법칙에 반하는 것이다. 그런 운명의 유기적 필연성으로 가득 찬 신화와 종교 그리고 예술이 니체와 슈펭글러의 세계다. 그 세계의 핵심을 차지하는 것은 절대화된 영혼이다. 이는 니체의 권력의지와 유사하다. 또한 슈펭글러가 말하는 문화순환은 니체의 영겁회귀와 통한다.

슈펭글러는 2000년에 서구는 민주주의 때문에 사회의 유기적 질서가 파괴되어 몰락한다고 예언하면서 그런 역사의 보복을 벗어나려면 니체처럼 군국주의적이고 귀족주의적인 전제적 독재에 의해 모든 가치를 변혁해야 한다고 했다.

1920년에 쓴 「프러시아주의와 사회주의」에서 슈펭글러는 바이마르 공화국은 독일역사상 가장 무의미한 시대착오이자 역사발전에 대한 반역이

■　* Oswald Spengler, *Der Mensch und die Technik*, 1932, S. 15.

라고 보았다. 독일에서 의회주의란 넌센스이고 배신이며, 서구 전역에서
도 의회는 쇠퇴하고 있다고 주장한 그는 프러시아적이고 권위주의적이고
관료가 이끄는 새로운 사회주의 국가가 건설되어야 한다고 역설했다.

셸러

슈펭글러보다 더 우리나라에서 유명한 니체 후학은 셸러다. 한국에는 셸
러에 대한 수많은 번역과 연구서, 학위논문과 일반논문이 나와 있지만,
그를 우익 철학자로 다루는 경우는 거의 없다. 하이데거와 나치의 관계
에 대해서는 두 권의 책이 나와 있는 것과 대조적이다. 이는 셸러가 1928
년에 죽은 탓으로 생각된다.

독일 우익을 대표하는 철학자인 셸러는 군사주의를 인생관으로 인생
의 목적을 포함하는 하나의 '에토스 형식'으로 보았다. 일찍부터 니체**를
추종하여 부르주아 문화의 데카당스를 고발하고 가치 전도에 대해 말한
셸러는 제1차 대전을 시대의 병폐를 분출한 불가피한 사태로 보았다. 또
전쟁을 단순한 물리적 폭력이 아니라 새로운 문화의 창조와 사회 진보
를 초래하는 것, 즉 현대생활의 원자론을 극복하고 인간 실존의 근저를
형성하는 유기적 생명을 회복시키는 것으로 보았다. 나아가 그는 독일의

■　* 셸러는 서양 철학이 소크라테스 이래 충동을 무시하고 정신이나 이성을 과도하게 존중해왔
　　다고 비판하면서, 자주적인 인간의 충동의 기초를 군사주의를 향한 성향에 결부된 것으로 보
　　았다.
　　** 니체만이 아니라 독일 철학에서 호전적인 영웅주의의 전통은 헤겔로부터 비롯되었고, 셸러
　　당대에도 트라이치케, 좀바르트, 베른하르디 등등의 사상으로 표출되었다.

군사주의를 변호하면서 상업주의의 영국, 공화주의의 프랑스, 슬라브주의의 러시아를 비판했다. 가령 영국의 공리주의적 자본주의 정신이 갖는 이기적이고 타산적인 성격을 비판했다. 그러나 이는 영국에서 19세기 후반 보통선거제를 실시하는 등 사회혁명을 추진했고, 페이비언 사회주의 등에서 보듯이 노동자계급의 연대성이 강화된 것을 무시한 것이었다. 또 셸러의 러시아관은 도스토옙스키 등이 묘사한 러시아 농민의 참상을 근거로 한 것으로 19세기 후반의 러시아 근대화에 대해서는 눈을 감은 것이었다.

셸러의 글 중에 특히 주목되는 것은 『셸러 전집』 제6권에 실린 『사회학 및 세계관학 논집』*의 제2부 '국민과 세계관'에 실린 '심정 군사주의와 목적 군사주의에 대해. 군사주의의 심리학 연구(Über Gesinnungs-und Zweckmilitarismus, Eine Studie zur Psychologie des Militarismus)'이다. 그 글에서 셸러는 독일의 군사주의를 독일문화의 특징으로 보고 찬양했다. 이는 본래 『전쟁과 재건(Krieg und Aufbau)』(1916)에 실린 것으로 제1차 대전 중 선전책의 하나로 집필되었다. 당시 선전책의 참가자는 토마스 만, 마이네케, 좀바르트, 알프레드 베버, 에른스트 트뢸치 등이고, 셸러는 누구보다도 최전선에 섰다.** 그는 1915년에 『전쟁의 정신과 독일의 전쟁』***, 이어 1917년에

<hr />

* Max Scheler, *Schriften zur Soziologie und Weltanschaungslehre*, Gesammelte Werke, Bd. 6, Francke Verlag, 1963.
** 셸러는 1914년 8월에 제1차대전이 발발한 뒤 한 달도 안 된 9월에 쾰른의 공군 보충대대에 자원했으나, 군대 측은 40세에 이른 그에게 청년들에게 양보하라고 해 현역 입대는 단념해야 했다.
*** Max Scheler, *Der Genius des Krieges und der Deutsche Krieg*, Gesammelte Werke, Bd, 6, Francke Verlag, 1963.

『독일 혐오의 요인들』*을 발표하고 1917년부터 1918년 사이에 외무부 촉탁에 의해 주네브와 헤이그에 주재하면서 선전전에 참가하여 전쟁 찬양자 내지 군사주의(Militarismus)의 정신적 아버지라는 비난을 받았다.

서두에 "전우들이여! 전쟁도 영예를 가지고, 인간의 운명을 움직인다"는 실러의 시구를 실은 셸러의 『전쟁의 정신과 독일의 전쟁』은 대담한 전쟁긍정론의 책이었다. 그는 그 책 이전의 여러 저서에서 밝힌 유럽 현대 문명 비판에 근거하여 독일을 그 구제자로 내세우면서 제1차 대전을 그 구제의 불가피한 과정이라고 주장하며 그 이유를 다음과 같이 주장한다.**

즉 전쟁은 단순한 물리적 폭력이 아니라 깊은 정신적 사건으로서 유럽의 긴장을 해소하고 새로운 유럽인을 낳는다고 한다. 특히 적인 영국에서 나온 자본주의적 상업주의와 부르주아적 영리주의라는 악질적 풍조를 격퇴하는 신의 채찍과 같은 전쟁이자, 국민의 여론과 심정을 단결시켜 독일 국위의 선양을 되풀이하는 기회라고 했다. 전쟁은 현대생활의 원자화와는 대조적으로 전쟁은 인간 실존의 유기적 근원으로 회귀하는 것이고, 모든 인간의 진보와 문명 그 자체의 창조라고 했다. 반면 평화는 문명에 대해 끊임없는 위기이고, 마음과 모든 문명에 대한 도덕적이고 정신적인 해악이라고 했다.

셸러에 의하면 전쟁과 평화는 호흡, 파도의 간만, 일출과 일몰 등과 마찬가지로 인생의 자연적인 리듬의 부분을 형성하고, 만일 긴 평화가 계

■　* Max Scheler, *Die Ursachen des Deutschlandes*, Gesammelte Werke, Bd, 6, Francke Verlag, 1963.
　** John Raphael Staude, *Max Scheler 1874-1928, An Intellectual Portrait*, The Free Press, 1967, pp. 63~94. 제3장 '전쟁의 정신'

속되면 한과 증오가 국민의 가슴에 싹트기 시작하며, 전쟁은 사람들을 정화하고 평화 시에 쌓인 연약한 만족을 세탁하기 때문에 전쟁 뒤에야 비로소 희망의 대지가 열리고 새로운 유럽이 탄생한다. 이처럼 셸러는 제1차대전을 독일의 성전으로 보았다. 독일이 위대한 민족혼으로 영국과 프랑스의 타락을 도덕적으로 교화해야 할 역사적 사명에 입각한 정의의 전쟁이라는 것이다.

셸러는 군사주의를 특정한 에토스, 특정한 내면적 및 외면적인 인간의 태도, 인생관으로 살아가는 목적을 포함한 하나의 에토스로 파악하고 그것을 심정 군사주의와 목적 군사주의로 구분했다. 그리고 심정 군사주의에서 힘은 정신을 표현하는 삶의 독일적인 방식으로 예술작품과 같다고 보고 군사적 확장주의를 내용으로 하는 영국 등 적의 목적 군사주의와 구별했다.* 즉 목적 군사주의는 "강력한 전투력을 갖춘 군대가 존재하고 그 군대의 유지와 개선을 향한 치열한 배려를 행하는 입장으로서 군사 목적을 위한 수단으로 군비를 철저히 하는 사고방식"*인 반면, 심정 군사주의는 "쾌적(快適)이나 유용이라는 가치보다도 기개(氣槪)의 가치, 생명보다도 명예나 영광, 이익보다 힘, 개인적 행복보다 국가문제를 우선하도록, 생활과 선택과 행위 시에 일정한 가치를 다른 가치보다 우선시킨다는 소정된 심정의 방식"이다. 이러한 구분은 심정 군사주의의 독일이 목적 군사주의를 타도해야 한다고 주장하기 위한 것이었다. 독일의 심정

---

* Max Scheler, *Schriften zur Soziologie und Weltanschaungslehre, Gesammelte Werke, Bd. 6,* Francke Verlag, 1963, S. 189.
** 같은 책, S. 187.

군사주의가 적군의 목적 군사주의 위에 있다고 보았다.

　그런데 셸러는 죽기 1년 전인 1927년, 베를린에 있는 국방부에서 '평화의 이념과 평화주의"라는 제목으로 강연을 하면서 목적 군사주의를 주장했다. 말은 이 강연을 두고 셸러가 종래의 전쟁주의를 포기하고 간디와 유사한 평화주의로 변했다고 보고 있지만, 내가 보기에 이는 엄청난 착각이다. 이는 강연에 앞서 국방부장관이 제1차대전 시와 같이 철학과 군대의 협조를 강조했고, 당대의 장군들이 강연에서 셸러가 주장한 도구적 군사주의"에 공감한 것"'만이 아니라, 셸러가 강연에서 전승국에 의한 독일 군비 제한이 불법이라고 주장하고""", 전승국의 권익을 고정화한 국제연맹을 비판했으며"""", 특히 당시 막 성립한 소련의 공산주의적 평화론을 비판""""'한 것에서도 충분히 알 수 있다.

하이데거

하이데거는 1933년 프라이부르크대학교 총장이 되면서 동시에 나치당원이 됐다. 군복 차림의 그는 나치식 거수경례를 하고 연단에 올라, 히틀러와 나치즘을 위대하다고 찬양하고 학생들에게 나치혁명을 절대적

■　　* 이는 단행본으로서는 1931년에 처음 간행되었고, 1974년에 재간행되었으며, 그 뒤 1990년
　　　『유고집』 제4권(전집 제13권) 속에 포함되어 간행되었다.
　　** Max Scheler, *Die Idee des Friedens und der Pazifismus*, Francke, 1974, S. 29.
　　*** 같은 책, S. 28.
　　**** 같은 책, S. 49.
　　***** 같은 책, S. 49.
　　****** 같은 책, S. 56.

으로 지지해달라고 호소한 「독일 대학의 자기주장(Die Selbstbehauptung der deutschen Universität)」이라는 취임 연설을 했다. 연설이 끝나고 그곳에 모인 나치당 간부 등은 다음과 같은 가사의 나치당의 당가(黨歌)이자 국가(國歌)를 제창했다.

> 깃발을 높이 내걸고, 대열을 바짝 좁혀라!
> 굳건하게 행진하는 돌격대, 그들의 발걸음은 단호하다.
> 적색분자와 반동의 총탄에 스러져간 동지들의 넋이
> 우리의 대열 속에서 우리와 함께 전진한다.
> 손을 들어 외쳐라, 승리 만세!

그 전부터 나치를 지지한 학생들은 물론, 그렇지 않은 학생들도 그의 연설과 강의를 듣고 나치를 지지했다. 그러나 유럽 각지에 있던 그의 추종자들에게는 놀라운 소식이었다. 그는 칸트와 피히테와 니체를 연구한 철학자였고, 그들보다 더 수수께끼 같은 말로 쓴 마술 책 같은 『존재와 시간(Sein und Zeit)』(1927)으로 많은 젊은이들을 유혹했다. 복잡하고 난해한 하이데거의 철학을 여기서 나까지 굳이 설명할 필요가 없을 정도로 그것에 대한 책은 우리나라 도서관에도 가득하다. 그러나 그의 난해한 사상은 전쟁에서 죽는 영웅과 같이 급진적인 자기희생을 위한 교리에 불과하다는 해석도 있다.*

■　* E. Faye, *Heidegger: The Introduction of Nazism into Philosophy*, trans. *m. B. Smith*, Yale University Press, 1955.

총장이 되자마자 그는 그의 스승을 비롯하여 모든 비(非)아리아인들을 대학과 공직에서 몰아내는 일을 시작하고 히틀러를 계속 미화했으나 1년 만에 총장직을 사임했다. 그 직후 그는 로젠베르크와 슈미트 등과 함께 니체 문서보관소에서 독일법에 대한 세미나를 열어 그곳을 독일 철학의 '성소'로 만들었다. 그리고 그곳에서 준비 중이던 니체 전집의 개정 작업을 했고, 그 개정판을 히틀러와 무솔리니에게 보냈다. 1938년에는 출판물 검열에 동의했고, 니체 저작을 번역한 보임러 등을 검열관으로 추천했다.

그는 그 뒤에도 기독교 사상과 휴머니즘 사상을 버리라고 촉구했다. 독일이 강해지기 위해서는 도덕과 인권, 연민을 철학에서 추방해야 한다고 역설했다. 당연히 나치가 벌인 전쟁을 지지했고 유대인 안락사마저 지지했다.

최근에 발견된 『철학노트』에서 하이데거는 자신이 비판한 '세계유대주의(Weltjudentum)'가 서구 근대를 추진한 주요한 요소의 하나라고 주장했다. 또 유대인들이 나치의 인종이론에 격렬하게 반대했지만 그들 스스로는 가장 오랜된 인종적 원칙을 갖고 있었다고 비난했다. 이러한 세계 유대주의에 대한 음모론적 인식은 유대인의 세계 지배 계획을 담고 있다고 알려진 〈시온 의정서〉으로 전파되었는데 히틀러도 자신의 『나의 투쟁』에서 이 음모이론을 사실로 적었다.

또 『철학노트』에서 하이데거는 자신의 반유대주의가 영미문화에 대한

■　* 셰라트, 앞의 책, 185쪽.

강한 적의와 겹쳐있다는 걸 보여주었다. 그는 영미문화를 '조작을 통한 지배'(Machenschaft)의 원동력으로 보았다. 하이데거는 파시즘과 세계 유대주의처럼, 소비에트 공산주의와 영국 의회주의는 서구의 근대를 비인간적으로 만든 추동력의 하나로 보아야 한다고 말했다.

슈미트

니체의 후학이자 나치 시대의 법학자인 카를 슈미트(Carl Schmitt, 1888~1985)는 하이데거처럼 지금까지도 세계적인 추앙을 받는 사람이다. 특히 한국에서 그의 인기는 하늘을 찌를 정도여서 그의 저서가 많이 번역되었다. 그는 1914년 1차 세계대전이 터졌을 때 27세였다. 동료들은 모두 전장으로 달려갔으나 자신은 경력을 쌓기 위해 최대한 입대를 미루었다. 그러나 입대하자마자 낙마하여 부상을 당해 후방인 뮌헨의 육군 법무과에서 근무했다.

제1차대전이 끝난 뒤 법학부의 교수를 지냈을 때 그는 헤겔과 같이 강력한 국가의 대통령제가 내란을 피하게 할 것이라고 생각했다. 나치가 등장했을 때는 공산당처럼 국가 안보를 위협하는 극단주의자로 비판했다. 그러나 1933년 1월, 나치가 집권하자 그는 즉각 나치당에 가입했다. 이어 2월 말, 국가 비상사태와 권리 정지 선언을 통한 히틀러의 권력 장악에 합법적 토대를 제공했다. 그리고 5월 10일의 분서 사건에 대해 타락한 세대의 '반(反)독일정신'과 '독일을 부정하는 쓰레기 같은 글'이 불탔다고 환호하며 망명 독일인들은 이적행위를 했으니 시민권을 말소하라고 정부에 요구하는 글을 신문에 실었다. 그리고 불태운 책이 너무 적다고 불평했다. 특히 유대인 저자만이 아니라 유대의 영향을 받은 유대인의 책도 불태워야 한다고 주장했다. 그는 일찍이 반유대주의 나치 정서에 공감했다.

그는 곧 나치 법이론과 헌법의 맹주가 되었고 정치적 출세도 했다. 1934년 6월, 수백 명의 나치 당원들이 암살당한 '긴 칼날의 밤' 사건이 터지자 정치 살인을 '행정권의 가장 진화한 형태'라고 하며 그 정당성과 합법성을 옹호했다. 그리하여 그는 살인적 독재정권의 변호인이 됐다.『정치의 개념』에서 국가는 "구성원들에게 기꺼이 목숨을 바치고 주저 없이 적을 죽일 것을 요구할 권리가 있다"고 했다.

니체-나치의 관계에 대한 세 가지 입장

니체만이 아니라 나치에 대한 책도, 영화도, 만화도 많다. 다른 나라만이 아니라 우리나라에도 많다. 그러나 니체와 나치를 연결하는 것은 거의 없다. 다들 니체는 나치와 다르다고 한다. 우리나라에도 번역된 책을 쓴 발터 카우프만(Walter Kaufmann) 같은 학자들이 그 대표격이다. 아내가 유대인이라는 이유에서 나치에 억압을 당한 카를 야스퍼스 같은 실존주의 철학자도 그렇게 말했다. 심지어 앙리 르페브르 같이 사회주의자 중에서도 그렇게 보는 사람들이 있다. 그들에게 니체의 초인은 오로지 '정신적' 초인이고 '정치적' 초인이 아니다.

■　* 1963, S. 46.

그러나 앞 장에서 보았듯이 니체를 나치와 같다고 보는 사람들도 많다. 니체의 여동생 엘리자베트나 보임러가 그 대표격이다. 그들은 니체주의자이자 동시에 나치주의자로서 그렇게 생각한다. 같은 류의 사람들 중에, 니체의 책을 번역하고 편집한 앤서니 루도비치(Anthony Ludovici) 같은 사람도 있고, 그들과 전혀 다른 입장에서, 즉 반나치주의자이고 반나치주의자로서 그렇게 생각하는 루카치 같은 사회주의자들도 있다.

이러한 분명한 찬반 논자 외에 니체 사상이 나치 사상과 부분적으로만 일치한다고 보는 제3의 학자들이 있다. 그들은 기독교의 거부, 급진적인 귀족정치, 초인과 지배인종, 전쟁 찬양과 같은 니체의 사상은 나치의 사상과 일치하지만, 니체의 반민족주의와 반국가주의는 나치와 다르다고 주장한다. 그래서 나치를 니체 '수정주의자'(revisionist)라고 본다. 니체 사상 중에서 나치 선전에 유용한 것은 끌어다 쓴 반면 불필요하거나 유해한 것은 무시했다는 것이다. 크레인 브린턴(Crane Bringtonʼ)이나 아서 나이트(Arthur Knight)가 대표 격이다. 나이트는 니체의 초인을 다원주의의 입장에서 해석했다.

이처럼 세 가지 입장이 있지만 한국에는 첫째 입장이 압도적이고, 엘리자베트가 쓴 니체 전기 등을 추종하는 자들도 그렇게 생각한다. 루카치의 책이 한국에 몇 권 나왔지만 지금은 거의 절판됐고, 한국의 니체주의자들은 루카치를 철저히 무시한다. 따라서 한국에서는 니체와 나치를 연결시키는 견해는 '거의' 없다. 나는 2008년에 쓴 『반민주적인, 너무

■　* Crane Bribton, *Nietzsche*, Harvard University Press, 1941.

나 반민주적인』에서 니체를 반민주주의자로 보았지만 니체와 나치의 관계를 직접 분석하지는 못했다. 그 분석은 앞으로 별도의 책 몇 권이 필요할 정도로 방대하게 행해져야 하지만 여기서는 간단히 언급한다.

나치와 히틀러, 무엇이 문제인가? 나치와 히틀러에 대한 이야기는 전 세계의 서점가와 극장가를 여전히 흥분시키는, 〈쓰릴 미〉같은 소재다. 1920년대에 미국에서 사이코패스 슈퍼맨 유괴살인사건이 벌어졌듯이 독일에서 600만 명 학살이 벌어졌고 최근에도 네오나치가 기승을 부리고 있다. 〈쓰릴 미〉의 인기처럼 한국에서도 나치 복장이 유행하고, 나치 군대에 흥미를 느끼는 준 네오나치가 존재한다. 그중에는 나치에 호감을 갖는 입장이 대부분이다. 그러나 본질적인 문제는 그런 것이 아니다. 민주주의를 지키느냐 못 지키느냐가 문제다. 민주주의의 토대인 인간주의를 지키느냐 못 지키느냐가 문제다.

히틀러와 니체

종래 히틀러와 가장 가까운 사상가로 니체가 지목되어왔다. 히틀러가 니체의 용어인 '지배자 민족'이란 말을 즐겨 사용했고 1934년 나치당 대회 표어로 '힘에의 의지'라는 말을 채택했으며 노예 도덕이나 반동적 교육이나 기독교 철학이나 동정에 근거한 윤리관에 대한 투쟁 등 니체 풍의 표어를 자주 사용했기 때문이다. 그러나 히틀러가 니체를 비롯한 철학자들의 책을 즐겨 읽었다거나 그 철학을 충분히 이해했다고 볼 만한 증거는 거의 없다.

히틀러가 바이마르에 있는 니체 기념관을 방문해 반유대주의자인 니체의 여동생에게 환영받았고 니체의 흉상 옆에서 사진을 찍었으며 니체가 사용한 지팡이를 선물로 받았다는 점은 널리 알려져 있다. 히틀러는 니체 전집을 소유하기도 했지만 철학자라기보다는 예술가인 니체를 좋아하지 않는다고도 했다. 반면 히틀러는 초기에 온화한 쇼펜하우어를 좋아했다가 니체의 여동생을 만난 뒤에 니체를 더욱 좋아하게 되어 지배자 민족의 권력 의지 등 니체의 용어를 즐겨 인용했다고 보는 견해도 있으나, 그것도 정치적 표어 사용 이상의 수준이 아니었다고 봄이 옳을 것이다.

히틀러는 니체보다 명확한 쇼펜하우어를 좋아했다고 볼 수도 있다. 감옥에 있던 1923년에 쇼펜하우어 등의 철학자들이 쓴 책을 즐겨 읽었으며, 그때 쓴 『나의 투쟁』에서 쇼펜하우어가 유대인을 거짓말의 대가라고 한 말을 인용했고 그 뒤의 연설에서도 가끔 인용했지만 그것들도 정치적인 수식에 불과했다고 봄이 옳다. 히틀러의 심복 중에는 히틀러가 제1차 세계대전 중 쇼펜하우어의 대저 『의지와 표상으로서의 세계』를 가지고 전장을 걸었다고 한 자가 있었지만 일개 하사관인 그가 정말 그 큰 책을 들고 전투에 임했을지는 의문이다. 그는 그 뒤에 쓴 연설 원고에서 쇼펜하우어 철자를 잘못 썼을 정도로 그에 대해 잘 몰랐다.

종래 히틀러나 국가사회주의운동에 관련된 철학자로 거의 언급되지는 않았으나 정신적으로나 문체의 면에서 실질적인 원동력인 자는 우리에게도 『독일 국민에게 고함』으로 잘 알려진 피히테였다. 피히테는 쇼펜하우어 같은 음울한 서재인도, 니체 같은 허약한 병자도 아닌 민족의 투쟁을 주장한 호전적인 행동인이었다. 히틀러도 피히테처럼 분단된 독일의 통일을 바랐고 의회 민주주의의 대화 정치를 규탄했으며 민중 봉기에 의한 정치 엘리트의 전복을 열렬히 주장하면서 '독일 국민에게 고함'이라는 말을 자주 사용했다.

특히 피히테는 독일인이 유럽 민족 중에서 특이한 존재라고 주장한 민족주의의 선구자라는 점에서 히틀러의 멘토였다. 피히테는 독일어의 뿌리는 라틴어가 아니며 사상도 신앙도 행동도 라틴족의 것과 다르다고 강조했다. 프랑스어 등의 다른 외국어에 의해 부패하지 않은 순수한 독일어에 의해 비로소 순수한 독일적 사상을 표현할 수 있다고도 했다. 이에 따라 나치스는 독일에서 외래어를 추방하고자 했다. 히틀러는 총통이라는 말도 순수한 고유에서 유래하는 것이므로 가장 아름다운 말이고, 따라서 독일 국민만이 '나의 총통'이라는 말을 할 수 있다고 주장했다.

피히테는 확고한 반유대주의자이기도 했다. 그는 유대인은 영원히 '국가 중의 국가'이고 따라서 언제나 통일 독일을 위협하는 존재이므로 그들을 팔레스타인에 추방하여 유럽에서 일소하거나 그들 모두를 하룻밤에 죽여야 한다고 주장했다. 쇼펜하우어나 니체에게도 반유대주의적인 요소가 있었음은 물론이다. 그런 점에서 피히테, 쇼펜하우어, 니체는 정치적으로 히틀러에게 영향을 미친 3대 철학자라고 해도 과언이 아니다. 히틀러는 그들을 제대로 이해하지 못했지만 말이다.

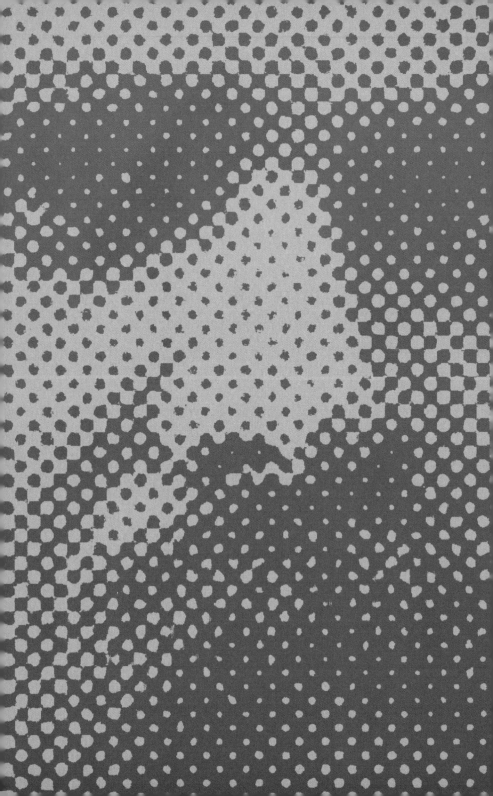

8.

반민주주의자
니체를 버리자!

니체의 반민주주의 체계화

다시 강조한다. 니체의 사상은 반민주주의, 다시 말해 평등을 부정하고 불평등, 즉 위계질서 내지 계급질서를 긍정하고 찬양했다. 이는 평등사회를 본질로 삼는 민주주의와는 근본적으로 대립되는 귀족사회, 그것도 노예제도를 가진 고대 그리스나 로마와 같은 귀족사회의 가치관이다.

니체의 이런 사상은 앞에서 보았듯이 어린 시절의 그에게 그리스 문화를 스파르타식으로 교육한 독일의 엘리트 교육이 낳은 결과다. 그리스 찬양=디오니소스 찬양=소크라테스 반대=귀족제 찬양=민주주의 반대라는 점에서는 어릴 적부터 죽을 때까지 한결같았다. 니체가 나중에 기독교에 대립하게 된 것이나 쇼펜하우어와 바그너를 찾다가 결국은 그들을 버리게 된 것도 그가 반민주주의자라는 점에 비하면 지엽적인 문제다.

그가 바그너를 버린 것도 바그너가 기독교적=민주주의적으로 변했기 때문이었다. 이처럼 니체의 반민주주의는 그의 생애 초기에 형성된 뒤 그가 쓴 모든 책에서 다음과 같은 고정적인 패턴으로 나타난다.

1) 천민=노예 멸시, 민주주의=평등주의 반대

2) 노예종교=유대교=기독교 비판

3) 초인=귀족=정신 찬양

4) 주인=전쟁 찬양과 노예=평화 멸시

5) 노예로서의 여성 멸시, 생식으로서만 결혼 인정

6) 노예로서의 학자 멸시, 학문 멸시

7) 노예로서의 노동자=대중 멸시

8) 진리와 도덕 부정

9) 영원회귀

10) 힘에의 의지

이런 래퍼토리가 니체의 모든 책에서 조금씩, 약간씩 다른 톤으로 끝없이 반복된다. 니체가 『반시대적 고찰』에서부터 독일을 비판하기 시작한 것은 그가 증오한 민주주의를 독일이 받아들였기 때문이다. 그가 비판한 '교양속물'이란 민주주의를 찬양하고 대중적 교양교육을 주장하는 민주주의자들이다. 그는 민주주의 학문에 반대하고 민주주의 종교에 반대했다. 철두철미 같은 이야기를 전혀 같지 않게 한다는 점에서 니체는 확실히 천재였다.

이러한 문제점을 스스로도 느꼈던 것인지 니체는 1887년 가을에 반민주주의의 완벽한 체계를 자기 철학의 완성으로 수립하기 위한 '계획'을 메모했다. 하지만 이 계획에 따른 집필까지 이루어지지 못하고 계획에 관한 메모 자체만이 그의 유고 중 하나로 남게 되었다. 그리고 그의 여동생인 엘리자베트 니체가 그의 유고를 편집해 『권력에의 의지』라는 책으로 출판했고 그 책이 나치에 중요한 영향을 미쳤다. 최근에 니체학자들이 바로 이런 이유로 니체의 여동생이 편집한 『권력에의 의지』를 부정하고 해체하면서 단순한 『유고』로 재정리해 출판했다. 하지만 니체의 유고를 어떻게 해체하고 정리했든 간에 니체가 반민주주의의 체계화를 위한 '계획'을 갖고 있었다는 사실은 부정할 수 없다. 그 계획의 내용은 다음과 같았다.

1) 도덕적 가치 대신 자연적 가치, 도덕의 자연화
2) '사회학' 대신에 지배형태론
3) '인식론' 대신에 정동들의 관점론(정동들의 위계질서가 어디에 속하는지)
4) 변형된 정동들: 이것들의 좀 더 차원 높은 질서, 이것들의 '정신성'.
5) 형이상학과 종교 대신에 영원회귀론(사육과 선택의 수단으로서)

이 다섯 가지는 니체 철학의 체계를 가장 잘 보여주는 것이자 앞에서 나열한 니체의 래퍼토리 열 개를 압축한 것이다. 이 다섯 가지를 다시 정리하면 다음과 같다.

1) 야수=주인도덕

2) 귀족정치=반민주주의

3) 관점주의=진리와 도덕의 부정

4) 초인

5) 영원회귀

그리고 이것을 좀 더 풀어 쓰면 다음과 같다.

1) 종래의 노예도덕 대신 그 자연화인 야수적인 주인도덕

2) 종래의 민주주의 대신 귀족주의 정치

3) 종래의 이원적 가치관 대신 모든 가치를 위계적으로 보는 관점주의

4) 종래의 평등한 천민 대신 이상적 인간으로서의 초인

5) 종래의 형이상학이나 종교 대신 사육과 선택의 수단으로서의 영원회귀

먼저 1)부터 살펴보자. 니체는 도덕적 가치를 부정하고 인간의 자연적 가치로 그것을 대체하려고 한다. 이것은 곧 도덕을 의지로 대체하려는 것임은 유고로 남은 니체의 다음 글을 보면 알 수 있다.

우리의 목표로 향하는 의지와, 이에 따라 목표를 위한 수단으로 향하는 의지로 도덕을 대체한다. 자연명법으로 정언명법을 대체한다.

어떤 칭찬도 원하지 않는다. 사람들은 자신에게 유용하거나 즐거움을 주는 것을 행하거나, 아니면 그들이 행해야만 하는 것을 행할 뿐이다.

〈사진 14〉 말년의 아픈 니체, 한스 올데 그림

여기서 니체가 말하는 자연명법이라는 것이 무엇인지는 번역서에 주석이 없어 잘 알 수 없지만, 아마도 그 앞줄에 나오는 '의지', 다시 말해 '삶에의 의지' 내지 '힘에의 의지'인 것 같고, 그렇다면 그런 의지를 체현한 사람이 바로 4)의 '초인', 즉 정동의 "차원 높은 질서"인 '정신성'을 갖춘 '초인'인 것이다. 그리고 이러한 초인을 이상적 인간으로 내세우는 반평등주의, 반민주주의를 위한 사육과 선택의 수단인 5) 영원회귀는 니체의 형이상학이자 종교다. 바로 이것이 니체 사상의 핵심이다.

그런가 하면 '정동들의 관점론'은 물론 '지배형태'라는 것도 위계질서를 전제하고 긍정하는 것임은 물론이다. '정동들의 관점론'이란 원근법주의라고도 하고 관점주의라고도 하는 것인데, 이것도 철저하게 위계적이거나 계급적이다. 따라서 니체의 사상은 모든 가치는 동등하다는 평등주의나 상대주의가 아니라 모든 가치를 위계화해서 구별하는 불평등주의 내지 절대주의다. 이런 입장에서 니체는 귀족주의를 상위에 두고 민주주의를 하위에 둔다.

이와 같은 니체의 사상은 논리 이전에 감성적 차원에서 구축된 것이기도 하다(니체학자들은 이런 점을 가리켜 '니체의 위대한 직관'이라고 한다). 니체가 집요하게 기독교를 단죄하고 금욕주의를 규탄하면서 그런 것들이 품는 부당한 '원한'이라고 비판하는 '구원 사상', '육체 증오', '원죄 공포', '연민', '동정' 등이 니체에게 문제가 되는 이유는 그런 것들 자체가 문제이기 때문이 아니라 그런 것들이 민주주의를 전파하기 때문이다. 니체는 훌륭한 덕이나 가치는 본래 극소수의 귀족만이 갖는 것이며 본질적으로 대중의 것일 수 없다고 본다. 바로 이런 점에서 우리는 강박관념이라고 할 수 있을 정도로 위계질서를 중시하고 그것에 집착하는 니체의 태도를 확인할 수 있다.

니체의 도덕 비판

니체의 반민주주의를 단적으로 보여주는 것이 바로 '주인의 도덕과 노예의 도덕'이라는 구별이다. 여기서 노예의 도덕이란 우선 유대교나 기독교의 도덕을 가리킨다. 니체는 주인의 도덕, 즉 비극적인 도덕은 두려움도 연민도 없고 체념하지도 않는 것이라고 한다. 또한 그것은 현실을 기쁘게 받아들이는 것, 최악의 현실도 받아들이는 것, 아무리 불확실하고 두려운 것에 대해서도 의연히 말하는 것, 삶을 그 전체로 디오니소스적으로 시인하고 삶에 속하는 것은 그 무엇도 부정하지 않는 것, 나쁜 것을 정당화하고 그 이상으로 모든 것을 정당화하는 것이라고 한다.

　니체에 의하면 이러한 주인의 도덕은 기존의 모든 도덕에 대립한다. 즉 기존의 모든 도덕은 삶에 대해 '노(No)'라고 말하고, 삶을 단죄하고, 부정하고, 끝없이 빈약하게 하고, 질식시키고, 죄악시한다는 것이다. 따라서 삶을 정화하기 위해서는 도덕이라는 외피를 벗어버려야 한다고 주장한다. 즉 도덕은 삶을 부정하는 본능이고, 따라서 삶을 해방시키기 위해서는 도덕을 파괴해야 한다는 것이다. 도덕은 위험 중의 위험이고, 재앙 중의 재앙이며, 삶에 복수하고자 하는 원한, 즉 원한을 가진 데카당스의 특이체질이라는 것이다. 그 반대인 강자의 특이체질은 삶에 대한 깊은 애정과 무도덕적 긍정, 즉 아무것도 단죄하거나 금지하지 않고, 최악의 것이라도 의연히 말하며, 심연 위에서 춤추는 긍정으로, 이는 인간을 더욱 강하게, 더욱 깊게 만든다고 니체는 주장한다.

그러나 디오니소스적 이상이 그런 삶을 긍정하는 것이라고 해서 도덕을 굳이 부인해야 할 필요가 있는가? 왜 2천 년의 역사를 부정해야 하는가? 어떤 명분에서인가? 왜 예수가 디오니소스보다 현실성을 결여한다고 보아야 하는가? 왜 선인이 악인보다 생기를 결여한다고 보아야 하는가? 왜 타인에 대한 존중이 폭력이나 경멸보다 긍정적이지 않다는 것인가? 이런 질문에 니체는 힘과 힘에의 의지를 답변으로 내세운다. 그러나 약자에 대항해 강자를 옹호하는 것이 필요하다면, 그리고 강자도 결국은 패배한다면 과연 어디에 강함이 있고 어디에 약함이 있다고 보아야 하는가? 누가 어떤 기준으로 강함과 약함을 판단하는가?

니체의 신이 죽고 난 뒤의 세계

'신은 죽었다'는 니체를 상징하는 말이다. 하이데거는 초감각적 세계가 삶에 대한 영향력을 잃었다는 뜻으로 이 말을 해석한다. 니체는 진리와 마찬가지로 신도 인간이 필요에 따라 만든 허위라고 주장한다. 인간이 현실의 비참을 피하기 위해 내세와 신을 조작했다는 것이다. 그래서 니체는 기독교의 신만이 아니라 모든 신화의 신이 다 죽었다고 말했다.

니체에 의하면 신이 죽고 난 뒤의 세계에는 허무주의가 온다. 니체는 허무주의를 능동적 허무주의와 수동적 허무주의로 구분한다. 니체는 불교로 대표되는 수동적 허무주의를 극복하고 능동적 허무주의를 세우고

자 한다. 수동적 허무주의는 자기극복을 위한 모든 힘을 상실한 대중의 길이고, 능동적 허무주의는 사람들이 그동안 믿어온 모든 것이 거짓임을 폭로하면서 현실을 긍정하고 재창조하는 초인의 길이다. 니체가 보기에 대중은 자연에 불성실한 탓으로 분열되어 감성적인 것과 정신적인 것의 대립, 또는 육체와 영혼의 대립 속에 빠져 있는 퇴폐적인 존재이자 피안의 신을 믿음으로써 자기를 상실한 존재다. 또한 대중은 기독교로 대표되는 노예도덕의 지배를 받아왔다. 니체는 선과 악을 구별하는 이분법이 기독교의 특징이라고 본다. 그러나 그 이분법은 지켜지지 않는다. 가령 사람들은 전쟁을 나쁜 것이라고 여기면서도 전쟁을 한다는 것이다.

나아가 니체는 대중이 선과 악의 구분을 통해 강자에 대한 자신들의 원한을 해소하려고 한다고 본다. 그러나 도덕이나 선은 존재하지 않으며, 선과 악이라는 이분법은 인간의 양면적 본능을 가리는 가면에 불과하다고 한다. 대중은 자신의 이익을 지키기 위해 '도덕에의 의지'를 갖는 것이지 그 규준을 설정하는 척도가 정당한지 아닌지에는 관심이 없다고 니체는 말한다. 이런 노예도덕에 대해 그는 초인의 주인도덕을 제시한다. 니체는 신은 존재하지 않고 이 세상 이외의 다른 세상은 없으므로 도덕, 윤리, 가치관은 신이 부여하는 것일 수도 없고, 다른 세계에서 오는 것일 수도 없다고 주장한다. 따라서 도덕, 윤리, 가치관은 인간 스스로가 만들어낸다는 것이다. 노예의 도덕도 신이 인간에게 부여한 것이 아니라 사실은 그것에서 이익을 얻는 노예 대중이 스스로 만들어낸 것이라고 한다.

인간 자신이 가치관의 주인이라면 인간은 자신에게 가장 좋은 가치관을 자유롭게 선택하면 된다. 상상력이 풍부한 자, 대담한 자, 창조적인 자, 용감한 자, 호기심이 왕성한 자 등 지도자로 살아가야 하는 사람은 자유로워야 하고, 노예의 도덕에 속박되어서는 안 된다. 니체는 이러한 자유를 추구하게 하는 충동을 '힘에의 의지'라고 부른다. '힘에의 의지' 는 종래 '권력에의 의지' 또는 '권력의지'로 번역되다 보니 정치나 정복행위에만 해당되는 말로 오해되기도 했지만, 사실은 정신적이고 문화적인 활동에도 당연히 해당되는 말이다.

　니체는 이러한 '힘에의 의지'를 갖고 있고, 자신의 삶을 긍정하며, 자신의 능력을 최대한으로 발휘하는 인간을 초인이라고 부른다. '당당하게 자기 자신이 되라'는 것이다. 물론 그런 태도로 인해 투쟁이 생기기도 하겠지만 그 투쟁은 자극적인 유인일 뿐만 아니라 그 속에서 인간은 자신의 능력을 최대한 발휘하는 것을 즐길 수 있게 되고, 그것이 또한 인간의 능력을 높여준다고 한다. 약자는 결과적으로 패배하게 되지만, 니체는 그렇게 되는 것이 도리어 바람직하다고 본다. 그에 의하면 투쟁, 고통, 패배를 없애려고 하는 것은 나쁜 날씨를 없애려고 하는 것과 마찬가지로 무의미한 노력이다. 니체는 선이나 정의에 대해서도 이와 마찬가지 맥락에서 생각한다. 선이란 인생을 강하게 사는 것이고, 정의란 인생을 긍정하는 것이지 부정하는 것이 아니라는 것이다. 다시 말해 인생은 그 자체로 살 만한 가치가 있다는 것이다. 니체는 인간이 죽는다고 무로 돌아가는 것이 아니며, 역사는 영원히 회귀하므로 인생은 영원한 것이 된다고 한다.

니체에 대한 헛소문이라는 것

소위 '니체 오독'의 문제와 관련해 솔로몬과 히긴스라는 미국의 니체주의자들은 『한 권으로 읽는 니체』에서 니체에 대한 30가지의 헛소문을 열거하고 그에 대해 해명한다. 그 가운데 하나로 그들은 니체가 파시스트라는 말은 헛소문이라면서 니체는 반정치적이고 정신적인 철학자라고 반박한다. 니체는 민주주의와 사회주의를 공격한 것과 똑같이 "독재나 전제주의, 과두제, 신정, 민족주의, 군국주의, 인종주의, 불관용, 그리고 온갖 종류의 정치적 우둔함"도 공격했으며, 니체의 저서에서 "어떤 일관된 정치적 견해도 발견할 수 없다"는 것이다. 이런 주장은 니체주의자들의 일반적인 견해를 대변한 것이다. 하지만 니체가 민주주의와 인종주의를 비난하는 정도는 다른 것에 대한 비난에 비해 분명히 격렬했을 뿐만 아니라 니체는 반민주주의 귀족제를 분명히 옹호했다는 점에서 위와 같은 주장을 해명이라고 하는 것 자체가 사실 우습다. 설령 니체가 모든 정치를 다 공격했다고 해도 그가 민주주의를 비난한 것이 용서될 수는 없다. 또한 니체가 민주주의를 비난한 것은 소크라테스나 플라톤이 민주주의를 비난한 것과 같은 맥락이라는 주장도 있지만 이런 주장이 니체의 반민주주의를 희석시킬 수도 없고, 이는 설령 역사상의 모든 철학자가 다 민주주의를 부정했다고 하더라도 마찬가지다.

솔로몬과 히긴스가 말하는 헛소문 가운데 또 하나는 니체가 권력을 숭배했다는 것이다. 이에 대해 두 사람은 니체의 '권력의지'는 "세계에 반작용하기보다는 세계에 작용을 가하는 생명력을 증진시키기 위한 열렬한 충동"이지 정치권력을 향한 의지와는 무관하다면서 '권력의지'에서

'권력', 독일어로 '마흐트(Macht)'는 "정치적인 권력보다는 개인적 힘에 가깝다"고 주장한다. 그러나 이는 독일어에 대한 오해에 근거한 주장이다. 우리나라에서 나온 가장 간단한 독한사전을 보아도 'Macht'라는 단어에는 "다른 것(사람)에 대한 힘, 지배력, 권력, 권세, 위세, 세력, 주권, 전권, 능력", "병력, 무력, 군대", "국가, 강국", "힘 있는 자" 등의 풀이가 달려 있다. 그러나 낱말풀이가 문제인 것이 아니다. 이 독일어 단어를 어떤 뜻으로 읽어야 하는가와 상관없이 니체가 인종주의-제국주의-반민주주의적으로 생각을 했다는 것이 근본적인 문제다. 니체가 권력을 숭배했든 숭배하지 않았든 간에 그가 민주주의에 반대한 것은 분명한 사실이다.

솔로몬과 히긴스는 니체가 야만인을 동경했다는 것을 또 하나의 헛소문으로 들고, 이는 사실이 아니라고 말한다. 그리고 니체가 말한 초인은 "미적 감수성, 유머와 자기조롱, 창조성, 사회적 기품과 호의 등"을 가진 존재로서 역사적으로는 페리클레스 시대의 창조적이고 지적인 그리스인을 뜻한다고 한다. 그러나 우리가 앞에서 이미 보았듯이 니체는 '금발의 야수'를 찬양했다. 니체는 잔인성을 용인했다는 것도 헛소문이 아니라 옳은 판단이다.

솔로몬과 히긴스는 니체가 기독교를 증오했다는 것도 헛소문이라면서 니체는 기독교의 허무주의적 현세경멸에 대해서는 비난했지만 예수를 존경했다고 변명한다. 그러나 내가 보기에 니체가 예수를 존경했는지는 분명하지 않다. "니체는 기독교를 증오했다"는 소문은 "니체는 무신론자였다"는 소문이나 "니체는 전쟁을 좋아했다"는 소문과 마찬가지로 어떤 설득력 있는 근거에 의해 헛소문이라고 반박되기가 어렵다.

그러나 여하튼 간에 니체를 둘러싼 소문들 때문에 우리가 고민해야 할 이유가 무엇인가? 그것들이 헛소문이라고 일일이 반박하는 말을 들어야 할 정도로 우리가 한가한가? 우리의 학문이라는 것이 고작 그런 서양의 헛소문에 대한 해명을 소개하는 것이란 말인가? 여기서 분명히 다시 말해두지만, 니체는 민주주의를 부정한 반민주주의자이므로 우리에게는 필요가 없을 뿐 아니라 도리어 유해하다. 니체가 기독교와 예수를 비난하고 권력의지와 금발의 야수 운운한 것은 모두 민주주의에 대한 반대와 직결된다.

사실 나는 니체가 기독교와 예수를 비난했느냐 아니냐, 권력의지와 금발의 야수를 운운했느냐 아니냐는 조금도 중요하다고 생각하지 않는다. 아니, 니체 자체가 중요하다고는 전혀 생각하지 않는다. 니체 찬송가를 부르는 소리가 이렇게 요란스럽지만 않다면 내가 이런 책을 굳이 쓸 필요가 있겠는가?

니체를 숭상하는 사람들이 나를 가장 황당하게 만드는 것은 니체가 부정한 다른 철학과 종교와 도덕도 인정한다는 점이다. 니체의 사상을 고상하고 거대한 서양사상의 하나로 받아들이면서 그와 동시에 니체가 비판한 다른 사상도 인정하는 것이다. 심지어 민주주의와 사회주의를 그렇게도 싫어한 니체를 숭상하면서도 민주주의와 사회주의를 말하는 사람까지 있다. 두뇌구조가 지극히 단순한 나로서는 그런 이들을 보면 참으로 미칠 지경이다.

덧붙여 말하자면, 1980년대에 그렇게도 지독한 마르크스주의자였던 사람들이 1990년대에 어떻게 그렇게도 쉽고 간단하게 마르크스주의를 버릴 수 있었는지를 나는 아직도 이해하지 못한다. 내 생각에 지식인이 그렇게 하는 것은 중요한 사상의 변화로서 변신이나 전향 같은 것인데, 우리나라에서는 그러한 충격적인 변신이나 전향에 대한 변명을 한 자락도 들을 수 없다. 이러한 풍토는 우리 사회가 지적 순결이나 사상적 성실이 빈곤하기 짝이 없는 탓에 조성된다. 비전향자는 극소수 몇 명만이 감옥에 장기간 갇혀 있을 뿐이고, 우리의 대학에는 거의 없다. 물론 처음부터 그러한 전향문제로 고민할 필요가 없는 사람들이 대학교수의 대부분을 차지하고 있긴 하다.

'초인'이 아니라 '인간'이 목표다

〈쓰릴 미〉라는 사이코패스 슈퍼맨 뮤지컬 이야기로 시작한 이 책을 맺을 때가 됐다. 니체의 무엇이 사이코패스 범죄를 저지를 정도로 사춘기 소년을 비롯한 대중에게 그렇게 좋았을까? 니체가 고통을 긍정했기 때문일까? 그래서 고통 속에서 사는 대중이 그를 찾은 것일까? 니체는 인간에게는 고통이 필요하다고 말한다. 다른 사람들, 특히 다른 철학자나 종교인들은 인간이 겪는 고통을 줄이거나 없애야 한다고 주장하지만, 니체는 오히려 고통이 있어야 비로소 인간이라고 말한다. 그는 고통만이 아니라 절망, 질병, 냉대, 경멸, 불신, 패배 등도 인간에게 필요하다고 주장한다. 나아가 그는 불운, 질투, 완고함, 잔혹함, 탐욕, 폭력 등도 있어야 한다고 주장한다. 물론 그런 것들을 일부러 만들어야 한다는 것은 아니다. 인간에게 있을 수밖에 없는 고통을 받아들여야 인간의 미덕이 성장한다고. 그래야 인간은 인간임을 넘어 초인이 된다고 니체는 말한다.

　니체 철학자들이 힐난조로 말하듯이 그동안 우리나라에서 나온 니체 책들이 "대중적 관심에 영합해 자극적이고 통속적인 제목을 붙여 니체의 저작을 편역한 책들"이 니체에 대한 대중의 사랑을 불러일으키고, 최소한 그 제목들처럼 자신이 '고독'한 상태에서 '고통'을 당하고 있지만 '영리하게보다는 현명하게' 살아 '인간이 되고 싶다'고 생각하는 '어리석은 남녀노소 대중'에게는 커다란 위안이 된 것이 틀림없다. 여기서 '어리석은 남녀노소 대중'에는 나도 물론 포함된다. 그런 책들을 '통속'적이라고 비판하는 것은 학자들로서는 당연히 해야 하는 일일지도 모르지만, 그런 책들이라도 읽고 니체가 그렇게도 욕한 대중의 '통속'에서 벗어나고자 했던 사람들에게 이제 와서 교수들이 그런 책들을 '통속'적이라고 비판하는 태도는 나로서는 좀 못마땅하다. 그런 태도는 '통속'을 욕하던 니체의 태도와 빼닮았고, 니체의 훌륭한 제자라면 그런 태도를 취하는 것이 어쩌면 당연한 것일지는 모르겠다. 여하튼 대중에게 니체가 위험할 수도 있는 이유는 다른 데에 있고, 그의 반민주주의와 관련 있다.

내가 이 책에서 거듭 말했듯이 니체는 반민주주의적인 사상가다. 종래의 종교, 도덕, 가치관에 대한 니체의 공격에는 문제가 많다. 니체는 종래의 종교, 도덕, 가치관의 대부분은 고대 그리스, 유대교, 기독교에서 비롯된 것인데 고대 그리스와 현대는 너무나 상이하고, 기독교에 대해서도 많은 사람들이 불신하는 시대가 됐다고 보았다. 니체는 인간이 동물의 단계를 벗어나 문명을 구축하게 된 것은 강자가 약자를, 유능한 자가 무능한 자를, 지혜로운 자가 무지한 자를 배제하여 인간의 존재가 더욱 더 가치 있는 것으로 됐기 때문인데, 소크라테스나 예수 같은 도덕가는 오히려 인간이 그렇게 된 것이 잘못이라고 말했다고 본다. 즉 소크라테스와 예수 같은 도덕가는 강자로부터 약자를 보호한다는 원칙이 필요하고 힘보다 정의가 우선해야 한다고 주장하는가 하면 용감한 자가 아닌 비겁한 자가 세상을 지배해야 한다고 가르쳤다는 것이다. 이로 인해 평생 타인을 위해 봉사하고 자신을 부정하는 자기희생이 미덕이 됐다는 것이다. 니체는 그런 것은 최악의 타락이자 문화와 문명을 형성해온 모든 것에 대한 부정이라고 비판한다. 그런 것을 허용하는 것은 세상에서 인간이 가장 중요함을 부정하는 것이니 인간은 결코 그런 것을 허용하는 노예의 도덕을 따라서는 안 된다는 것이다.

이런 니체의 주장이 과연 옳은가? 나는 이 질문에 직답을 하기보다 니체주의자들이 주장하는 대로 니체는 참으로 '대단한 철학자'임이 틀림없다는 말로 답변을 대신하겠다. 왜냐하면 니체는 아래에 열거하는 것들 모두를 거의 동시에, 그것도 철저하고도 조직적으로 주장한, 참으로 보기 드문 철학자, 아니 그렇게 한 유일한 철학자이기 때문이다.

1) 문명이 아니라 야만을

2) 평화가 아니라 전쟁을

3) 국가가 아니라 민족을

4) 부드러운 것이 아니라 폭력이나 잔혹함을

5) 평온함이 아니라 도취와 정염을

6) 선인이 아니라 악인을

7) 이성이 아니라 본능을

8) 민주주의가 아니라 전제주의와 귀족주의를

9) 다수가 아니라 소수를

10) 약자가 아니라 강자를

11) 약자의 보호가 아니라 약자에 대한 억압을

12) 병자의 치료가 아니라 병자의 말살을

13) 여성이 아니라 남성을

14) 유약한 남성이 아니라 호전적인 남성을

15) 도덕이 아니라 생리학, 우생학, 인종차별, 노예제를

16) 권리가 아니라 힘을

17) 자유가 아니라 노예제를

18) 평등이 아니라 불평등과 카스트 제도를

19) 이타주의가 아니라 이기주의를

20) 철학이 아니라 식사요법을

21) 유대교나 기독교가 아니라 로마제국을

22) 예수나 요한이 아니라 총독 빌라도를

23) 브루노가 아니라 보르자를

24) 루소가 아니라 나폴레옹을

25) 프랑스혁명이나 미국혁명이 아니라 나폴레옹전쟁을.

이 목록은 더 길게 이어질 수 있다. 위 목록은 그 가운데 중요한 것들
만 골라 나열한 것에 불과하다. 무엇보다도 중요한 점은 니체가 인간을
강자와 약자, 주인과 노예, 지배자와 피지배자로 나눈 점이다. 약자, 노예,
피지배자는 언제나 강자, 주인, 지배자를 질투해서 그들에 맞서기 위한
악의적 개념으로 주체니 도덕이니 의식이니 진리니 하는 것을 만들어낸
다는 것이다. 그러한 것을 대표하는 것이 유대교, 기독교, 소크라테스주

의, 칸트 철학 등이며, 이런 종교나 철학은 그리스, 디오니소스주의, 르네상스 등에 대한 원한에 근거를 둔 것이라고 니체는 주장한다. 그러면서 그는 신과 이상을 포기하는 것만이 우리에게 다시 참된 삶을 가능하게 한다면서 새로운 인간형으로 초인을 제시한다. 니체는 도덕을 넘어선 디오니소스적 절대자로 초인을 설명하지만, 그것이 그 자신이 그리도 열심히 죽인 신과 얼마나 어떻게 다른지 나로서는 알 수가 없다.

니체가 말기에 독일정신이나 독일적인 것을 거의 완벽하게 부인했지만, 그가 말한 초인은 '독일민족'이라는 신화와 결코 무관하지 않다. 그럼에도 니체가 독일민족을 생각하지 않았다고 주장하는 니체주의자들이 너무나 많다. 더 나아가 니체주의자들은 반민주주의자인 니체를 민주주의자로 미화하려고까지 한다. 그러나 니체는 아무리 민주주의자로 보려고 해도 그렇게 볼 수가 없는 사람이다. 또한 니체를 아무리 세탁한다고 해도 하이데거를 비롯한 니체의 후배들이 나치즘과 결탁한 사실을 부정할 수는 없다.

니체에 의하면 우리는 약자인 노예, 평민, 피지배자로서 강자를 질투하고 원한을 품게 되며, 기독교를 비롯한 약자의 종교와 사상을 믿게 된다. 그러나 니체는 그러한 약자에 대해 동정하거나 동감하기는커녕 추호의 관심도 갖지 않고 오로지 강자를 찬양하기만 한다. 그가 말하는 강자는 자연적, 본능적, 야수적인 존재이며, 선악도 구별하지 않고 멋대로 약자를 지배하며 살아가는 존재다. 강자는 의식, 진리, 주체, 의미 등의 말조차 알지 못하고 그야말로 야수처럼 살아간다. 이는 현대의 극소수 부르주아, 절대적인 권력자, 엘리트, 천재예술가 등에 해당되는 인간형이다.

사실 현대사회의 가장 비열한 부분인, 아니 그 본질인지도 모르는 치열한 생존경쟁의 현실을 니체만큼 솔직하게 보여준 한 철학자는 없을 것이다. 강자=귀족=지배자=엘리트의 지배를 합리화해주는 것으로 니체의 철학만큼 멋진 것이 있을까? 그러나 니체 자신도 분명히 인식한 대로 약자=평민=피지배자=비엘리트가 다수 존재한다. 어쩌면 그들도 강자=귀족=지배자=엘리트 이상으로 적자생존의 정글법칙에 젖어 있는지도 모른다. 그렇다 하더라도 나는 강자=귀족=지배자=엘리트가 내세우는 동물적 본능의 자연적 질서에 저항하는 사람들이 믿는 자유와 평등이라는 인간적 가치와 그런 가치를 중시하는 민주주의를 신봉한다. 니체주의자들이여, 함부로 니체식으로 본능을, 초인을, 야수를, 자연을 찬양하지 말라. 사실 그것은 얼마나 야비한 부르주아적 본능의 무질서냐. 그 극단이 〈쓰릴 미〉였다. 그러나 더는 그런 사이코패스 슈퍼맨 범죄에 농단될 수 없다. 지난 세월의 국정 농단처럼 우리의 정신을 농단한 니체의 반민주주의를 더는 용납해서는 안 된다. 니체는 말했다. 인간이 아니라 초인이 목표라고. 반대로 나는 말한다. 초인이 아니라 인간이 목표라고!